2025년도 제23회 사회복지사1급 국가시험 대비
FINAL 모의고사 1회

난이도 : 중하

KB195076
9788958105039

가. 시험 구성

시험 과목수	문제수	배점	총점	문제형식
3과목 (8영역)	200문항	1점 / 1문제	200점	객관식 5지 택1형

나. 시험과목 및 시험시간

○ 일반수험자 기준

구 분	시험과목	세부영역	시험시간	과락기준	총점기준
1교시	사회복지기초 (50문항)	◦ 인간행동과 사회환경 (25문항) ◦ 사회복지조사론 (25문항)	09:30~10:20 (50분)	1~19 문항	합계 120점 이상
2교시	사회복지실천 (75문항)	◦ 사회복지실천론 (25문항) ◦ 사회복지실천기술론 (25문항) ◦ 지역사회복지론 (25문항)	10:50~12:05 (75분)	1~29 문항	
3교시	사회복지정책과 제도 (75문항)	◦ 사회복지정책론 (25문항) ◦ 사회복지행정론 (25문항) ◦ 사회복지법제론 (25문항)	12:35~13:50 (75분)	1~29 문항	

※ 필기시험 합격은 과락기준과 총점기준을 모두 충족해야 함

※ 시험관련 법령 등을 적용하여 정답을 구하여야 하는 문제는 시험 시행일(25. 01. 11.) 현재 시행 중인 법령을 기준으로 출제함

사회복지 전문출판 나눔의집

해당 모의고사는 저작권법에 의하여 보호를 받는 저작물이므로 무단전재와 복제를 금합니다.

2025년도 제23회 사회복지사1급 국가시험 대비

FINAL 모의고사 1회

교 시	문제형별	시 간	시험과목 및 시험영역
1교시	A	50분	사회복지기초 ① 인간행동과 사회환경 ② 사회복지조사론

수험번호		성 명	

【 수험자 유의사항 】

1. 시험문제지는 **단일 형별(A형)**이며, 답안카드 형별 기재란에 표시된 형별(A형)을 확인하시기 바랍니다. 시험문제지의 **총면수, 문제번호 일련순서, 인쇄상태** 등을 확인하시고, 문제지 표지에 수험번호와 성명을 기재하시기 바랍니다.

2. 답은 각 문제마다 요구하는 **가장 적합하거나 가까운 답 1개**만 선택하고, 답안카드 작성 시 시험문제지 **마킹착오**로 인한 불이익은 전적으로 **수험자에게 책임**이 있음을 알려 드립니다.

3. 답안카드는 국가전문자격 공통 표준형으로 문제번호가 1번부터 125번까지 인쇄되어 있습니다. 답안 마킹 시에는 반드시 **시험문제지의 문제번호와 동일한 번호**에 마킹하여야 합니다.

4. **감독위원의 지시에 불응하거나** 시험기간 종료 후 답안카드를 제출하지 않을 경우 불이익이 발생할 수 있음을 알려 드립니다.

5. 시험문제지는 시험 종료 후 가져가시기 바랍니다.

사회복지
전문출판 **나눔의집**

해당 모의고사는 저작권법에 의하여 보호를 받는 저작물이므로 무단전재와 복제를 금합니다.

사회복지기초(인간행동과 사회환경)

1. 인간발달의 원리에 관한 설명으로 옳지 않은 것은?
   ① 발달은 전생애에 걸쳐 시간의 흐름에 따라 일어난다.
   ② 발달은 환경 속 인간 관점에서 이해되어야 한다.
   ③ 발달은 일정한 순서대로 진행되는 경향이 있다.
   ④ 발달은 상부에서 하부로, 말초부위에서 중심부위로 진행된다.
   ⑤ 발달은 개인차가 존재하여 발달속도가 다를 수 있다.

2. 인간발달이론의 유용성으로 옳지 않은 것은?
   ① 인간과 환경 간의 상호작용을 파악하는 준거틀을 제공한다.
   ② 전 생애에 걸쳐 일어나는 발달과정에 대한 이해를 제공한다.
   ③ 동일한 발달단계에서 일어나는 동일한 발달속도를 이해할 수 있다.
   ④ 이전 발달단계의 결과가 다음 단계에 미치는 영향을 파악할 수 있다.
   ⑤ 개인의 적응과 부적응을 판단하기 위한 기준이 된다.

3. 프로이트(S. Freud)의 정신분석이론에 관한 설명으로 옳지 않은 것은?
   ① 성격구조를 원초아, 자아, 초자아로 구분하였다.
   ② 자아는 쾌락원칙에 의해 작동한다.
   ③ 자아와 초자아는 행동을 통제하는 기능을 한다.
   ④ 지형학적 모형은 의식, 전의식, 무의식으로 이루어져 있다.
   ⑤ 인간행동의 상당 부분은 무의식에 의해 결정된다.

4. 에릭슨(E. Erikson)의 심리사회적 발달단계에서 청소년기(12~20세)의 위기와 성취 덕목 (virtue)으로 옳은 것은?

   ① 주도성 대 죄의식 → 목적(purpose)

   ② 근면성 대 열등감 → 유능성(competence)

   ③ 신뢰감 대 불신감 → 희망(hope)

   ④ 친밀성 대 고립 → 사랑(love)

   ⑤ 자아정체감 대 정체감 혼란 → 성실(fidelity)

5. 아들러(A. Adler)의 인간관에 관한 설명으로 옳지 않은 것은?

   ① 인간은 목표지향적 존재이다.

   ② 인간은 하나의 통합된 유기체이다.

   ③ 인간은 타인을 지배함으로써 우월성을 추구한다.

   ④ 인간은 자신의 삶을 스스로 창조해갈 수 있다.

   ⑤ 인간은 열등감을 극복하려는 시도를 통해 성장한다.

6. 융(C. Jung)의 이론에 관한 설명으로 옳은 것은?

   ① 무의식을 개인 차원과 집단 차원으로 구분하였다.

   ② 페르소나(persona)를 진정한 의미의 자기(self)라고 보았다.

   ③ 유년 시절의 경험에 초점을 두어 발달단계를 제시하였다.

   ④ 청소년기 개성화 과정으로 자아의 태도가 형성된다고 설명하였다.

   ⑤ 자아의 정신기능 중 합리적 기능을 사고형과 직관형으로 구분하였다.

7. 피아제의 인지발달이론에서 '구체적 조작기'의 발달 특성으로 옳은 것을 모두 고른 것은?

ㄱ. 보존개념 획득	ㄴ. 조합적 사고
ㄷ. 조망수용 능력 습득	ㄹ. 대상영속성 확립

   ① ㄱ, ㄷ   ② ㄴ, ㄹ

   ③ ㄱ, ㄴ, ㄷ   ④ ㄴ, ㄷ, ㄹ

   ⑤ ㄱ, ㄴ, ㄷ, ㄹ

8. 콜버그(L. Kohlberg)의 도덕성 발달이론에 관한 설명으로 옳지 않은 것은?

① 피아제 학파의 영향을 이어받아 도덕성 발달을 연구하였다.

② 청소년기와 성인기의 도덕성 발달까지 연구범위를 확장하였다.

③ 대다수의 성인은 인습적 수준의 도덕성에 머무른다고 보았다.

④ 도덕성 발달은 인지능력 발달의 영향을 받지 않는다고 보았다.

⑤ 도덕적 사고와 도덕적 행동이 항상 일치하지 않는다는 점을 간과했다.

9. 스키너(B. Skinner)의 행동주의이론에 관한 설명으로 옳지 않은 것은?

① 구체적으로 관찰할 수 있는 행동에 초점을 둔다.

② 인간은 보상과 처벌에 따라 유지되는 기계적 존재이다.

③ 인간행동은 외적인 자극에 의해 동기화된다고 본다.

④ 인간행동은 환경에 따라 변화하므로 예측이 어렵다.

⑤ 인간행동은 강화에 의해 결정된다.

10. 스키너의 강화에 관한 설명으로 옳지 않은 것은?

① 이차적 강화물에는 타인의 인정, 칭찬 등이 있다.

② 부적 강화란 강화물의 제공을 중지하는 것이다.

③ 고정간격 강화계획의 예로 월급을 들 수 있다.

④ 가변비율 강화계획의 예로 로또 복권을 들 수 있다.

⑤ 강화는 행동의 빈도를 증가시키는 것을 말한다.

11. 반두라(A. Bandura)이론의 주요 개념으로 옳은 것은?

① 페르소나(persona)

② 원형(archetype)

③ 도식(schema)

④ 조절(accommodation)

⑤ 관찰학습(observational learning)

12. 학자별 이론의 설명으로 옳은 것을 모두 고른 것은?

> ㄱ. 로저스의 이론은 주관적 경험의 세계를 강조하여 현상학이론으로 불린다.
> ㄴ. 에릭슨의 이론은 자아의 기능을 강조하여 자아심리학으로 불린다.
> ㄷ. 반두라의 이론은 인지적 성장에 관심을 두어 인지발달이론으로 불린다.
> ㄹ. 융의 이론은 인간의 정신에 대한 분석을 체계화하여 분석심리학으로 불린다.

① ㄱ, ㄴ   ② ㄷ, ㄹ

③ ㄱ, ㄴ, ㄹ   ④ ㄴ, ㄷ, ㄹ

⑤ ㄱ, ㄴ, ㄷ, ㄹ

13. 매슬로우(A. Maslow)의 이론에 관한 설명으로 옳지 않은 것은?

① 인간의 행동은 욕구에서 비롯된다고 보았다.

② 인간이 갖는 욕구를 유형화하여 위계에 따라 설명하였다.

③ 인간에 대해 희망적이고 낙관적인 관점을 가졌다.

④ 모든 욕구가 완전히 충족되어야 한다고 본 것은 아니다.

⑤ 누구나 자기실현의 욕구를 갖는 것은 아니라고 보았다.

14. 로저스(C. Rogers)의 완전히 기능하는 사람의 특징으로 옳지 않은 것은?

① 자기의 잠재력을 인식하고 능력과 자질을 발휘한다.

② 타인을 신뢰하여 자신보다 타인을 존중하는 방향으로 나아간다.

③ 환경이나 과거에 얽매이지 않고 자유롭게 살아간다.

④ 경험에 대해 개방적이고 실존적인 삶을 살아간다.

⑤ 의미 있는 타인으로부터 무조건적인 긍정적 관심을 경험한 사람이다.

15. 생태체계이론에 관한 설명으로 옳지 않은 것은?

① 인간과 환경은 완전히 분리된 체계로서 교류한다.

② 인간과 환경 간의 적합성을 중요시한다.

③ 환경과의 관계에서 스트레스가 유발될 수 있다.

④ 클라이언트의 대처기술 증진에 관심을 둔다.

⑤ 클라이언트의 문제를 병리 관점에서 보지 않는다.

16. 브론펜브레너(U. Bronfenbrenner)의 생태체계 구성에 관한 설명으로 옳지 않은 것을 모두 고른 것은?

> ㄱ. 미시체계에서 개인은 다양한 역할을 수행하며 그 비중은 성장시기에 따라 달라진다.
> ㄴ. 중간체계는 개인에게 간접적인 영향을 주는 미시체계의 환경이다.
> ㄷ. 거시체계는 사회, 문화 등의 환경으로 변화하지 않는 특징이 있다.
> ㄹ. 시간체계는 아동이 성장과정에서 겪는 외적·내적 사건과 관련된다.

① ㄱ, ㄹ   ② ㄴ, ㄷ

③ ㄱ, ㄴ, ㄹ   ④ ㄴ, ㄷ, ㄹ

⑤ ㄱ, ㄴ, ㄷ, ㄹ

17. 태내기의 발달에 관한 설명으로 옳지 않은 것은?
① 배아는 탯줄을 통해 모체로부터 영양분과 산소를 공급받는다.
② 염색체 중에서 23번째 쌍은 태아의 성별을 결정한다.
③ 임신 1~3개월에는 태아의 세포분열이 급속하게 일어난다.
④ 임신 4~6개월 사이에 태어난다면 생존가능성이 희박하다.
⑤ 풍진은 임신 초기보다 임신 후기에 더 위험하다.

18. 영아기(0~2세)에 관한 설명으로 옳은 것은?
① 인지발달은 감각기관과 운동기능을 통해 이루어진다.
② 보존(conservation) 개념이 확립되는 시기이다.
③ 성별을 구별하면서 성역할 고정관념이 형성된다.
④ 회피애착 유형의 영아는 양육자가 있어도 불안해한다.
⑤ 기쁨, 슬픔, 놀람, 공포 등의 일차정서만 나타난다.

19. 유아기(3~6세)에 관한 설명으로 옳지 않은 것은?
① 초자아가 발달하는 시기이다.
② 언어발달이 빠른 속도로 이루어진다.
③ 또래집단을 통해 사회기술을 습득한다.
④ 대상영속성이 형성되기 시작한다.
⑤ 전환적 추론이 가능해진다.

20. 아동기(7~12세)의 발달에 관한 설명으로 옳지 않은 것은?

① 가족을 통한 사회화가 종료되고 학교를 통한 사회화가 시작된다.

② 타율적 도덕성에서 점차 자율적 도덕성 단계에 도달해간다.

③ 부모에 의한 통제에서 자기통제 능력을 발달시켜 나간다.

④ 또래집단 내에서의 상호작용을 통해 모방과 강화가 일어난다.

⑤ 높은 자아효능감은 긍정적 자기개념의 발달에 영향을 미친다.

21. 청소년기(13~19세)를 나타내는 표현으로 옳은 것을 모두 고른 것은?

ㄱ. 심리사회적 유예기	ㄴ. 형식적 조작기
ㄷ. 제2반항기	ㄹ. 심리적 이유기

① ㄱ, ㄹ　　　　　　　　　　② ㄴ, ㄷ

③ ㄱ, ㄴ, ㄹ　　　　　　　　④ ㄴ, ㄷ, ㄹ

⑤ ㄱ, ㄴ, ㄷ, ㄹ

22. 다음의 일화에서 알 수 있는 청소년기의 특징은?

> 우리 딸이 중학교 2학년이라 그런지 부쩍 짜증이 늘었어요. 얼마 전에 친구 만나야 하는데 옷이 없다고 신경질을 내다가 자기 성질에 못 이겨 울기까지 하는 거예요. 그래서 지난 주말에 같이 백화점에 가기로 했어요. 근데 제 옷 가지고도 난리를 하더라고요. '엄마는 옷이 왜 다 똑같애? 다른 옷은 없어?' 이러면서 제가 입고 나갈 옷까지 골라주는 거예요. 백화점에서도 밥 먹고 립스틱만 잠깐 다시 바른건데, '사람들 다 보는 데서 그래야겠어?', '그 색깔 이상해!' 그러면서 시비를 걸더라고요.

① 자아실현　　　　　　　　② 초자아 발달

③ 상상 속 관중　　　　　　④ 개인무의식

⑤ 개인적 우화

23. 청년기(19~29세)에 관한 설명으로 옳지 않은 것은?

① 부모에 대한 독립과 의존이 복합적으로 나타나기도 한다.

② 생물학적 성장이 완성되어 신체적 능력이 최고 수준에 이른다.

③ 직업선택으로 경제적으로 안정된 생활을 하게 된다.

④ 자아정체감의 확립을 기반으로 타인과 친밀감을 형성해간다.

⑤ 성 정체감이 재개념화되고 확고해지는 시기이다.

24. 중년기(30~64세)에 나타나는 갱년기의 특징으로 옳지 않은 것은?

① 성별을 불문하고 나타나지만 사람마다 증상이 다를 수 있다.

② 여성은 안면홍조, 발한, 관절통 등의 신체적 증상이 나타나기도 한다.

③ 과도한 음주, 흡연, 비만 등도 남성 호르몬 감소에 영향을 미친다.

④ 여성은 에스트로겐, 남성은 테스토스테론의 분비가 증가한다.

⑤ 우울, 무기력감 등 심리적 증상이 동반되기도 한다.

25. 노년기(65세 이상)의 특징으로 옳지 않은 것은?

① 외향성의 증가로 다양한 외부활동을 즐기려고 한다.

② 단기기억보다 장기기억의 감퇴 속도가 느리다.

③ 대부분의 지적 능력은 나이가 들더라도 유지된다.

④ 과거를 회상하면서 삶의 의미를 찾으려고 한다.

⑤ 자신감이 낮아지면서 확실한 것을 추구하려고 한다.

26. 과학적 방법에 관한 설명으로 옳지 않은 것은?

① 비교적 일반적이며 보편적으로 적용될 수 있는 지식을 추구한다.

② 경험적으로 검증이 가능해야 한다.

③ 원인과 결과의 관계에 있어서 확률적 결정론이 아닌 단정적 결정론을 갖는다.

④ 어떤 현상이 발생하게 된 원인을 탐구하여 현상을 설명한다.

⑤ 잠정적이며 새롭게 교체될 수 있다.

27. 사회복지조사에 관한 설명으로 옳은 것을 모두 고른 것은?

> ㄱ. 주로 사회적 약자의 문제를 다루기 때문에 사회개량적 성격이 있다.
> ㄴ. 사회복지 서비스의 효과성과 효율성을 평가하기 위한 도구로서 활용된다.
> ㄷ. 논리성, 검증가능성, 반복가능성 등 과학적 방법의 특징을 가져야 한다.
> ㄹ. 인간의 욕구 충족과 현실 문제해결을 다루므로 순수조사의 성격이 강하다.

① ㄱ, ㄴ, ㄷ   ② ㄴ, ㄷ, ㄹ

③ ㄴ, ㄷ   ④ ㄱ, ㄹ

⑤ ㄱ, ㄴ, ㄷ, ㄹ

28. 종단조사(longitudinal study)에 관한 설명으로 옳은 것은?

① 동년배조사는 시간의 흐름에 따라 나타나는 일반적인 대상집단의 변화를 조사하는 것이다.

② 패널조사는 시간이 지나면서 조사대상이 중도에 탈락하는 문제가 있다.

③ 종단조사 중 변화에 대한 가장 포괄적인 자료를 제공하는 것은 경향조사이다.

④ 경향조사는 시간의 변화에 따른 특정 동류집단의 변화를 조사하는 것이다.

⑤ 종단조사 중 패널조사와 동년배조사는 동일인을 반복적으로 조사한다.

29. 다음 연구 상황에 유용한 조사유형은?

> 코로나바이러스감염증의 후유증이 청소년의 학업에 미치는 영향을 연구하고자 하였으나 관련 연구나 선행 자료가 상당히 부족함을 발견하였다.

① 평가적 연구
② 설명적 연구
③ 탐색적 연구
④ 척도개발 연구
⑤ 기술적 연구

30. 가설에 관한 설명으로 옳지 않은 것은?
① 아직 진실 여부가 확인되지 않은 사실이므로 확률적으로 표현된다.
② 경험적으로 검증하기 위해서는 변수의 조작적 정의가 필요하다.
③ 참일 수도 있고 거짓일 수도 있는 문장이 가설로 사용된다.
④ 변수는 2개 이상으로 구성되며 그것들 간의 관계를 나타내고 있어야 한다.
⑤ 검증하고자 하는 관계의 방향성이 반드시 제시되어야 한다.

31. 변수의 조작적 정의에 관한 설명으로 옳은 것을 모두 고른 것은?

> ㄱ. 명목적 정의라고도 하며, 개념화의 과정을 거친다.
> ㄴ. 하나의 개념을 조작화하는 방법은 다양하게 존재한다.
> ㄷ. 빈곤 가구를 물질적인 박탈 상태에 있는 가구로 정의하는 것이다.
> ㄹ. 개념적 정의를 벗어나지 않는 범위에서 측정 가능하도록 재정의하는 것이어야 한다.

① ㄱ, ㄴ, ㄹ
② ㄴ, ㄷ, ㄹ
③ ㄱ, ㄷ, ㄹ
④ ㄴ, ㄹ
⑤ ㄱ, ㄷ

32. 조사설계의 타당도에 관한 설명으로 옳은 것은?

① 내적 타당도의 핵심이 일반화라면, 외적 타당도의 핵심은 인과관계이다.

② 외적 타당도는 어느 한 쪽의 변수가 다른 쪽 변수의 원인이 되는지를 확신할 수 있는 정도를 말한다.

③ 조사설계에서는 내적 타당도와 외적 타당도 가운데 우선적으로 내적 타당도를 높이는 것이 중요하다.

④ 역사, 성숙효과, 검사효과 등은 실험 실행과정에 직접 관련되는 외적 타당도 저해요인이다.

⑤ 표본의 대표성이 떨어지면 내적 타당도도 낮아질 수밖에 없다.

33. 외적 타당도를 저해하는 요인으로 옳은 것은?

① 개입의 확산 또는 모방

② 선택과의 상호작용

③ 통계적 회귀

④ 실험조사에 대한 반응성

⑤ 실험대상자 상실

34. 유사실험설계에 대한 설명으로 옳지 않은 것은?

① 실험설계의 기본 요소 중 한두 가지가 결여된 설계이다.

② 순수실험설계에 비해 내적 타당도는 떨어지지만 외적 타당도는 높은 편이다.

③ 순수실험설계의 적용이 현실적으로 불가능하거나 어려울 때 활용한다.

④ 독립변수의 조작에 의한 변화 관찰이 가장 제한된 설계이다.

⑤ 복수시계열 설계, 비동일 통제집단 설계 등이 해당된다.

35. 실험설계의 기본 요소에 관한 설명으로 옳은 것을 모두 고른 것은?

> ㄱ. 종속변수에 영향을 미칠 수 있는 변수인 외생변수들의 영향을 통제시켜 제거한다.
> ㄴ. 연구의 초점이 되는 현상 가운데 원인이 되는 변수인 독립변수를 실험자가 인위적으로 변화시킨다.
> ㄷ. 실험집단과 통제집단 간의 종속변수를 비교하거나 실험 전후에 검사를 통해서 종속변수에 차이가 있는지 알아본다.
> ㄹ. 연구대상을 확률표본추출의 방법을 통해서 두 집단으로 나눔으로써 두 집단의 속성을 비슷하게 만든다.

① ㄱ, ㄴ, ㄷ   ② ㄴ, ㄷ, ㄹ

③ ㄴ, ㄹ   ④ ㄱ, ㄷ

⑤ ㄱ, ㄴ, ㄷ, ㄹ

36. 단일사례설계에 관한 설명으로 옳지 않은 것은?

① 관측자로 인한 편의의 문제가 있을 수 있다.

② 외적 타당도가 떨어진다.

③ 조사연구의 과정이 실천 과정과 분리되지 않고 통합 가능하다.

④ 단일사례연구만으로 인과관계를 확신하기는 어렵다.

⑤ 개입의 효과성에 대한 즉각적인 피드백을 얻기가 어렵다.

37. 측정수준과 그 예가 바르게 연결된 것을 모두 고른 것은?

> ㄱ. 명목척도 – 혈액형, 장애 유형, 인종
> ㄴ. 서열척도 – 석차, 생활수준(상, 중, 하), 노인장기요양등급
> ㄷ. 등간척도 – 몸무게, 교육연수(년), 소득(원)
> ㄹ. 비율척도 – 섭씨온도, IQ(지능지수), 출생률

① ㄱ, ㄴ, ㄷ ② ㄴ, ㄷ, ㄹ

③ ㄱ, ㄴ, ㄹ ④ ㄷ, ㄹ

⑤ ㄱ, ㄴ

38. 측정의 신뢰도에 관한 설명으로 옳지 않은 것은?

① 측정한 값과 대상의 진정한 값과의 일치 정도를 말한다.

② 측정의 안정성, 일관성, 예측가능성 등으로 표현할 수 있다.

③ 평가방법으로 검사–재검사법, 대안법 등이 있다.

④ 신뢰도는 타당도 확보를 위한 기본적 전제 조건이다.

⑤ 내적 일관성 신뢰도법에는 반분법, 크로바하의 알파계수가 있다.

39. 신뢰도를 높이는 방법에 관한 설명으로 옳은 것을 모두 고른 것은?

> ㄱ. 응답자가 무관심하거나 잘 모르는 내용도 빠짐없이 측정해야 한다.
> ㄴ. 신뢰도를 떨어뜨리는 측정항목을 제외한다.
> ㄷ. 신뢰도가 검증된 표준화된 측정도구를 활용하는 것이 유리하다.
> ㄹ. 측정항목을 늘리고 선택범위를 넓혀야 한다.

① ㄱ, ㄴ, ㄷ ② ㄴ, ㄷ, ㄹ

③ ㄱ, ㄴ, ㄹ ④ ㄷ, ㄹ

⑤ ㄱ, ㄴ, ㄷ, ㄹ

40. 측정수준에 관한 설명으로 옳지 않은 것은?

① 등간척도는 등간격이므로 산술적 계산을 할 수 없다.

② 비율수준에서 이루어진 측정은 서열수준으로 전환할 수 있다.

③ 서열척도는 서열 간 간격이 동일하지 않고 절대량의 크기를 나타내지 않는다.

④ 비율척도는 기하평균을 비롯한 모든 통계적 분석이 가능하다.

⑤ 명목수준의 측정에서 사용되는 숫자는 양적인 크기를 갖지 못한다.

41. 다음에 해당하는 척도는 무엇인가?

척도문항	응답				
	전혀 아니다 1	아니다 2	보통이다 3	그렇다 4	매우 그렇다 5
1. 숟가락을 사용하여 음식을 흘리지 않고 혼자 먹는다.					
2. 도와주지 않아도 컵으로 물을 흘리지 않고 마신다.					
3. 낮이나 밤이나 대소변을 혼자서 모두 잘 가린다.					
4. 얼굴을 비누와 수건으로 혼자서 잘 닦고 씻는다.					
5. 혼자서 잘 걷는다.					

① 리커트 척도(Likert scale)

② 거트만 척도(Guttman scale)

③ 보가더스 척도(Borgadus scale)

④ 어의적 분화 척도(Semantic differential scale)

⑤ 써스톤 척도(Thurstone scale)

42. 다음 사례에서 설명하는 표본추출방법은?

> 요양보호사들의 노동실태를 조사하기 위하여 설문조사를 실시하였다. 표본은 서울의 주간보호센터에 근무하는 요양보호사를 대상으로 재직기간(3년 미만, 3년 이상 5년 미만, 5년 이상)을 고려하여 재직기간 집단별 각각 100명씩 총 300명을 임의로 추출하였다.

① 할당(quota) 표본추출
② 단순무작위(simple random) 표본추출
③ 군집(cluster) 표본추출
④ 층화(stratified) 표본추출
⑤ 눈덩이(snowball) 표본추출

43. 확률표집방법과 비확률표집방법에 관한 설명으로 옳지 않은 것을 모두 고른 것은?

> ㄱ. 비확률표집방법은 확률표집방법에 비해 표집절차가 복잡하고 비용이 많이 든다.
> ㄴ. 확률표집방법은 통계치로부터 모수치를 정확히 추정하는 방법을 제시해준다.
> ㄷ. 비확률표집방법은 외적 타당도가 높다.
> ㄹ. 확률표집방법에는 단순무작위표집, 체계적 표집, 층화표집, 유의표집이 있다.

① ㄱ, ㄴ   ② ㄹ
③ ㄱ, ㄷ, ㄹ   ④ ㄴ
⑤ ㄷ

44. 표집 관련 용어에 관한 설명으로 옳은 것은?
① 표집요소는 표본을 추출하기 위한 모집단의 목록이다.
② 관찰단위는 표본이 추출되는 각 단계에서 표본으로 추출되는 요소들의 단위이다.
③ 표집단위는 자료를 직접 수집하는 요소 또는 요소의 총합체를 말하는 것으로 자료수집 단위라고도 한다.
④ 분석단위와 관찰단위는 반드시 일치해야 한다.
⑤ 전수조사가 이뤄졌다면 각 변수의 빈도나 평균 등과 같은 수치는 곧 모수이다.

45. 설문지 문항의 작성방법에 관한 설명으로 옳지 않은 것은?

① 신뢰도를 검사하는 질문은 서로 떨어지게 배치한다.

② 질문 내에 어떤 가정이나 암시가 있어서는 안 된다.

③ 일반적인 것을 먼저 묻고 특수한 것을 뒤에 묻는다.

④ 민감한 질문이나 개방형 질문은 앞부분에 배치한다.

⑤ 응답군이 조성되지 않도록 문항을 적절히 배치한다.

46. 면접조사의 단점으로 옳은 것을 모두 고른 것은?

ㄱ. 비구조화 면접의 경우 면접자에 의한 오류가 발생할 가능성이 높다.

ㄴ. 비언어적 행동의 조사가 불가능하다.

ㄷ. 익명성 보장이 미약하기 때문에 민감한 질문에 응답자가 응답을 꺼려할 가능성이 있다.

ㄹ. 우편설문조사에 비해 응답률이 낮다.

① ㄱ, ㄴ, ㄷ   ② ㄱ, ㄷ

③ ㄴ, ㄷ   ④ ㄴ, ㄹ

⑤ ㄱ, ㄹ

47. 내용분석법의 특징으로 옳은 것을 모두 고른 것은?

ㄱ. 의사소통의 드러난 내용뿐만 아니라 숨은 내용도 분석대상이 된다.

ㄴ. 내용분석의 분석범주는 상호배타적이어야 한다.

ㄷ. 의사전달의 내용 또는 메시지가 분석대상이다.

ㄹ. 질적인 분석방법은 가능한한 배제해야 한다.

① ㄱ, ㄴ   ② ㄷ, ㄹ

③ ㄴ, ㄷ   ④ ㄱ, ㄹ

⑤ ㄱ, ㄴ, ㄷ

48. 델파이기법에 관한 설명으로 옳지 않은 것은?

① 전문가가 자유로운 시간에 의견을 말할 수 있다.

② 대면 집단 간의 상호작용을 강조한다.

③ 극단적인 판단은 제외되는 경향이 있어 창의적인 의견들이 손상될 수 있다.

④ 반복되는 설문을 통하여 패널의 의견이 수정될 수 있다.

⑤ 구조화된 방식으로 정보의 흐름을 제어하는 경향을 보인다.

49. 질적 연구에 관한 설명으로 옳지 않은 것은?

① 엄격한 인과관계를 규명하기보다는 복합적인 상호작용의 규명에 초점을 둔다.

② 연구자의 관찰과 통찰 등을 통해 자료를 수집하고 분석한다.

③ 연역적 방법을 주로 활용하지만 귀납적 방법을 배제하는 것은 아니다.

④ 조사대상이 되는 표본의 수가 양적 연구에 비해 적은 편이다.

⑤ 연구 과정에서 잠정적인 가설들이 형성되는 것이 일반적이다.

50. 질적 연구와 가장 거리가 먼 것은?

① 근거이론(grounded theory) 연구

② 민속지학 연구

③ 현상학 연구

④ 내러티브(narrative) 연구

⑤ 단순시계열 설계 연구

2025년도 제23회 사회복지사1급 국가시험 대비
FINAL 모의고사 1회

교 시	문제형별	시 간	시험과목 및 시험영역
2교시	A	75분	**사회복지실천** ① 사회복지실천론 ② 사회복지실천기술론 ③ 지역사회복지론

수험번호		성 명	

【 수험자 유의사항 】

1. 시험문제지는 **단일 형별(A형)**이며, 답안카드 형별 기재란에 표시된 형별(A형)을 확인하시기 바랍니다. 시험문제지의 **총면수, 문제번호 일련순서, 인쇄상태** 등을 확인하시고, 문제지 표지에 수험번호와 성명을 기재하시기 바랍니다.

2. 답은 각 문제마다 요구하는 **가장 적합하거나 가까운 답 1개**만 선택하고, 답안카드 작성 시 시험문제지 **마킹착오**로 인한 불이익은 전적으로 **수험자에게 책임**이 있음을 알려 드립니다.

3. 답안카드는 국가전문자격 공통 표준형으로 문제번호가 1번부터 125번까지 인쇄되어 있습니다. 답안 마킹 시에는 반드시 **시험문제지의 문제번호와 동일한 번호**에 마킹하여야 합니다.

4. **감독위원의 지시에 불응하거나 시험기간 종료 후 답안카드를 제출하지 않을 경우** 불이익이 발생할 수 있음을 알려 드립니다.

5. 시험문제지는 시험 종료 후 가져가시기 바랍니다.

사회복지전문출판 나눔의집

해당 모의고사는 저작권법에 의하여 보호를 받는 저작물이므로 무단전재와 복제를 금합니다.

사회복지실천(사회복지실천론)

1. 다음 중 미시적 실천에 해당하는 활동은?
   ① A지역아동센터의 재능기부 자원봉사자 모집
   ② C미혼모쉼터의 입소자 양육 및 자립지원 상담
   ③ B노인복지관의 치매인식개선을 위한 캠페인
   ④ D성폭력상담센터의 사이버성폭력 예방 교육
   ⑤ E사회복지관의 저소득 손자녀가정 후원 모금

2. 다음 상황에서 사회복지사가 느끼게 되는 가치갈등은?

   > 사회복지사는 기관에 속한 직원으로서 그 기관의 사명과 규정을 따라야 한다. 그런데 한편으로는 클라이언트의 이익을 최대한 보장해야 하는 책임을 갖는다. 이러한 상황에서 사회복지사는 무엇을 우선으로 할 것인지와 관련해 갈등을 겪을 수 있다.

   ① 권력의 불균형   ② 결과의 모호성
   ③ 가치상충   ④ 의무상충
   ⑤ 클라이언트체계의 다중성

3. 로웬버그와 돌고프(Loewenberg & Dolgoff)가 제시한 윤리적 준거틀에서 다음 중 가장 최우선적으로 고려해야 하는 원칙은?
   ① 삶의 질 향상의 원칙
   ② 자기결정의 원칙
   ③ 사생활보호의 원칙
   ④ 최소손실의 원칙
   ⑤ 평등과 불평등의 원칙

4. 한국사회복지사 윤리강령 중 기본적 윤리기준에서의 규정으로 옳은 것을 모두 고른 것은?

> ㄱ. 사회복지사는 필요한 경우에 제공된 서비스에 대해 공정하고 합리적으로 이용료를 책정할 수 있다.
> ㄴ. 사회복지사는 클라이언트에게 최상의 서비스를 제공하기 위해, 지식과 기술을 개발하는 데 최선을 다하며 이를 활용하고 공유할 책임이 있다.
> ㄷ. 사회복지사는 자신의 이익을 위해 사회복지 전문직의 가치와 권위를 훼손해서는 안 된다.
> ㄹ. 사회복지사는 다양한 문화의 강점을 인식하고 존중하며, 문화적 역량을 바탕으로 사회복지를 실천한다.

① ㄱ, ㄷ   ② ㄴ, ㄹ

③ ㄱ, ㄴ, ㄷ   ④ ㄴ, ㄷ, ㄹ

⑤ ㄱ, ㄴ, ㄷ, ㄹ

5. 자선조직협회에 관한 설명으로 옳지 않은 것은?
① 지원의 중복 및 누락 방지에 목적을 두었다.
② 집단사회사업의 태동에 영향을 주었다.
③ 빈곤의 원인을 개인의 나태함과 게으름 등으로 보았다.
④ 적자생존의 논리를 바탕으로 수급자를 선별하였다.
⑤ 우애방문원의 활동은 사회복지사의 효시가 되었다.

6. 1929년 밀포드(Milford) 회의에서 발표한 사회복지사가 갖추어야 할 기본적인 지식 및 방법론에 관한 공통요소에 해당하는 것을 모두 고른 것은?

> ㄱ. 개별사회복지실천의 목적, 윤리, 의무를 결정하는 철학적 배경 이해
> ㄴ. 개별사회복지실천이 요구하는 과학적 지식과 경험 적용
> ㄷ. 인간관계 규범의 활용도
> ㄹ. 사회치료에 지역사회 자원 활용

① ㄱ, ㄹ   ② ㄴ, ㄷ

③ ㄱ, ㄴ, ㄹ   ④ ㄴ, ㄷ, ㄹ

⑤ ㄱ, ㄴ, ㄷ, ㄹ

7. 도움을 받을 가족이 없어 혼자 살고 계신 어르신이 편하게 병원을 이용할 수 있도록 활동보조 자원봉사자를 연결해주는 사회복지사의 역할은?

① 조력자   ② 중개자

③ 행동가   ④ 협상가

⑤ 촉진자

8. 사회복지실천현장 중 이용시설로만 구성된 것은?

① 노인복지관, 노인주거복지시설

② 청소년자립지원관, 청소년상담복지센터

③ 한부모가족복지상담소, 다문화가족지원센터

④ 아동양육시설, 지역아동센터

⑤ 정신건강복지센터, 장애인 거주시설

9. 통합적 접근의 특징으로 옳지 않은 것은?

① 정신분석 배제

② 순환적 인과론

③ 일반주의적 접근

④ 생태체계적 접근

⑤ 미래지향적 관점

10. 강점관점에 관한 설명으로 옳지 않은 것은?

① 클라이언트의 자기결정권을 존중한다.

② 사회복지사와 클라이언트는 협력하는 관계이다.

③ 클라이언트의 문제는 성장의 기회가 된다.

④ 클라이언트의 무의식 분석을 강조한다.

⑤ 개입의 핵심은 개인과 가족, 지역사회의 참여이다.

11. 핀커스와 미나한(A. Pincus & A. Minahan)이 제시한 사회복지실천 구성체계로 옳지 않은 것은?
    ① 변화매개체계: 서비스를 제공하는 사회복지사
    ② 전문체계: 사례관리팀 내 다른 분야의 전문직
    ③ 행동체계: 클라이언트의 가족, 친구, 이웃 등
    ④ 클라이언트체계: 서비스를 요청한 사람
    ⑤ 표적체계: 실제 변화가 필요한 사람

12. 펄만(Perlman)이 강조한 사회복지실천의 4가지 구성요소에 관한 설명으로 옳지 않은 것은?
    ① 사람(person): 개인과 환경 사이의 상호작용에 변화가 필요한 클라이언트
    ② 장소(place): 클라이언트가 도움을 얻기 위해 찾은 장소
    ③ 문제(problem): 클라이언트가 겪고 있는 문제 및 해결하고자 하는 욕구
    ④ 실천(practice): 합리적인 계획에 따른 사회복지사의 전문적인 개입활동
    ⑤ 과정(process): 문제를 해결하기 위한 클라이언트의 노력

13. 사례관리의 주요 원칙과 관련하여 옳은 것은?
    ① 사회복지사의 결정권 보장
    ② 욕구 맞춤형 단기개입
    ③ 개별화된 서비스 제공
    ④ 비공식 서비스 제외
    ⑤ 서비스의 분절적 제공

14. 다음에 제시된 사례관리의 과정은?

> • 클라이언트의 주위 환경을 포함하여 클라이언트의 상황을 이해하기 위한 과정이다.
> • 클라이언트와 함께 문제 목록을 작성하기도 하며, 어떤 자원과 장애물이 있는지를 살펴본다.

① 발굴　　　　　　　　　　　　② 계획
③ 사정　　　　　　　　　　　　④ 개입
⑤ 점검

15. 비스텍(Biestek)이 제시한 관계형성의 원칙에 관한 설명으로 옳지 않은 것은?
① 수용: 사회복지사는 클라이언트를 있는 그대로 인정함으로써 차별없이 동일한 서비스를 받을 수 있도록 해야 한다.
② 의도적 감정표현: 사회복지사는 클라이언트가 자신의 감정을 자유롭게 드러낼 수 있도록 도와야 한다.
③ 비심판적 태도: 사회복지사는 클라이언트의 행동과 가치관에 대해 비난하지 않아야 한다.
④ 비밀보장: 사회복지사는 클라이언트가 노출한 정보에 대해 타인에게 발설해서는 안 된다.
⑤ 자기결정: 사회복지사는 문제해결의 주체는 클라이언트임을 강조함으로써 클라이언트의 자기결정권이 보장될 수 있도록 해야 한다.

16. 사회복지사와 클라이언트가 맺는 관계형성의 요소와 관련하여 옳은 것을 모두 고른 것은?

> ㄱ. 사회복지사는 자신을 객관적으로 인식해야 한다.
> ㄴ. 사회복지사는 책임감을 가지고 헌신해야 한다.
> ㄷ. 클라이언트의 관점에서 이해하고 공감해야 한다.
> ㄹ. 클라이언트의 전문가적 권위를 보장해야 한다.

① ㄱ, ㄷ　　　　　　　　　　　② ㄴ, ㄹ
③ ㄱ, ㄴ, ㄷ　　　　　　　　　④ ㄴ, ㄷ, ㄹ
⑤ ㄱ, ㄴ, ㄷ, ㄹ

17. 원조과정에서 사회복지사의 자세로 적절하지 않은 것은?

① 클라이언트가 보이는 침묵의 의미를 파악해야 한다.

② 클라이언트가 역전이를 보일 때에는 의뢰를 고려해야 한다.

③ 클라이언트가 문제해결의 주체가 될 수 있도록 원조해야 한다.

④ 클라이언트가 갖는 독특한 특성을 고려하여 개입해야 한다.

⑤ 클라이언트가 보이는 저항의 원인을 살펴봐야 한다.

18. 다음 중 개방형 질문이 바르게 사용된 것은?

① 명절 스트레스로 잠자리가 사납다고 하셨었는데 어제는 잘 주무셨나요?

② 처음부터 그 친구가 마음에 안 들어서 따돌리고 싶었다는 말씀인 거죠?

③ 아드님에 대한 태도를 바꿔보겠다고 하셨었는데 아드님 반응은 어땠나요?

④ 왜 그렇게 부모님께 공격적인 단어를 사용하면서 이야기하시는 건가요?

⑤ 오늘 기분은 어떠세요? 남편분과는 진지하게 이야기를 나눠보셨나요?

19. 사회복지 면접에서 유의해야 할 사항으로 옳지 않은 것은?

① 클라이언트가 사적인 질문을 할 때에는 답변하지 않는다.

② 면접장소는 클라이언트의 특성을 고려하여 선정한다.

③ 대화가 길어져도 정해진 시간 내에 끝마치도록 한다.

④ 사회복지사의 질문은 클라이언트의 욕구와 관련되어야 한다.

⑤ 클라이언트를 이해하려는 적극적인 자세를 가져야 한다.

20. 접수단계에서의 주요 과업을 모두 고른 것은?

> ㄱ. 기관에 적합한 서비스가 있는지를 확인한다.
> ㄴ. 클라이언트의 욕구에 맞춰 계획을 수립한다.
> ㄷ. 클라이언트에게 의뢰에 대해 안내한다.
> ㄹ. 클라이언트의 문제를 구체적으로 규명한다.

① ㄱ, ㄷ   ② ㄴ, ㄹ

③ ㄱ, ㄴ, ㄷ   ④ ㄴ, ㄷ, ㄹ

⑤ ㄱ, ㄴ, ㄷ, ㄹ

21. 표적문제를 선정함에 있어 고려해야 할 사항으로 옳지 않은 것은?

① 문제해결이 얼마나 시급한가.

② 클라이언트가 중요하게 생각하는 문제인가.

③ 사회복지사가 다룰 수 있는 문제인가.

④ 얼마나 많은 문제를 다양하게 선정할 것인가.

⑤ 현실적으로 변화 가능성이 있다고 판단되는가.

22. 클라이언트의 행동변화를 이끌어낼 목적으로 사용되는 개입기술은?

① 환기

② 재명명

③ 조언

④ 모델링

⑤ 도전

23. 개입단계에서 고려해야 할 사항으로 옳지 않은 것은?
　　① 클라이언트의 시간과 비용을 최대한 투입하도록 해야 한다.
　　② 사회복지사와 클라이언트의 활동은 상호보완적이어야 한다.
　　③ 서비스 계획에서 설정된 목표를 달성할 수 있어야 한다.
　　④ 클라이언트에게 끊임없이 지지와 환류를 제공해야 한다.
　　⑤ 변화에 진척이 없을 경우 계획의 보완·수정을 고려해야 한다.

24. 사후관리에 대한 설명으로 옳지 않은 것은?
　　① 종결 이후 클라이언트가 느낄 상실감을 다룬다.
　　② 클라이언트와 공식적 관계를 넘어 호의를 베푼다.
　　③ 클라이언트의 변화가 유지되고 있는지를 확인한다.
　　④ 클라이언트에게 남아있는 문제를 확인할 기회가 된다.
　　⑤ 종결 이후 발생한 문제에 빠르게 대응할 수 있다.

25. 다음에 제시된 과업을 실천과정의 순서에 따라 나열한 것은?

ㄱ. 목표설정	ㄴ. 문제형성
ㄷ. 성과에 대한 분석	ㄹ. 계약의 공식화

　　① ㄱ → ㄴ → ㄹ → ㄷ　　　　② ㄱ → ㄹ → ㄴ → ㄷ
　　③ ㄴ → ㄱ → ㄹ → ㄷ　　　　④ ㄴ → ㄹ → ㄷ → ㄱ
　　⑤ ㄷ → ㄴ → ㄱ → ㄹ

26. 실천지식의 구성수준을 구체성이 낮은 순에서 높은 순으로 나열한 것은?
   ① 관점 – 패러다임 – 이론 – 모델 – 실천지혜
   ② 관점 – 실천지혜 – 패러다임 – 이론 – 모델
   ③ 패러다임 – 관점 – 이론 – 모델 – 실천지혜
   ④ 패러다임 – 관점 – 실천지혜 – 이론 – 모델
   ⑤ 실천지혜 – 이론 – 모델 – 패러다임 – 관점

27. 정신역동모델의 주요 특징으로 옳지 않은 것은?
   ① 심리결정론에 근거
   ② 통찰의 획득 강조
   ③ 자아구축 원조
   ④ 단기개입 추구
   ⑤ 방어기제 분석

28. 심리사회모델에 관한 설명으로 옳은 것은?
   ① 클라이언트에 대한 수용을 강조한다.
   ② 정신분석적 접근에 반대한다.
   ③ 사회구성주의적 관점을 기반으로 한다.
   ④ 과거 경험을 탐색하지 않는다.
   ⑤ 환경적 요소를 고려하지 않는다.

29. 심리사회모델의 주요 기법 중 다음 사례에 해당하는 것은?

> 클라이언트 A씨는 여자친구가 가정을 꾸리고 싶어하는 것 같다고 고민을 토로했다. 나이도 찼고 연애도 오래해서 결혼 생각이 아예 없는 건 아닌데 '아이가 생긴다'라는 생각만으로도 부담스러워진다고 했다. 동생과 띠동갑인데 부모님이 식당을 하셔서 자정 넘어 귀가하셨고 저녁부터 밤까지 자신이 동생을 돌봤다고 했다. 동생은 이쁘고 귀엽긴 했지만 모든 것을 아기에게 맞춰야 하는 것이 힘들었다고 했다.

① 개인-환경에 대한 고찰 ② 발달적 고찰

③ 유형-역동성 고찰 ④ 직접적 영향주기

⑤ 지지하기

30. 인지행동모델에 관한 설명으로 옳지 않은 것은?

① 클라이언트와 사회복지사의 협조적인 노력을 중요시한다.

② 클라이언트의 능동적인 참여를 강조한다.

③ 클라이언트의 객관적 경험과 인식을 강조한다.

④ 다양한 행동적 과제를 통해 자기 치료가 가능하도록 한다.

⑤ 제한된 시간 내에 특정 문제에 초점을 두고 접근한다.

31. 엘리스(Ellis)의 합리정서치료에 관한 설명으로 옳은 것은?

① 비합리적 신념은 스스로 바꿀 수 없기 때문에 치료는 필수적이다.

② 과도한 불안은 실제 일어날 문제를 축소하여 생각함에 따라 나타난다.

③ 개입의 목적은 비합리적 신념의 수정이 아닌 문제행동의 수정에 있다.

④ 인지매개가설을 통해 상황에 대한 해석이 행동을 결정한다고 보았다.

⑤ 비합리적 신념에 대한 논박은 논리성, 현실성, 효용성 차원에서 진행된다.

32. 과제중심모델의 개입과정 중 초기단계의 과업으로 옳지 않은 것은?

① 문제의 우선순위를 파악한다.

② 클라이언트의 의뢰 이유를 확인한다.

③ 표적문제를 설정한다.

④ 예비사정의 결과를 재사정한다.

⑤ 목표를 수립하여 계약한다.

33. 역량강화모델에 관한 설명으로 옳지 않은 것은?

① 대화단계 → 발견단계 → 발전단계로 이루어진다.

② 클라이언트가 가진 잠재적인 역량에 초점을 둔다.

③ 클라이언트가 문제에 대처할 수 있도록 지지한다.

④ 클라이언트에게 필요한 새로운 자원을 활성화한다.

⑤ 클라이언트에게서 문제의 원인을 찾아 치료한다.

34. 위기에 관한 설명으로 옳은 것을 모두 고른 것은?

ㄱ. 위기는 대체로 일시적으로 나타난다.
ㄴ. 위기는 성장과 발전의 기회가 될 수 있다.
ㄷ. 위기는 누구나 극복할 수 있다.
ㄹ. 위기는 한 번 극복하면 재경험하지 않는다.

① ㄱ, ㄴ   ② ㄷ, ㄹ

③ ㄱ, ㄴ, ㄷ   ④ ㄱ, ㄷ, ㄹ

⑤ ㄴ, ㄷ, ㄹ

35. 현대가족의 특징으로 옳지 않은 것은?

① 가족의 형태가 다양해지고 있다.

② 가족의 돌봄·보호 기능이 강화되고 있다.

③ 전통적인 역할분담이 변화하고 있다.

④ 저출산이 사회문제로 대두되고 있다.

⑤ 빈둥지 시기가 늦춰지고 있다.

36. 가족사정도구에 관한 설명으로 옳은 것은?
① 생활주기표는 가족원 개개인의 현재 발달단계 및 발달과업을 정리한다.
② 사회적 관계망표는 가족 전체에 영향을 미치는 주변 인물을 탐색한다.
③ 생활력도표는 하나의 표에 전체 가족원의 주요 특징을 표시한다.
④ 생태도는 다세대 가족치료에서 사정 및 치료 과정에서 사용된다.
⑤ 가족조각에서는 언어적 표현을 통해 표현되지 못한 정서를 노출한다.

37. 가족사정에 관한 내용으로 옳지 않은 것은?
① 이중구속은 역기능적 의사소통 방식으로 혼란을 야기한다.
② 방임형 가족체계는 외부의 도움을 차단하는 경향이 있다.
③ 가족 내에 존재하는 권력이 항상 역기능적인 것은 아니다.
④ 가족생활주기의 변화에 맞춰 가족규칙의 변화가 필요하다.
⑤ 가족신화는 현실을 왜곡하여 가족관계를 파괴시키기도 한다.

38. 다음 사례에서 고려할 만한 개입기법은?

고등학생인 클라이언트 A씨는 엄마와의 관계가 너무 힘들다고 호소했다. 학원이 끝나고 밤 늦게 집에 가면 그때부터 엄마는 자신을 붙잡고 아빠한테 서운했던 일을 이야기 꺼내기 시작하는데 자기도 너무 힘들어 엄마한테 소리를 지르게 될 때도 있다며, 엄마가 안타까우면서도 부담스럽다고 했다.

① 경계 만들기   ② 역설적 지시
③ 증상처방   ④ 탈삼각화
⑤ 가족옹호

39. 미누친(S. Minuchin)의 구조적 가족치료에서 사용하는 대표적 기법을 모두 고른 것은?

ㄱ. 긴장 고조시키기	ㄴ. 분화 촉진하기
ㄷ. 순환적 질문하기	ㄹ. 과제 제시하기

① ㄱ, ㄹ   ② ㄴ, ㄷ
③ ㄱ, ㄴ, ㄹ   ④ ㄴ, ㄷ, ㄹ
⑤ ㄱ, ㄴ, ㄷ, ㄹ

40. 사티어(V. Satir)의 의사소통 유형에 관한 설명으로 옳지 않은 것은?
① 초이성형: 지나치게 분석적이고 비판적이다.
② 비난형: 자신은 존중하지만 타인과 상황을 무시한다.
③ 혼란형: 상황 파악이 어려워 결정을 망설인다.
④ 아첨형: 자신을 무시한 채 상대방의 의견에 맞춘다.
⑤ 일치형: 언어적 메시지와 비언어적 메시지가 일치한다.

41. 해결중심 가족치료의 주요 특징으로 옳은 것은?
① 병리에 초점
② 장기적 치료모델
③ 실패 경험 분석
④ 과거분석 접근
⑤ 탈이론적 모델

42. 해결중심 가족치료의 질문 기법 중 다음 사례에 해당하는 것은?

> • 클라이언트: 부모님이 자주 싸우고 그래서 엄마한테 '나는 엄마처럼은 안 살꺼야'라는 말을 종종 했었어요. 저는 결혼하면 정말 남편에게 잘하고 알콩달콩 살고 싶었는데, 이혼 생각을 하다가도 나중에 죽으면 하늘나라에서 엄마 볼 낯이 없겠다는 생각이 들기도 했어요.
> • 사회복지사: 만약 지금 상황을 어머니께 말씀드린다면, 어머니는 부부의 관계회복을 위해 어떻게 하는 것이 좋겠다고 말씀하실까요?

① 관계성질문   ② 예외질문
③ 극복질문   ④ 기적질문
⑤ 희망질문

43. 자조집단에 관한 설명으로 옳은 것을 모두 고른 것은?

> ㄱ. 사회복지사는 집단의 일원이 된다.
> ㄴ. 상호학습에 따른 모델링이 이루어진다.
> ㄷ. 구성원 간 유대감이 높게 나타난다.
> ㄹ. 공동의 목표를 달성한 후에 해산한다.

① ㄱ, ㄹ   ② ㄴ, ㄷ
③ ㄱ, ㄴ, ㄷ   ④ ㄴ, ㄷ, ㄹ
⑤ ㄱ, ㄴ, ㄷ, ㄹ

44. 집단역동성에 관한 설명으로 옳지 않은 것은?
① 성원들의 동질성이 높을수록 집단문화는 빠르게 형성된다.
② 사회복지사가 설정한 집단의 목적이 개인의 목적과 연결되도록 한다.
③ 일부 성원이 집단의 의사소통을 독점하지 않도록 해야 한다.
④ 집단의 규칙은 모든 성원이 함께 명시적으로 작성해야 한다.
⑤ 개별 성원이 집단 내에서 수행하는 역할이 고정되지 않도록 한다.

45. 집단사회복지사의 역할 및 기술 등에 관한 설명으로 옳지 않은 것은?
① 사회복지사는 하위집단을 인위적으로 형성하거나 해체할 수는 없다.
② 사회복지사는 특정 성원이나 특정 행동에 선별적으로 반응해서는 안 된다.
③ 성원 간 갈등이 일어난 경우 사회복지사는 중재자로서의 역할을 수행한다.
④ 사회복지사는 집단과정을 촉진하기 위해 집단의 상호작용을 지도해야 한다.
⑤ 성원의 자기노출을 촉진하기 위해 사회복지사가 먼저 자기노출을 할 수 있다.

46. 집단을 준비하는 단계에서 고려할 사항으로 옳은 것을 모두 고른 것은?

> ㄱ. 집단의 회합빈도   ㄴ. 집단활동의 장소
> ㄷ. 집단성원의 모집방식   ㄹ. 집단성원의 참여자격

① ㄱ   ② ㄱ, ㄷ
③ ㄴ, ㄹ   ④ ㄱ, ㄷ, ㄹ
⑤ ㄱ, ㄴ, ㄷ, ㄹ

47. 집단 사회복지실천에서 사정에 관한 설명으로 옳지 않은 것은?

① 집단활동이 이루어지는 기관 및 시설의 환경에 대해 사정한다.

② 성원들이 가지고 있는 역기능적 행동 유형을 파악한다.

③ 성원들의 상호작용에 있어 방해가 되는 요인을 살펴본다.

④ 개별 사회복지실천과 달리 초기단계에서만 사정을 진행한다.

⑤ 상호작용차트를 통해 성원들 사이의 상호작용 빈도를 기록한다.

48. 사회복지실천 기록에 관한 설명으로 옳은 것은?

① 녹음이나 녹화는 완벽한 기록양식으로 단독기록 유형으로 인정된다.

② SOAP 기록은 생태체계적 관점을 반영할 수 있는 방식이다.

③ 과정중심기록은 어려운 사례를 다루거나 새로운 기술개발에 유용하다.

④ 요약기록은 클라이언트의 언어적 · 비언어적 표현이 사실적으로 전달된다.

⑤ 이야기체 기록은 단독기록 양식으로 직접인용의 대화체 기록이다.

49. 기록의 목적 및 용도에 관한 설명으로 옳은 것을 모두 고른 것은?

ㄱ. 사회복지사의 활동 입증	ㄴ. 기금 조성을 위한 근거
ㄷ. 클라이언트의 알 권리 보호	ㄹ. 효과적인 사례관리

① ㄱ, ㄷ   ② ㄴ, ㄹ

③ ㄱ, ㄴ, ㄷ   ④ ㄱ, ㄷ, ㄹ

⑤ ㄱ, ㄴ, ㄷ, ㄹ

50. 다음에 해당하는 단일사례설계의 유형은?

아동의 분노조절장애에 대한 단일사례설계로, 개입에 앞서 4주간(주1회) 행동패턴에 대한 조사를 실시하고 이후 5주간(주2회) 개입을 실시하였다. 개입을 중단한 후 4주간(주1회) 표적행동을 관찰하였다.

① ABAB설계   ② ABAC설계

③ ABA설계   ④ ABC설계

⑤ BAB설계

51. 좋은 지역사회를 위한 요건으로 옳지 않은 것은?

① 지역사회 내 권력을 집중시켜 효율적인 사업을 추진한다.

② 지역주민 간 갈등을 조정하기 위한 절차를 마련해야 한다.

③ 지역사회의 지지를 받는 도덕체계가 있어야 한다.

④ 지역주민들의 자율성이 적절하게 보장되어야 한다.

⑤ 지역주민들의 헌신과 협력이 이루어지도록 해야 한다.

52. 지역사회에 관한 이론 중 다음에서 설명하는 것은?

> 현대는 도시사회로 개발되면서 농촌사회에 존재했던 전통적인 공동체는 쇠퇴하여 이제는 이상적으로만 남아 있을 뿐 실질적으로 존재하지 않는다.

① 보존이론   ② 체계이론

③ 상실이론   ④ 개방이론

⑤ 학습이론

53. 지역사회복지실천에 관한 설명으로 옳지 않은 것은?

① 지역사회는 있는 그대로 이해되고 수용되어야 한다.

② 개별화의 원칙에 따라 일차적인 클라이언트는 지역주민이다.

③ 욕구의 가변성을 인식하여 사업과정에 반영할 수 있어야 한다.

④ 지역사회의 복지와 관련된 전문적, 비전문적 활동을 모두 포함한다.

⑤ 지역사회는 실천의 대상인 동시에 실천을 위한 수단이 된다.

54. 지역사회복지의 특성으로 옳은 것을 모두 고른 것은?

> ㄱ. 지역사회 내 문제를 조기에 발견하여 대응하는 예방성을 중요시한다.
> ㄴ. 주민운동의 차원에서 지역주민들의 연대성 및 공동성이 강조된다.
> ㄷ. 지리적 지역사회에 한정하여 지역주민들의 위한 서비스를 제공한다.
> ㄹ. 지역사회 네트워크를 기반으로 한 서비스의 통합적 제공을 추구한다.

① ㄱ, ㄹ   ② ㄴ, ㄷ

③ ㄱ, ㄴ, ㄹ   ④ ㄴ, ㄷ, ㄹ

⑤ ㄱ, ㄴ, ㄷ, ㄹ

55. 인보관운동의 특징으로 옳지 않은 것은?

① 집단사회사업 및 지역사회복지의 발달에 영향을 미쳤다.

② 빈곤을 산업화, 도시화에 따른 사회적 산물로 보았다.

③ 빈민들과 함께 거주하면서 다양한 교육사업을 진행하였다.

④ 빈곤조사를 바탕으로 자선사업 및 모금활동을 체계화하였다.

⑤ 자유주의, 급진주의, 계몽주의 등을 이념적 배경으로 하였다.

56. 한국 지역사회복지의 발달에 관한 설명으로 옳은 것은?

① 지방자치가 시작되면서 1997년에는 제1기 지역사회복지계획이 수립되었다.

② 민간 재원의 발굴을 위한 공공기관으로서 1998년 사회복지공동모금회가 설립되었다.

③ 시설운영의 효율성 제고를 위해 2000년에는 제1기 사회복지 시설평가를 실시하였다.

④ 2007년에는 전자바우처 사업 추진과 함께 사회복지통합관리망 행복e음을 개설하였다.

⑤ 2012년에는 통합사례관리를 지원하는 시·군·구 희망복지지원단을 출범하였다.

57. 갈등이론에 관한 설명으로 옳지 않은 것은?

① 갈등은 사회가 본질적으로 갖는 속성이다.

② 사회적 불평등은 갈등의 주요 원인이다.

③ 갈등은 사회의 변화를 이끄는 원동력이 된다.

④ 타협, 협상을 통해 갈등을 해결할 수 있다.

⑤ 갈등의 해결은 완전한 안정을 의미한다.

58. 다음과 같은 특징을 갖는 지역사회복지이론은?

> • 사회문제를 객관적 사실로 받아들이지 않는다.
> • 가치, 규범, 신념 등은 집단마다 다르게 구성된다.
> • 다문화 클라이언트와의 실천에 있어 특히 강조된다.

① 구조기능주의   ② 사회구성주의

③ 갈등주의   ④ 다원주의

⑤ 엘리트주의

59. 로스만(Rothman)의 지역사회개발모델에 관한 설명으로 옳은 것은?

① 억압받는 집단의 참여를 중심으로 한다.

② 변화를 위한 매개체는 과업지향적 소집단이다.

③ 문제분석, 사정, 평가 등이 주요 전술이다.

④ 자조정신을 바탕으로 사회행동을 전개한다.

⑤ 지배집단을 분쇄하기 위해 규합한다.

60. 다음에서 설명하는 웨일과 갬블(Weil & Gamble)의 지역사회복지 실천모델은?

> • 지역사회개발을 중심으로 하는 모델이면서 기능적 의미의 지역사회를 포함한다.
> • 사회복지사는 구성원 사이의 원활한 의사소통을 위해 정보전달자로서의 역할을 수행한다.

① 기능적 지역사회조직모델   ② 근린 지역사회조직모델

③ 프로그램 개발과 지역사회연계모델   ④ 연대활동모델

⑤ 지역사회의 사회 · 경제개발모델

61. 다음에서 설명하는 지역사회 욕구사정 방법은?

> 참여자들이 한 자리에 모이지만 서면을 통해 의견을 제시하고 투표를 통해 결정된다. 누가 어떤 의견을 냈는지 알 수 없기 때문에 상호 간에 영향력이 크지 않다.

① 델파이기법   ② 초점집단기법
③ 명목집단기법   ④ 사회지표분석
⑤ 지역사회포럼

62. 지역사회복지실천의 단계별 과업으로 옳은 것은?
① 문제확인 단계: 욕구변화에 대한 점검
② 사정 단계: 구체적인 목표설정
③ 계획 단계: 재정자원의 집행
④ 실행 단계: 참여자의 적응 촉진
⑤ 평가 단계: 평가방법의 결정

63. 사회복지사의 역할 중 조력가로서의 역할에 관한 설명으로 옳은 것을 모두 고른 것은?

> ㄱ. 주민들 간에 협력적인 분위기가 조성될 수 있도록 한다.
> ㄴ. 지역주민들이 문제의 우선순위를 정하도록 도움을 준다.
> ㄷ. 지역주민들이 표출한 다양한 불만을 연결하여 집약한다.
> ㄹ. 주민들의 공동노력으로 공동목표를 달성하도록 지원한다.

① ㄷ   ② ㄱ, ㄹ
③ ㄴ, ㄷ   ④ ㄱ, ㄷ, ㄹ
⑤ ㄱ, ㄴ, ㄷ, ㄹ

64. 네트워크 구성의 특성으로 옳지 않은 것을 모두 고른 것은?

> ㄱ. 유관기관 사이에 강제적인 협력 방법이다.
> ㄴ. 참여조직 사이에 평등성이 보장되어야 한다.
> ㄷ. 참여조직들을 매개하는 중심조직을 설정해야 한다.
> ㄹ. 참여조직이 다른 네트워크에 참여하는 것은 제한된다.

① ㄱ   ② ㄷ
③ ㄱ, ㄹ   ④ ㄴ, ㄷ
⑤ ㄷ, ㄹ

65. 다음 사례에서 진행된 사회복지사의 기술은?

> A사회복지관에서는 지역 내 대학교 자원봉사 동아리와 멘토링 프로그램을 구성하여 가정환경 문제로 학습에 도움이 필요한 아동과 대학생 자원봉사자를 연계해주기로 하였다.

① 조직화   ② 자원동원
③ 지역사회보호   ④ 옹호
⑤ 재가복지

66. 지역사회복지에서 역량강화에 관한 설명으로 옳은 것은?

① 지역주민들이 자기주장을 펼칠 수 있도록 돕는다.
② 문제에 대한 객관적인 인식과 치료를 강조한다.
③ 개인의 심리적 문제를 다룸에 있어 한계가 있다.
④ 지역주민은 서비스 수혜자로서의 역할을 한다.
⑤ 궁극적인 목적은 사회체제의 변화에 있다.

67. 지역사회복지 실천기술에 관한 설명으로 옳지 않은 것은?

① 지역사회교육은 주민조직의 결성을 홍보하는 수단이 될 수 있다.

② 효율적인 자원동원을 위해 기존의 네트워크를 활용할 수 있다.

③ 주민조직화는 지역주민의 역량강화에 긍정적인 영향을 줄 수 있다.

④ 옹호는 사회계획모델을 기반으로 주민의 권리를 확보할 수 있다.

⑤ 타 조직과 연합을 통해 사회행동을 체계적으로 전개할 수 있다.

68. 지역사회보장계획의 수립과정을 순서대로 나열한 것은?

ㄱ. 시·도 계획 수립	ㄴ. 시·군·구 계획 수립
ㄷ. 지역주민 등 의견 청취	ㄹ. 지역사회보장협의체 심의

① ㄱ → ㄷ → ㄹ → ㄴ   ② ㄴ → ㄱ → ㄷ → ㄹ

③ ㄴ → ㄷ → ㄹ → ㄱ   ④ ㄷ → ㄱ → ㄴ → ㄹ

⑤ ㄷ → ㄴ → ㄹ → ㄱ

69. 지역사회보장협의체에 관한 설명으로 옳지 않은 것은?

① 사회보장급여의 이용·제공 및 수급권자 발굴에 관한 법률을 따른다.

② 협의체의 위원은 시·군·구청장이 임명 또는 위촉한다.

③ 협의체 업무의 효율적인 수행을 위해 실무협의체를 둔다.

④ 공무원인 위원과 위촉 위원 각 1명을 공동위원장으로 선출할 수 있다.

⑤ 사회보장급여의 수급관리 등 행정처리를 전담한다.

70. 사회복지협의회에 관한 설명으로 옳지 않은 것은?
   ① 간접 서비스 기관이다.
   ② 사회복지사업법에 따른 법정단체이다.
   ③ 법인격은 사회복지법인이다.
   ④ 지역사회보장계획의 실무기관이다.
   ⑤ 민간 사회복지의 증진을 추진한다.

71. 지방분권화의 긍정적 측면으로 옳지 않은 것은?
   ① 지역주민의 욕구에 대한 지방정부의 민감성이 강화될 수 있다.
   ② 지역의 복지제도에 주민들의 의견수렴을 위한 창구가 다양해질 수 있다.
   ③ 지역의 다양성 · 특수성이 중앙정부의 정책에 반영될 수 있다.
   ④ 주민참여를 통한 지역 내 권력의 재분배를 기대할 수 있다.
   ⑤ 지방정부의 사회적 책임성이 강화될 수 있다.

72. 사회복지관에 대한 설명으로 옳지 않은 것은?
   ① 모든 지역주민이 사회복지관의 사업대상이다.
   ② 지방자치단체가 직접 설치하여 운영하는 기관이다.
   ③ 지역성, 통합성, 전문성, 중립성 등의 원칙을 기반으로 한다.
   ④ 지정후원금은 지정한 용도 외에 사용하지 못한다.
   ⑤ 프로그램 이용 비용을 이용자로부터 수납할 수 있다.

73. 사회복지공동모금회에 관한 설명으로 옳지 않은 것은?

① 법인격은 사회복지사업법에 따른 사회복지법인이다.

② 보건복지부 장관의 인가를 받아 등기함으로써 설립된다.

③ 특별시 · 광역시 · 특별자치시 · 도 · 특별자치도 단위 사회복지공동모금지회를 둔다.

④ 민간재원과 공공재원에 대해 연말집중모금을 실시하는 특별기관이다.

⑤ 회장, 부회장 및 이사의 임기는 3년으로 하며, 한 차례만 연임할 수 있다.

74. 아른스테인(Arnstein)이 제시한 주민참여 단계 중 주민들이 특정한 계획에 관해서 우월한 결정권을 행사하고 집행단계에 있어서도 강력한 권한을 행사하는 단계는?

① 권한위임

② 주민권력

③ 주민통제

④ 정보제공

⑤ 치료

75. 지역사회복지운동의 성격으로 옳지 않은 것은?

① 자원동원운동

② 목적지향적 운동

③ 자연발생적 운동

④ 주민의 생활운동

⑤ 사회권 확립운동

2025년도 제23회 사회복지사1급 국가시험 대비
FINAL 모의고사 1회

교 시	문제형별	시 간	시험과목 및 시험영역
3교시	A	75분	**사회복지정책과 제도** ① 사회복지정책론 ② 사회복지행정론 ③ 사회복지법제론

수험번호		성 명	

【 수험자 유의사항 】

1. 시험문제지는 **단일 형별(A형)**이며, 답안카드 형별 기재란에 표시된 형별(A형)을 확인하시기 바랍니다. 시험문제지의 **총면수, 문제번호 일련순서, 인쇄상태** 등을 확인하시고, 문제지 표지에 수험번호와 성명을 기재하시기 바랍니다.

2. 답은 각 문제마다 요구하는 **가장 적합하거나 가까운 답 1개**만 선택하고, 답안카드 작성 시 시험문제 **마킹착오**로 인한 불이익은 전적으로 **수험자에게 책임**이 있음을 알려 드립니다.

3. 답안카드는 국가전문자격 공통 표준형으로 문제번호가 1번부터 125번까지 인쇄되어 있습니다. 답안 마킹 시에는 반드시 **시험문제지의 문제번호와 동일한 번호**에 마킹하여야 합니다.

4. **감독위원의 지시에 불응하거나 시험기간 종료 후 답안카드를 제출하지 않을 경우** 불이익이 발생할 수 있음을 알려 드립니다.

5. 시험문제지는 시험 종료 후 가져가시기 바랍니다.

사회복지 전문출판 **나눔의집**

해당 모의고사는 저작권법에 의하여 보호를 받는 저작물이므로 무단전재와 복제를 금합니다.

사회복지정책과 제도(사회복지정책론)

1. 사회복지정책의 긍정적 기능으로 옳은 것을 모두 고른 것은?

ㄱ. 사회적 욕구의 충족	ㄴ. 소득분배의 불평등 완화
ㄷ. 자동안정화 기능 수행	ㄹ. 빈곤함정의 확산

① ㄱ, ㄴ, ㄷ ② ㄱ, ㄷ, ㄹ

③ ㄴ, ㄷ ④ ㄱ, ㄹ

⑤ ㄱ, ㄴ, ㄷ, ㄹ

2. 사회복지에 대한 국가 개입의 근거로 보기 어려운 것은?

① 시장실패에 대응하기 위하여

② 사회적 안정을 증진시키기 위하여

③ 긍정적 외부효과를 유도하기 위하여

④ 소득의 양극화를 통한 경제발전을 위하여

⑤ 사회 전체를 위한 공공재의 공급을 위하여

3. 우리나라의 복지재편 방향으로 옳지 않은 것은?

① 공공부조 제도는 자립과 자활을 강조하고 있다.

② 이용자의 선택권 강화를 위한 바우처 제도를 확대하고 있다.

③ 수급자의 존엄성을 유지시키기 위하여 서비스 영역보다는 현금급여를 확대시키고 있다.

④ 지방분권화와 함께 복지제도 역시 각 지역의 특성에 맞는 서비스 개발이 강조되고 있다.

⑤ 생산적 복지의 개념이 도입되었다.

4. **영국 구빈제도의 발달에 관한 설명으로 옳지 않은 것은?**

① 1601년 엘리자베스 빈민법은 빈민의 분류화를 실시하였다.

② 1662년 정주법은 낮은 임금으로 일을 시킬 노동력이 필요한 농업자본가의 이익을 대변한 법이라고 평가받는다.

③ 1782년 길버트법은 원내구제에서 원외구제로 전환하였다.

④ 1795년 스핀햄랜드법은 오늘날의 가족수당이나 최저생활보장의 기반을 이루었다.

⑤ 1834년 개정 빈민법의 원칙으로는 전국 균일처우의 원칙, 열등처우의 원칙, 원외구제의 원칙 등이 있다.

5. **신자유주의와 신보수주의에 관한 설명으로 옳지 않은 것은?**

① 시장적 자유와 개인의 사적 소유권을 절대적 가치로 파악한다.

② 성장과 더불어 분배정책을 중시하는 국가를 적극적으로 지지한다.

③ 복지국가에서 발생하는 문제들은 증세가 아닌 공공지출의 축소를 통해 수행돼야 한다고 주장한다.

④ 사회복지 제도의 확대가 수급자들의 의존성을 증가시킨다고 본다.

⑤ 개인주의, 경쟁의 원리, 소극적 자유를 강조한다.

6. **새로운 사회적 위험이 등장하면서 강조되는 정책 방향에 대한 설명으로 옳지 않은 것은?**

① 아동보육 및 양육과 관련한 휴가를 확대하는 정책이 필요하다.

② 적극적 노동시장 정책을 통한 좋은 일자리 창출이 필요하다.

③ 고령화로 인한 노인의 돌봄 문제를 시장을 통해 전적으로 해결하는 정책을 강조한다.

④ 사회보장의 사각지대와 불평등의 확대를 해결하기 위한 정책이 필요하다.

⑤ 교육과 훈련에 대한 투자를 통해 인적자본의 확대와 강화를 위한 정책이 필요하다.

7. 다음에 해당하는 조지와 윌딩(V. George & P. Wilding)의 수정된 이데올로기 모형으로 옳은 것은?

> • 자유를 소극적인 개념, 즉 강제가 없는 상태로 파악한다.
> • 평등을 이루려면 국가의 개입이 필요한데, 이러한 국가의 개입은 개인의 자유를 침해하는 것과 같다고 본다.
> • 시장질서와 개인의 자유를 강조하기 때문에 이상적인 복지사회는 국가의 역할이 축소되는 대신 시장이 더 많은 역할을 수행해야 한다고 본다.

① 신우파   ② 중도노선
③ 페미니즘   ④ 사회민주주의
⑤ 마르크스주의

8. 사회복지정책평가에 대한 설명으로 옳지 않은 것은?
① 정책평가는 정책결정과 집행에 필요한 정보를 제공하며 책임성을 확보한다.
② 정책평가의 기준은 평가의 목적에 따라 달라질 수 있다.
③ 정책평가 기준인 대응성은 정책이 수혜자 집단의 욕구, 선호, 가치를 반영하는 정도를 말한다.
④ 총괄평가는 주로 양적 방법을, 과정평가는 주로 질적 방법을 활용한다.
⑤ 효율성 평가는 사회복지정책의 집행결과에 대해 대상자들이 얼마나 만족하였는가를 평가한다.

9. 대상자 선정 기준에 관한 설명으로 옳지 않은 것은?
① 노인장기요양보험에서의 등급 분류는 진단적 차등에 해당한다.
② 귀속적 욕구는 규범적 기준에 의해 정해진다.
③ 사회보험의 경우 보험료 기여를 급여를 받기 위한 자격조건으로 하고 있다.
④ 자산조사는 가장 보편적인 자격조건으로, 사회보험제도에서도 자격기준으로 적용한다.
⑤ 우리나라의 기초연금제도는 인구학적 조건과 자산조사라는 기준을 함께 적용한다.

10. 사회복지 급여 형태에 관한 설명으로 옳은 것은?
① 현물급여는 선택의 자유와 소비자 주권을 높일 수 있다.
② 목표효율성과 운영효율성은 현금급여, 현물급여, 바우처 중 현물급여가 가장 낮다.
③ 바우처는 현물급여에 비해 소비자의 선택권이 낮다.
④ 현물급여는 수급여부가 노출되어 개인의 존엄성을 해칠 수 있다.
⑤ 우리나라는 2000년부터 전자바우처 방식의 사회서비스를 도입했다.

11. 사회복지 전달체계에 대한 설명으로 옳지 않은 것은?
① 지방정부는 중앙정부보다 지역주민의 변화된 욕구에 신속하게 대응할 수 있다.
② 민간부문의 서비스는 이용자의 다양한 선택권을 보장하지 못한다.
③ 중앙정부가 제공하는 서비스는 독점적 공급에 따른 서비스 질이 저하된다는 단점이 있다.
④ 민간부문은 공공부문에 비해 효율성, 경쟁성, 융통성 등에서 장점을 갖고 있다.
⑤ 중앙정부는 공공재적 성격이 강한 서비스나 재화 공급에 유리하다.

12. 복지혼합에 관한 설명으로 옳은 것을 모두 고른 것은?

> ㄱ. 신보수주의의 등장과 함께 민영화의 흐름에서 확산된 개념이다.
> ㄴ. 복지혼합의 도입으로 공공부문의 역할과 책임이 축소된다는 비판도 있다.
> ㄷ. 사회복지에 대한 국가의 책임과 역할이 시장, 가족, 지역사회, 자원조직 등 다른 다양한 공급주체들에 의하여 대체되어야 한다는 주장이다.
> ㄹ. 국가는 자발적 부문 또는 비공식 부문에 재원을 보조하는 재원 보조자(financial supporter)로서의 역할과 시장에 대한 규제자(regulator)로서의 역할을 유지하여야 한다고 본다.

① ㄱ, ㄴ, ㄷ
② ㄱ, ㄷ, ㄹ
③ ㄴ, ㄷ, ㄹ
④ ㄱ, ㄴ, ㄹ
⑤ ㄱ, ㄴ, ㄷ, ㄹ

13. 사회복지정책의 재원에 관한 설명으로 옳지 않은 것은?
① 일반조세는 누진적이기 때문에 소득재분배 효과를 높일 수 있다.
② 우리나라 건강보험료는 사회보장성 조세이다.
③ 조세는 고액체납 및 각종 탈세 등 도덕적 해이가 발생할 소지가 크다.
④ 조세감면의 측면에서 보면 저소득층보다는 고소득층이 불리하다.
⑤ 사회보험료는 사용되는 용도가 비교적 명확하기 때문에 상대적으로 거부감이 적다.

14. 우리나라 사회보장제도에 관한 설명으로 옳지 않은 것은?
① 공공부조가 선별주의적 제도라면, 사회보험은 보편주의적 제도이다.
② 사회보장기본법에서는 국가와 지방자치단체의 평생사회안전망의 구축 및 운영을 명시하고 있다.
③ 사회보험은 지방자치단체의 책임, 공공부조는 국가의 책임, 사회서비스는 민간의 책임으로 시행한다.
④ 우리나라에서 가장 먼저 시행된 사회보험제도는 산업재해보상보험이다.
⑤ 최저생활을 넘어 인간다운 생활을 향유하고 사회통합을 이뤄나가는 데에 목적을 두고 있다.

15. **사회보장기본법상 사회보장에 관한 설명으로 옳지 않은 것은?**
   ① 사회보장의 영역이란 사회보험, 공공부조, 사회서비스를 말한다.
   ② 보건복지부장관 및 관계 중앙행정기관의 장은 기본계획에 따라 사회보장과 관련된 소관 주요 시책의 시행계획을 매년 수립·시행하여야 한다.
   ③ 보건복지부장관은 사회보장 증진을 위하여 사회보장에 관한 기본계획을 5년마다 수립하여야 한다.
   ④ 국가와 지방자치단체는 공공부문과 민간부문의 소득보장제도가 효과적으로 연계되도록 하여야 한다.
   ⑤ 사회보장의 주체는 국가와 지방자치단체이며, 사회보장의 민간부문의 참여는 지양해야 한다.

16. **사회보험과 민간보험을 비교한 내용으로 옳은 것을 모두 고른 것은?**

   > ㄱ. 사회보험은 강제적으로 가입되는 반면, 민간보험은 선택적으로 가입할 수 있다.
   > ㄴ. 사회보험은 개인적 형평성이 강조되는 반면, 민간보험은 사회적 적절성을 중요시한다.
   > ㄷ. 사회보험은 권리적 성격이 강한 반면, 민간보험은 계약적 성격이 강하다.
   > ㄹ. 사회보험은 자산조사를 실시하지 않는 반면, 민간보험은 자산조사를 실시한다.

   ① ㄱ, ㄷ   ② ㄴ, ㄷ
   ③ ㄴ, ㄹ   ④ ㄷ, ㄹ
   ⑤ ㄱ, ㄴ, ㄷ, ㄹ

17. **공적 연금에 대한 설명으로 옳지 않은 것은?**
   ① 사회수당식 공적 연금은 누구에게나 동일한 급여액이 지급되는 경향이 있다.
   ② 각기 다른 소득계층 간의 재분배형태로서 연금제도가 저소득층에게 유리하게 설계된 경우, 수직적 재분배 효과가 발생한다.
   ③ 기본적으로 강제가입이 원칙이며, 임의가입은 예외적으로 허용된다.
   ④ 무기여 연금은 급여의 수준이 높은 편이다.
   ⑤ 사회보험식 공적 연금은 보험료 수준에 따라 급여수준이 달라지는 경향이 있다.

18. 국민연금제도에 관한 설명으로 옳지 않은 것은?

① 국내에 거주하는 국민으로서 18세 이상 60세 미만인 자는 가입대상이 된다.

② 유족연금은 유족의 범위에 해당하는 모든 이에게 지급한다.

③ 사업장가입자의 보험료율은 9.0%로 근로자와 사용자가 각각 4.5%씩을 부담한다.

④ 출산크레딧 제도에 따라 5자녀 이상인 경우 50개월을 추가로 인정받을 수 있다.

⑤ 연금급여의 종류에는 노령연금, 장애연금, 유족연금, 반환일시금, 사망일시금이 있다.

19. 국민건강보험제도에 대한 설명으로 옳지 않은 것은?

① 보건복지부장관이 관장하며, 보험자는 국민건강보험공단으로 한다.

② 소득수준 등 부담능력에 따라 보험료를 차등 부담한다.

③ 건강보험의 운영은 건강보험공단을 통해 중앙집중관리 방식으로 운영된다.

④ 직장가입자의 보험료는 사용자와 근로자가 각각 70 대 30의 비율로 부담한다.

⑤ 요양급여를 받는 자는 그 비용의 일부를 본인이 부담한다.

20. 노인장기요양보험제도에 대한 설명으로 옳지 않은 것은?

① 장기요양보험의 가입자라 해도 장기요양인정을 받아야 수급자가 될 수 있다.

② 장기요양보험의 가입자는 국민건강보험법에 따른 가입자로 한다.

③ 장기요양급여 중 단기보호 및 주·야간보호는 시설급여에 해당한다.

④ 재가급여는 해당 장기요양급여비용의 15%를 수급자 본인이 부담한다.

⑤ 소득수준과 상관없이 65세 이상 노인과 65세 미만 노인성 질병이 있는 자를 대상으로 한다.

21. 우리나라 산업재해보상보험제도에서 업무상 사고의 인정 기준으로 옳은 것을 모두 고른 것은?

> ㄱ. 근로자가 근로계약에 따른 업무나 그에 따르는 행위를 하던 중 발생한 사고
> ㄴ. 사업주가 제공한 시설물 등을 이용하던 중 그 시설물 등의 결함이나 관리소홀로 발생한 사고
> ㄷ. 사업주가 주관하거나 사업주의 지시에 따라 참여한 행사나 행사준비 중에 발생한 사고
> ㄹ. 휴게시간 중 사업주의 지배관리하에 있다고 볼 수 있는 행위로 발생한 사고

① ㄱ, ㄴ, ㄷ   ② ㄴ, ㄷ, ㄹ

③ ㄴ, ㄹ   ④ ㄱ, ㄷ

⑤ ㄱ, ㄴ, ㄷ, ㄹ

22. 고용보험제도에 관한 설명으로 옳지 않은 것은?

① 육아휴직 기간 중에 그 사업에서 이직한 경우에는 그 이직하였을 때부터 육아휴직 급여를 지급하지 않는다.

② 고용노동부장관은 보험사업에 필요한 재원을 충당하기 위해 근로복지공단을 설치한다.

③ 일용근로자 및 시간제근로자도 고용보험의 급여를 받을 수 있다.

④ 육아휴직을 대신하여 육아기 근로시간의 단축을 신청할 수 있다.

⑤ 원칙적으로 1인 이상의 근로자를 사용하는 모든 사업 또는 사업장은 가입대상이 된다.

23. 공공부조의 특징으로 옳지 않은 것은?

① 대상자의 욕구나 근로능력 조건, 가족 상황 등에 따라 처우가 달라질 수 있다.

② 자산조사 또는 소득조사를 통해 선별하며, 규제적인 성격도 있다.

③ 제도의 적용대상이 제한적이기 때문에 정치적 지지가 줄어드는 경향이 있다.

④ 다른 제도에 비해 상대적으로 수직적 소득재분배 효과가 작게 나타난다.

⑤ 법적으로는 모든 국민이 보호의 대상이지만, 실제로는 빈곤선 이하의 생활이 어려운 사람이 주 대상이다.

24. 빈곤 측정에 대한 설명으로 옳은 것을 모두 고른 것은?

> ㄱ. 빈곤율은 전체 인구에서 빈곤층이 차지하고 있는 비율을 측정하는 것이다.
> ㄴ. 소득 상위 10% 대비 빈곤층의 소득 수준을 비교함으로써 빈곤갭을 파악할 수 있다.
> ㄷ. A국가와 B국가의 빈곤율이 동일해도 빈곤갭은 다를 수 있다.
> ㄹ. 빈곤갭과 빈곤율은 모두 빈곤층의 규모를 파악하기 위한 지표이다.

① ㄱ, ㄴ   ② ㄱ, ㄷ

③ ㄴ, ㄷ, ㄹ   ④ ㄱ, ㄹ

⑤ ㄱ, ㄴ, ㄷ, ㄹ

25. 국민기초생활보장제도에 관한 설명으로 옳지 않은 것은?

① 행정적 측면에서 목표효율성은 높지만 운영효율성은 낮다고 볼 수 있다.

② 수급자 선정은 현재의 근로소득만을 기준으로 한다.

③ 급여는 본인의 의사에 반하여 강제적으로 제공될 수 없다.

④ 생계급여 최저보장수준은 생계급여와 소득인정액을 포함하여 생계급여 선정기준 이상이 되도록 하여야 한다.

⑤ 급여수준은 생계 · 주거 · 의료 · 교육 급여액과 수급자의 소득인정액을 포함한 총금액이 최저 생계비 이상이 되도록 해야한다.

26. 사회복지행정에 관한 설명으로 옳지 않은 것은?

① 사회복지정책을 구체적인 서비스로 전환하는 과정이다.

② 목표달성을 위해 인적, 물적 자원을 동원하고 관리한다.

③ 투입 대비 산출을 비교하여 효과성 가치를 제고한다.

④ 관리자를 포함한 전체 조직구성원의 협력을 강조한다.

⑤ 실무자의 전문적인 판단과 기술에 대한 의존도가 높다.

27. 사회복지행정의 과정 중 다음에 해당하는 것은?

- 굴릭(Gulick)이 제시한 행정과정 중 기획(Planning) 이후에 진행된다.
- 조직의 업무단위를 설정하여 어느 부서에서 어떤 업무를 진행할지를 결정한다.

① 지시(Directing) ② 조직(Organizing)

③ 인사(Staffing) ④ 조정(Coordinating)

⑤ 보고(Reporting)

28. 우리나라 사회복지 공공 전달체계 개편 과정을 순서대로 나열한 것은?

| ㄱ. 희망복지지원단 개소 | ㄴ. 사회복지전담공무원 직위 전환 |
| ㄷ. 사회복지 시설평가 제도 마련 | ㄹ. 사회복지사무소 시범사업 실시 |

① ㄴ - ㄱ - ㄹ - ㄷ ② ㄴ - ㄷ - ㄹ - ㄱ

③ ㄷ - ㄱ - ㄴ - ㄹ ④ ㄷ - ㄴ - ㄹ - ㄱ

⑤ ㄹ - ㄴ - ㄱ - ㄷ

29. 총체적 품질관리(TQM)의 주요 특징으로 옳은 것을 모두 고른 것은?

> ㄱ. 집단적 노력을 강조한다.
> ㄴ. 단기적 목표달성에 초점을 둔다.
> ㄷ. 구성원의 인적자원개발을 중요시한다.
> ㄹ. 품질 판정은 최고경영자의 권한이다.

① ㄱ, ㄷ   ② ㄴ, ㄹ
③ ㄱ, ㄴ, ㄷ   ④ ㄴ, ㄷ, ㄹ
⑤ ㄱ, ㄴ, ㄷ, ㄹ

30. 다음에서 설명하고 있는 이론은?

> 조직의 역량강화를 강조하면서 개인적 통제감, 정신적 모델, 공유 비전, 팀 학습, 체계적 사고 등을 조직의 역량강화를 위한 주요 영역으로 제시하였다.

① 목표관리이론   ② 학습조직이론
③ 전략적 관리론   ④ 과학적 관리론
⑤ 상황이론

31. 비영리조직의 특징으로 옳지 않은 것은?
① 민영화 경향으로 나타났다.
② 공동의 이익을 목적으로 한다.
③ 사회적 가치를 추구한다.
④ 세제 혜택을 받는다.
⑤ 수익사업을 한다.

32. 관료제 조직에서 나타날 수 있는 문제에 관한 설명으로 옳지 않은 것은?
① 지나친 형식주의로 흘러 불필요한 행정절차가 개선되기 어렵다.
② 집단사고로 인해 구성원 개개인의 창의적인 사고가 묵살될 수 있다.
③ 규칙을 지키는 것 자체가 목적이 되는 목적전치 현상이 일어날 수 있다.
④ 실적 중심으로 클라이언트를 선별하는 크리밍 현상의 위험이 있다.
⑤ 변화추구적 경향으로 신규사업에 몰두하여 매몰비용이 커질 수 있다.

33. 다음 설명에 해당하는 것은?

> 사회복지조직에서 서비스는 무한정으로 제공될 수 있는 것이 아니라 한정된 자원에 따라 제한적으로 제공된다. 이로 인해 서비스가 불필요한 사람에게 제공되는 낭비를 막는 것도 필요하다.

① 형평성   ② 활용성
③ 접근성   ④ 통합성
⑤ 노력성

34. 사회복지서비스 제공의 원칙으로 옳지 않은 것은?
① 클라이언트의 문제와 욕구를 다각도로 살펴보면서 포괄성을 확보해야 한다.
② 클라이언트의 욕구충족을 위해 서비스의 양과 질을 충분히 확보해야 한다.
③ 서비스의 누락 및 중복을 막기 위해 사회복지사의 전문성을 확보해야 한다.
④ 기관의 서비스가 제한적일 때에는 지역사회와 연계하여 지속성을 확보해야 한다.
⑤ 서비스 이용 비용 및 심리적 장벽 등을 고려하여 접근성을 확보해야 한다.

35. 사회복지서비스 전달체계에 관한 설명으로 옳은 것을 모두 고른 것은?

> ㄱ. 전달체계는 구조 · 기능 차원에서 행정체계와 집행체계로 구분할 수 있다.
> ㄴ. 행정체계는 서비스를 기획, 지시, 지원, 관리하는 체계이다.
> ㄷ. 집행체계는 서비스 전달기능을 주로 수행하면서 행정기능도 수행한다.
> ㄹ. 읍 · 면 · 동은 주로 서비스를 직접 전달하는 집행체계의 기능을 수행한다.

① ㄱ, ㄹ   ② ㄴ, ㄷ
③ ㄱ, ㄴ, ㄷ   ④ ㄱ, ㄷ, ㄹ
⑤ ㄱ, ㄴ, ㄷ, ㄹ

36. 기획의 특징으로 옳지 않은 것은?
① 동태적 과정
② 수단적 과정
③ 행정적 활동
④ 미래지향적 과정
⑤ 결과지향적 활동

37. 간트 차트(Gantt Chart)에 관한 설명으로 옳은 것을 모두 고른 것은?

ㄱ. 활동 간 연결성이 나타나도록 도표화한다.
ㄴ. 활동에 요구되는 기간을 파악하여 작성한다.
ㄷ. 기획의 통제적 기능이 강조되는 기법이다.
ㄹ. 일정 변경의 상황을 유연하게 적용하기 어렵다.

① ㄱ
② ㄴ, ㄷ
③ ㄱ, ㄹ
④ ㄴ, ㄷ, ㄹ
⑤ ㄱ, ㄴ, ㄷ, ㄹ

38. 리더십 행동이론에 관한 설명으로 옳은 것을 모두 고른 것은?

ㄱ. 관리격자모형은 성과 및 변화에 대한 관심에 따라 리더 유형을 제시하였다.
ㄴ. 미시간연구에서는 구성원 중심적 리더십의 생산성이 상대적으로 높다고 보았다.
ㄷ. 경로-목표이론에서는 참여적 리더십이 생산성을 극대화할 수 있다고 보았다.
ㄹ. 오하이오연구는 구조주도 행동과 배려 행동이라는 2가지 차원에서 살펴보았다.

① ㄱ, ㄷ
② ㄴ, ㄹ
③ ㄱ, ㄴ, ㄷ
④ ㄱ, ㄷ, ㄹ
⑤ ㄴ, ㄷ, ㄹ

39. 조직문화에 관한 설명으로 옳지 않은 것은?
① 사회복지서비스 체계의 규범과 가치로서 역할을 한다.
② 조직의 설립자가 가진 경영 이념, 사명에 의해 형성된다.
③ 조직문화가 공유됨으로써 조직성과의 향상을 기대할 수 있다.
④ 업무수행과는 무관하지만 조직의 분위기에 영향을 미친다.
⑤ 조직이 극단적인 위험에 처했을 때 더 쉽게 변화된다.

40. 다음 욕구이론에서 빈칸에 해당하는 것을 순서대로 제시한 것은?

> 알더퍼(Alderfer)는 인간의 욕구를 3가지로 정리하며 ERG이론을 제시하였다. E는 생리적 욕구를 비롯해 존재 자체를 확보하기 위한 욕구인 존재욕구이다. R은 사람들과 관계를 맺고자 하는 (ㄱ)욕구를 의미하며, G는 자신의 잠재력을 개발하고 자아실현을 이루고자 하는 (ㄴ)욕구를 의미한다.

① ㄱ: 권력, ㄴ: 달성   ② ㄱ: 관계, ㄴ: 자존
③ ㄱ: 관계, ㄴ: 성장   ④ ㄱ: 친화, ㄴ: 성장
⑤ ㄱ: 친화, ㄴ: 달성

41. 인사관리 과정에 해당하지 않는 것은?
① 부서별 구성
② 리더십 교육
③ 채용 및 배치
④ 직무성과 평가
⑤ 직무분석

42. 슈퍼비전에 대한 설명으로 옳지 않은 것은?
① 슈퍼바이저는 풍부한 지식과 진지한 태도를 갖추어야 한다.
② 실무자의 동기부여 및 소진방지 등 지지적 기능을 수행한다.
③ 실무자의 업무상황을 모니터링하는 비공식적인 교육활동이다.
④ 한 명의 슈퍼바이저와 다수의 슈퍼바이지로 진행될 수 있다.
⑤ 슈퍼바이저는 다양한 역할에 대한 역할갈등을 느낄 수 있다.

43. 품목별 예산제도의 특징으로 옳은 것은?
① 단위원가와 업무량 제시
② 계획과 예산의 연결
③ 관리기능 중심
④ 사업의 우선순위 고려
⑤ 비탄력적 예산방식

44. 예산집행에 있어 고려해야 할 원칙으로 옳지 않은 것은?

① 효율성의 원칙: 비용과 노력을 최소화할 수 있도록 한다.

② 강제의 원칙: 예산집행에 있어 예외가 발생하지 않도록 해야 한다.

③ 개별화의 원칙: 실제 예산집행 시스템은 기관의 역량이 고려되어야 한다.

④ 보고의 원칙: 보고의 절차는 예산의 남용을 방지하기 위한 장치가 된다.

⑤ 개정의 원칙: 예산집행의 규칙은 환류에 따라 새롭게 개정되어야 한다.

45. 사회복지조직의 재정관리에 관한 설명으로 옳지 않은 것은?

① 사회복지법인 및 사회복지시설 재무 · 회계 규칙을 따른다.

② 사회복지조직 재무 · 회계의 운영 건전성이 강조된다.

③ 예산 보고서는 보건복지부장관의 승인을 받아야 한다.

④ 확정된 예산의 공고는 사회복지조직의 사회적 책임과도 관련된다.

⑤ 결산 보고서는 관할 시 · 군 · 구청장에 제출하여야 한다.

46. 효과성 평가에 관한 설명으로 옳지 않은 것은?

① 비용효과 분석을 통해 서비스 효과를 금전적 가치로 파악한다.

② 클라이언트에게서 나타난 심리적 · 행동적 변화를 확인한다.

③ 목표달성척도를 통해 서비스의 효과성을 평가할 수 있다.

④ 체계모형에 따라 조직의 하위체계 간의 관계와 과정을 살펴본다.

⑤ 계획단계에서 설정했던 목표와 성과를 비교하여 평가한다.

47. 다음에서 파악되는 브래드쇼(Bradshaw)의 욕구 유형은?

> A사회복지관에서는 다양한 문화복지 프로그램을 진행해오고 있었다. 그런데 지역의 노인인
> 구가 꾸준히 증가했음에도 최근 3년간 복지관의 노인 이용자수는 감소해온 것으로 나타났
> 다. 현재 사회복지관을 이용 중인 어르신과 올해 이용을 종료하신 어르신들 중에 무작위로
> 선별하여 설문조사를 진행하여 원하는 프로그램이 있는지를 파악해보기로 하였다.

① 표출적 욕구   ② 상대적 욕구

③ 비교적 욕구   ④ 인지적 욕구

⑤ 규범적 욕구

48. 사회복지사업법상 사회복지서비스 최저기준 적용 사항을 모두 고른 것은?

ㄱ. 시설의 안전관리	ㄴ. 지역주민의 인권
ㄷ. 시설의 규모 및 환경	ㄹ. 지역사회 연계

① ㄱ, ㄹ   ② ㄴ, ㄷ

③ ㄱ, ㄴ, ㄹ   ④ ㄴ, ㄷ, ㄹ

⑤ ㄱ, ㄴ, ㄷ, ㄹ

49. 사회복지조직의 마케팅 방법에 관한 설명으로 옳지 않은 것은?

① 사회 마케팅: 대중에 대한 캠페인 등을 통해 행동변화를 유도한다.

② 데이터베이스 마케팅: 이용자에 대한 각종 정보를 수집, 분석하여 활용한다.

③ 공익연계마케팅: 민·관 협력 및 지역사회 네트워크 활성화를 추진한다.

④ 다이렉트 마케팅: 기관의 소식지나 홍보책자 등을 우편으로 발송한다.

⑤ 고객관계관리 마케팅: 개별 고객특성에 맞춘 서비스를 지속적으로 제공한다.

50. 사회복지조직의 환경관리에 관한 설명으로 옳지 않은 것은?

① 지역사회의 인구사회학적 변화는 기관의 사업에 영향을 미친다.

② 기관에 일방적인 영향을 미치는 공공기관과의 협력을 최소화한다.

③ 사회복지조직의 다양한 홍보 활동은 경쟁조직의 증가와 관련된다.

④ 전산체계 운영은 개인정보 유출에 대한 민감성을 고려하여야 한다.

⑤ 지역사회 중심의 사회복지를 위해 지역 네트워크를 활성화한다.

51. 우리나라 사회복지법의 법원에 해당하는 것을 모두 고른 것은?

ㄱ. 명령	ㄴ. 조례
ㄷ. 국제조약	ㄹ. 국제법규

① ㄱ, ㄴ   ② ㄷ, ㄹ

③ ㄱ, ㄴ, ㄷ   ④ ㄹ

⑤ ㄱ, ㄴ, ㄷ, ㄹ

52. 우리나라 법체계에 관한 설명으로 옳지 않은 것은?

① 헌법이 최고 상위에 있고 차례로 '명령-법률-조례-규칙'의 순으로 되어 있다.

② 시행령은 대통령이 발하는 명령에 해당한다.

③ 헌법에 의해 체결·공포된 조약과 일반적으로 승인된 국제법규는 국내법과 같은 효력을 가진다.

④ 국무총리는 사회복지에 관하여 총리령을 직권으로 제정할 수 있다.

⑤ 법률은 국회에서 제정하거나 행정부에서 제출하여 국회의 의결을 거쳐 제정된다.

53. 법률의 제정연도가 가장 최근인 것은?

① 노인장기요양보험법

② 사회보장급여의 이용·제공 및 수급권자 발굴에 관한 법률

③ 장애인연금법

④ 다문화가족지원법

⑤ 국민건강보험법

54. 사회보장기본법의 내용으로 옳지 않은 것은?

① 국가와 지방자치단체는 최저보장수준과 최저임금 등을 고려하여 사회보장급여의 수준을 결정하여야 한다.

② 사회보장수급권은 정당한 권한이 있는 기관에 서면으로 통지하여 포기할 수 있다.

③ 국내에 거주하는 외국인에게 사회보장제도를 적용할 때에는 상호주의의 원칙에 따르되, 관계 법령에서 정하는 바에 따른다.

④ 국가는 관계 법령에서 정하는 바에 따라 최저보장수준과 최저임금을 3년마다 공표하여야 한다.

⑤ 사회보장수급권의 포기는 취소할 수 있다.

55. 사회보장기본법상 사회보장제도의 운영원칙에 관한 내용으로 옳지 않은 것은?

① 국가와 지방자치단체가 사회보장제도를 운영할 때에는 이 제도를 필요로 하는 모든 국민에게 적용하여야 한다.

② 국가와 지방자치단체는 사회보장제도의 급여 수준과 비용 부담 등에서 형평성을 유지하여야 한다.

③ 국가와 지방자치단체는 사회보장제도의 정책 결정 및 시행 과정에 보건복지부장관 및 지방자치단체장 등을 참여시켜 이를 민주적으로 결정하고 시행하여야 한다.

④ 국가와 지방자치단체가 사회보장제도를 운영할 때에는 국민의 다양한 복지 욕구를 효율적으로 충족시키기 위하여 연계성과 전문성을 높여야 한다.

⑤ 사회보험은 국가의 책임으로 시행하고, 공공부조와 사회서비스는 국가와 지방자치단체의 책임으로 시행하는 것을 원칙으로 한다.

56. 사회보장급여의 이용 · 제공 및 수급권자 발굴에 관한 법률에 관한 내용으로 옳지 않은 것은?

① "수급권자"란 「사회보장기본법」에 따른 사회보장급여를 제공받을 권리를 가진 사람을 말한다.

② 지원대상자와 그 친족, 후견인, 청소년상담사 · 청소년지도사, 지원대상자를 사실상 보호하고 있는 자 등은 지원대상자의 주소지 관할 보장기관에 사회보장급여를 신청할 수 있다.

③ "지원대상자"란 사회보장급여를 받고 있는 사람을 말한다.

④ 「영유아보육법」에 따른 어린이집의 원장 등 보육교직원은 사회적 위험으로 인하여 위기에 처한 지원대상자를 발견한 경우 지체 없이 보장기관에 알려야 한다.

⑤ 보장기관의 장은 누락된 지원대상자가 적절한 사회보장급여를 제공받을 수 있도록 지원이 필요한 위기가구를 발굴하기 위하여 노력하여야 한다.

57. 사회보장급여의 이용·제공 및 수급권자 발굴에 관한 법률상 사회복지전담공무원에 관한 내용으로 옳은 것을 모두 고른 것은?

> ㄱ. 사회복지사업에 관한 업무를 담당하게 하기 위하여 시·도, 시·군·구, 읍·면·동 또는 사회보장사무 전담기구에 사회복지전담공무원을 둘 수 있다.
> ㄴ. 사회복지전담공무원은 「사회복지사업법」에 따른 사회복지사 1급의 자격을 가진 사람으로 한다.
> ㄷ. 사회복지전담공무원은 사회보장급여에 관한 업무 중 취약계층에 대한 상담과 지도, 생활실태의 조사 등 보건복지부령으로 정하는 사회복지에 관한 전문적 업무를 담당한다.
> ㄹ. 국가는 사회복지전담공무원의 보수 등에 드는 비용의 전부를 보조해야 한다.

① ㄱ, ㄷ   ② ㄴ, ㄹ
③ ㄱ, ㄴ   ④ ㄷ, ㄹ
⑤ ㄱ, ㄴ, ㄷ, ㄹ

58. 사회복지사업법상 사회복지법인에 관한 내용으로 옳은 것은?
① 법인을 설립하려는 자는 대통령령으로 정하는 바에 따라 시·도지사의 인가를 받아야 한다.
② 이사의 임기는 3년으로 하고 감사의 임기는 2년으로 하며, 각각 연임할 수 있다.
③ 법인은 대표이사를 포함한 이사 5명 이상과 감사 3명 이상을 두어야 한다.
④ 법인이 정관을 변경하려는 경우에는 시·도지사의 허가를 받아야 한다.
⑤ 이사 또는 감사 중에 결원이 생겼을 때에는 3개월 이내에 보충하여야 한다.

59. 사회복지사업법에 관한 내용으로 옳지 않은 것은?
① 사회복지서비스를 필요로 하는 사람에 대한 사회복지서비스 제공은 현물로 제공하는 것을 원칙으로 한다.
② "사회복지서비스"란 모든 국민에게 「사회보장기본법」에 따른 사회서비스 중 사회복지사업을 통한 서비스를 제공하여 삶의 질이 향상되도록 제도적으로 지원하는 것을 말한다.
③ 국가는 국민의 사회복지에 대한 이해를 증진하고 사회복지사업 종사자의 활동을 장려하기 위하여 매년 7월 9일을 사회복지의 날로 한다.
④ 한국사회복지협의회, 시·도 사회복지협의회 및 시·군·구 사회복지협의회는 이 법에 따른 사회복지법인으로 한다.
⑤ 이사는 법인이 설치한 사회복지시설의 장을 제외한 그 시설의 직원을 겸할 수 없다.

60. 사회복지사업법상 사회복지시설에 관한 내용으로 옳지 않은 것은?

① 국가 또는 지방자치단체 외의 자가 시설을 설치·운영하려는 경우에는 시장·군수·구청장에게 허가를 받아야 한다.

② 국가나 지방자치단체가 설치한 시설은 필요한 경우 사회복지법인이나 비영리법인에 위탁하여 운영하게 할 수 있다.

③ 시설의 장은 시설에 대하여 정기 및 수시 안전점검을 실시하여야 한다.

④ 사회복지관은 직업 및 취업 알선이 필요한 지역주민에게 사회복지서비스를 우선 제공하여야 한다.

⑤ 시설의 장은 상근하여야 한다.

61. 국민기초생활보장법에 관한 내용으로 옳지 않은 것은?

① 이 법에 따른 급여는 수급권자 또는 수급자의 거주지를 관할하는 시·도지사와 시장·군수·구청장이 실시한다.

② 보건복지부장관 또는 소관 중앙행정기관의 장은 급여의 종류별 수급자 선정기준 및 최저보장수준을 결정하여야 한다.

③ 생계급여 최저보장수준은 생계급여와 소득인정액을 포함하여 생계급여 선정기준 이상이 되도록 하여야 한다.

④ 수급자 및 차상위자는 상호 협력하여 자활기업을 설립·운영할 수 있다.

⑤ "소득인정액"이란 국민이 건강하고 문화적인 생활을 유지하기 위하여 필요한 최소한의 비용으로서 보건복지부장관이 계측하는 금액을 말한다.

62. 기초연금법상 다음 빈칸에 들어갈 숫자로 옳은 것은?

- 보건복지부장관은 선정기준액을 정하는 경우 65세 이상인 사람 중 기초연금 수급자가 100분의 (ㄱ) 수준이 되도록 한다.
- 본인과 그 배우자가 모두 기초연금 수급권자인 경우에는 각각의 기초연금액에서 기초연금액의 100분의 (ㄴ)에 해당하는 금액을 감액한다.
- 환수금을 환수할 권리와 기초연금 수급권자의 권리는 (ㄷ)년간 행사하지 아니하면 시효의 완성으로 소멸한다.
- 국가는 지방자치단체의 노인인구 비율 및 재정 여건 등을 고려하여 기초연금의 지급에 드는 비용 중 100분의 40 이상 100분의 (ㄹ) 이하의 범위에서 대통령령으로 정하는 비율에 해당하는 비용을 부담한다.

① ㄱ: 70, ㄴ: 20, ㄷ: 5, ㄹ: 90　　　② ㄱ: 70, ㄴ: 20, ㄷ: 3, ㄹ: 90

③ ㄱ: 60, ㄴ: 15, ㄷ: 5, ㄹ: 70　　　④ ㄱ: 60, ㄴ: 20, ㄷ: 3, ㄹ: 90

⑤ ㄱ: 70, ㄴ: 15, ㄷ: 5, ㄹ: 70

63. 긴급복지지원법상 "위기상황"에 해당하는 사유로 옳지 않은 것은?
   ① 본인이 중한 질병 또는 부상을 당하여 생계유지가 어렵게 된 경우
   ② 본인이 가구구성원으로부터 방임 또는 유기되거나 학대 등을 당하여 생계유지가 어렵게 된 경우
   ③ 주소득자 또는 부소득자의 실직으로 소득을 상실하여 생계유지가 어렵게 된 경우
   ④ 미성년 자녀를 둔 가구의 주양육자가 이혼하여 생계유지가 어렵게 된 경우
   ⑤ 화재 또는 자연재해 등으로 인하여 거주하는 주택 또는 건물에서 생활하기 곤란하게 되어 생계유지가 어렵게 된 경우

64. 의료급여법상 의료급여의 내용에 해당하지 않는 것은?
   ① 약제(藥劑) · 치료재료의 지급
   ② 화장(火葬) · 매장(埋葬)
   ③ 예방 · 재활
   ④ 간호
   ⑤ 이송과 그 밖의 의료목적 달성을 위한 조치

65. 국민연금법상 급여의 종류에 해당하는 것을 모두 고른 것은?

ㄱ. 노령연금	ㄴ. 장애인연금
ㄷ. 유족연금	ㄹ. 반환일시금
ㅁ. 상병보상연금	

① ㄱ, ㄴ, ㄹ
② ㄴ, ㄷ, ㅁ
③ ㄱ, ㄷ, ㄹ
④ ㄷ, ㄹ, ㅁ
⑤ ㄱ, ㄴ, ㄷ, ㄹ, ㅁ

66. 국민건강보험법상 국민건강보험공단이 관장하는 업무가 아닌 것은?

① 자산의 관리 · 운영 및 증식사업

② 건강보험에 관한 교육훈련 및 홍보

③ 건강보험에 관한 조사연구 및 국제협력

④ 요양급여의 적정성 평가

⑤ 의료시설의 운영

67. 고용보험법에 관한 내용으로 옳은 것은?

① "일용근로자"란 3개월 미만 동안 고용되는 사람을 말한다.

② 고용보험은 보건복지부장관이 관장한다.

③ 지방자치단체는 매년 보험사업에 드는 비용의 일부를 일반회계에서 부담하여야 한다.

④ 「사립학교교직원 연금법」의 적용을 받는 사람에게는 이 법을 적용한다.

⑤ 근로자인 피보험자는 이 법이 적용되는 사업에 고용된 날에 피보험자격을 취득한다.

68. 산업재해보상보험법상 용어에 관한 내용으로 옳지 않은 것은?

① "업무상의 재해"란 업무상의 사유에 따른 근로자의 부상 · 질병 · 장해를 말하며, 사망은 포함되지 않는다.

② "장해"란 부상 또는 질병이 치유되었으나 정신적 또는 육체적 훼손으로 인하여 노동능력이 상실되거나 감소된 상태를 말한다.

③ "중증요양상태"란 업무상의 부상 또는 질병에 따른 정신적 또는 육체적 훼손으로 노동능력이 상실되거나 감소된 상태로서 그 부상 또는 질병이 치유되지 아니한 상태를 말한다.

④ "진폐"(塵肺)란 분진을 흡입하여 폐에 생기는 섬유증식성(纖維增殖性) 변화를 주된 증상으로 하는 질병을 말한다.

⑤ "치유"란 부상 또는 질병이 완치되거나 치료의 효과를 더 이상 기대할 수 없고 그 증상이 고정된 상태에 이르게 된 것을 말한다.

69. 노인장기요양보험법에 관한 내용으로 옳은 것은?

① 보건복지부장관은 노인등에 대한 장기요양급여를 원활하게 제공하기 위하여 3년 단위로 장기요양기본계획을 수립·시행하여야 한다.

② 장기요양보험사업은 보건복지부장관이 관장하고 보험자는 국민건강보험공단으로 한다.

③ 보건복지부장관은 장기요양사업의 실태를 파악하기 위하여 5년마다 장기요양인정에 관한 사항 등에 관한 조사를 정기적으로 실시하고 그 결과를 공표하여야 한다.

④ 장기요양보험료와 건강보험료는 통합하여 고지하여야 한다.

⑤ 장기요양급여는 노인등이 전문적인 요양서비스를 받을 수 있는 시설급여를 우선적으로 제공하여야 한다.

70. 노인복지법상 노인복지시설에 관한 내용으로 옳지 않은 것은?

① 독거노인종합지원센터, 노인보호전문기관, 학대피해노인 전용쉼터는 노인복지법상 노인복지시설에 해당한다.

② 노인복지주택에 입소할 수 있는 자는 60세 이상의 노인으로 한다.

③ 국가 또는 지방자치단체 외의 자가 재가노인복지시설을 설치하고자 하는 경우에는 시장·군수·구청장에게 신고하여야 한다.

④ 국가 또는 지방자치단체는 경로당의 활성화를 위하여 지역별·기능별 특성을 갖춘 표준 모델 및 프로그램을 개발·보급하여야 한다.

⑤ 노인공동생활가정은 노인들에게 가정과 같은 주거여건과 급식, 그 밖에 일상생활에 필요한 편의를 제공함을 목적으로 하는 시설이다.

71. 아동복지법에 관한 내용으로 옳은 것은?

① 여성가족부장관은 아동정책의 효율적인 추진을 위하여 5년마다 아동정책기본계획을 수립하여야 한다.

② 아동의 권리증진과 건강한 출생 및 성장을 위하여 종합적인 아동정책을 수립하고 관계 부처의 의견을 조정하며 그 정책의 이행을 감독하고 평가하기 위하여 국무총리 소속으로 아동권리보장원을 둔다.

③ 어린이 날과 어린이주간에 관한 규정은 아동복지법에 명시되어 있다.

④ 아동복지에 관한 업무를 담당하기 위하여 시·도 및 시·군·구에 각각 전문 보육교사를 둘 수 있다.

⑤ "아동"이란 15세 미만인 사람을 말한다.

72. **장애인복지법에 관한 내용으로 옳지 않은 것은?**

① 장애인복지실시기관은 경제적 부담능력 등을 고려하여 장애인이 부양하는 자녀 또는 장애인인 자녀의 교육비를 지급할 수 있다.

② 「재한외국인 처우 기본법」에 따른 결혼이민자는 장애인 등록을 할 수 있다.

③ 장애인 관련 조사·연구 및 정책개발·복지진흥 등을 위하여 한국장애인개발원을 설립한다.

④ "장애인"이란 신체적·정신적·사회적 장애로 오랫동안 일상생활이나 사회생활에서 상당한 제약을 받는 자를 말한다.

⑤ 보건복지부장관은 장애인의 권익과 복지증진을 위하여 관계 중앙행정기관의 장과 협의하여 5년마다 장애인정책종합계획을 수립·시행하여야 한다.

73. **다음에 해당하는 한부모가족지원법상의 한부모가족복지시설로 옳은 것은?**

> 18세 미만(취학 중인 경우에는 22세 미만을 말하되, 「병역법」에 따른 병역의무를 이행하고 취학 중인 경우에는 병역의무를 이행한 기간을 가산한 연령 미만을 말함) 자녀를 동반한 한부모가족에게 자립을 준비할 수 있도록 주거 등을 지원하는 시설

① 양육지원시설   ② 자립지원시설
③ 출산지원시설   ④ 일시지원시설
⑤ 생활지원시설

74. **사회복지공동모금회법에 관한 내용으로 옳지 않은 것은?**

① 사회복지공동모금회는 정관을 작성하여 기획재정부장관의 인가를 받아 등기함으로써 설립된다.

② 분과실행위원회는 위원장 1명을 포함하여 20명 이내의 위원으로 구성한다.

③ 모금회는 사회복지사업이나 그 밖의 사회복지활동 등을 지원하기 위한 재원을 조성하기 위하여 복권을 발행할 수 있다.

④ 기부금품의 기부자는 배분지역, 배분대상자 또는 사용 용도를 지정할 수 있다.

⑤ 모금회의 정관으로 규정하지 아니한 사항은 「민법」 중 재단법인에 관한 규정을 준용한다.

75. 자원봉사활동기본법에 관한 내용으로 옳지 않은 것은?

① 범죄 예방 및 선도에 관한 활동은 이 법의 적용을 받는 자원봉사활동의 범위에 해당하지 않는다.

② "자원봉사단체"란 자원봉사활동을 주된 사업으로 하거나 이를 지원하기 위하여 설립된 비영리 법인 또는 단체를 말한다.

③ 자원봉사활동에 관한 주요 정책을 심의하기 위하여 행정안전부장관 소속으로 관계 공무원 및 민간 전문가로 구성된 자원봉사진흥위원회를 둔다.

④ 자원봉사활동을 효율적으로 추진하기 위하여 필요하다고 인정할 경우에는 국가기관 및 지방자치단체가 운영할 수 있다.

⑤ 자원봉사활동은 무보수성, 자발성, 공익성, 비영리성, 비정파성(非政派性), 비종파성(非宗派性)의 원칙 아래 수행될 수 있도록 하여야 한다.

2025년도 제23회 사회복지사1급 국가시험 대비
FINAL 모의고사 2회

난이도 : 중

가. 시험 구성

시험 과목수	문제수	배점	총점	문제형식
3과목 (8영역)	200문항	1점 / 1문제	200점	객관식 5지 택1형

나. 시험과목 및 시험시간

○ 일반수험자 기준

구 분	시험과목	세부영역	시험시간	과락기준	총점기준
1교시	사회복지기초 (50문항)	◦ 인간행동과 사회환경 (25문항) ◦ 사회복지조사론 (25문항)	09:30~10:20 (50분)	1~19 문항	합계 120점 이상
2교시	사회복지실천 (75문항)	◦ 사회복지실천론 (25문항) ◦ 사회복지실천기술론 (25문항) ◦ 지역사회복지론 (25문항)	10:50~12:05 (75분)	1~29 문항	
3교시	사회복지정책과 제도 (75문항)	◦ 사회복지정책론 (25문항) ◦ 사회복지행정론 (25문항) ◦ 사회복지법제론 (25문항)	12:35~13:50 (75분)	1~29 문항	

※ 필기시험 합격은 과락기준과 총점기준을 모두 충족해야 함

※ 시험관련 법령 등을 적용하여 정답을 구하여야 하는 문제는 시험 시행일(25. 01. 11.) 현재 시행 중인 법령을 기준으로 출제함

사회복지 전문출판 나눔의 집

해당 모의고사는 저작권법에 의하여 보호를 받는 저작물이므로 무단전재와 복제를 금합니다.

2025년도 제23회 사회복지사1급 국가시험 대비
FINAL 모의고사 2회

교 시	문제형별	시 간	시험과목 및 시험영역
1교시	A	50분	**사회복지기초** ① 인간행동과 사회환경 ② 사회복지조사론

수험번호		성 명	

【 수험자 유의사항 】

1. 시험문제지는 **단일 형별(A형)**이며, 답안카드 형별 기재란에 표시된 형별(A형)을 확인하시기 바랍니다. 시험문제지의 **총면수, 문제번호 일련순서, 인쇄상태** 등을 확인하시고, 문제지 표지에 수험번호와 성명을 기재하시기 바랍니다.

2. 답은 각 문제마다 요구하는 **가장 적합하거나 가까운 답 1개만** 선택하고, 답안카드 작성 시 시험문제지 **마킹착오**로 인한 불이익은 전적으로 **수험자에게 책임**이 있음을 알려 드립니다.

3. 답안카드는 국가전문자격 공통 표준형으로 문제번호가 1번부터 125번까지 인쇄되어 있습니다. 답안 마킹 시에는 반드시 **시험문제지의 문제번호와 동일한 번호**에 마킹하여야 합니다.

4. **감독위원의 지시에 불응하거나 시험기간 종료 후 답안카드를 제출하지 않을 경우** 불이익이 발생할 수 있음을 알려 드립니다.

5. 시험문제지는 시험 종료 후 가져가시기 바랍니다.

사회복지 전문출판 나눔의집

해당 모의고사는 저작권법에 의하여 보호를 받는 저작물이므로 무단전재와 복제를 금합니다.

사회복지기초(인간행동과 사회환경)

1. 인간발달에 관한 설명으로 옳은 것을 모두 고른 것은?

   > ㄱ. 발달은 안정적인 속성과 변화하는 속성이 공존한다.
   > ㄴ. 발달은 연령이 증가할수록 예측가능성이 높아진다.
   > ㄷ. 발달은 특수활동에서 전체활동으로 이루어진다.
   > ㄹ. 발달은 유전과 환경의 영향을 모두 받는다.

   ① ㄱ, ㄹ   ② ㄴ, ㄷ
   ③ ㄱ, ㄴ, ㄹ   ④ ㄴ, ㄷ, ㄹ
   ⑤ ㄱ, ㄴ, ㄷ, ㄹ

2. 인간발달이론이 사회복지실천에 미친 영향으로 옳지 않은 것은?
   ① 특정 발달단계에 요구되는 서비스를 개발할 수 있다.
   ② 이상행동 문제를 다차원적으로 살펴볼 수 있다.
   ③ 클라이언트의 발달적 측면을 사정할 수 있다.
   ④ 클라이언트가 가진 문제를 정형화할 수 있다.
   ⑤ 클라이언트에게 영향을 미친 사회적 요인을 이해할 수 있다.

3. 프로이트(S. Freud)의 정신분석이론에 관한 설명으로 옳은 것은?
   ① 인간은 본능을 제어하는 능동적 존재이다.
   ② 어린 시절의 경험을 중요하게 고려한다.
   ③ 심리사회적 발달을 5단계로 제시하였다.
   ④ 잠복기 남아는 오이디푸스 콤플렉스를 경험한다.
   ⑤ 생식기에는 동성에 대한 관심이 높아진다.

4. 에릭슨(E. Erikson) 이론에 관한 설명으로 옳지 않은 것은?
   ① 발달은 점성원리에 따라 전개된다.
   ② 발달은 전 생애에 걸쳐 일어난다.
   ③ 발달은 사회적 요인을 따르지 않는다.
   ④ 발달은 예정된 단계를 따라 진행된다.
   ⑤ 발달은 발달과업의 성취를 내포한다.

5. 아들러(A. Adler)의 이론에 관한 설명으로 옳지 않은 것은?
   ① 사회적 관심은 인간은 공동체에서 생활한다는 것을 전제로 한다.
   ② 창조적 자기는 성격형성에서 개인의 자유와 선택을 강조하는 개념이다.
   ③ 개인이 느끼는 열등감은 주관적이고 상대적인 것이다.
   ④ 출생순위, 가족과 형제관계에서의 경험은 생활양식에 영향을 준다.
   ⑤ 생활양식은 사회적 관심과 성격구조에 따라 유형화된다.

6. 융(C. Jung)의 분석심리이론에 관한 설명으로 옳은 것은?
   ① 행동의 동기는 의식 수준에서만 일어난다.
   ② 인간의 성격은 태어날 때 이미 형성된다.
   ③ 콤플렉스에는 아니마와 아니무스가 있다.
   ④ 자기실현은 인간발달의 궁극적 목표이다.
   ⑤ 개성화 과정은 자기실현 과정과 무관하다.

7. 피아제(J. Piaget)의 인지발달에 관한 설명으로 옳지 않은 것은?
   ① 감각운동기에는 2차도식의 협응이 나타난다.
   ② 전조작기에는 상징적 사고가 본격화된다.
   ③ 감각운동기에 시작된 보존개념은 전조작기에 확립된다.
   ④ 구체적 조작기에는 전조작기의 자아중심성을 극복한다.
   ⑤ 구체적 조작기에는 조합기술이 발달한다.

8. 피아제(J. Piaget)의 도덕성 발달에 관한 설명으로 옳지 않은 것은?

① 아동이 자기중심적 사고에서 벗어나기 시작하면서 도덕성이 발달한다.

② 아동의 도덕적 판단은 타율적 도덕성에서 자율적 도덕성으로 발달해간다.

③ 타율적 도덕성은 전조작기에 나타나며 벌을 받지 않기 위해 규칙을 지킨다.

④ 7~10세경의 아동에게서는 타율적 도덕성과 자율적 도덕성이 공존한다.

⑤ 자율적 도덕성은 행위의 의도를 참작하면서도 규칙을 절대적인 것으로 본다.

9. 스키너(B. Skinner)의 조작적 조건형성을 위한 강화계획 중 다음 사례에 해당하는 것은?

> 집중력이 부족한 아동이 다른 짓을 하지 않고 독서에 집중하면 칭찬 스티커를 하나씩 주기로 하였다. 스티커는 5분에 1개를 주기도 하고, 15분에 3개를 주기도 하였다.

① 가변간격 강화계획

② 가변비율 강화계획

③ 고정간격 강화계획

④ 고정비율 강화계획

⑤ 연속적 강화계획

10. 반두라(A. Bandura)의 이론에 관한 설명으로 옳은 것은?

① 인간의 행동은 환경적 자극에 대한 반응이다.

② 인간은 행동에 대한 자기규제를 할 수 있다.

③ 인간은 보상과 처벌에 따라 행동하게 된다.

④ 인간의 행동은 자기실현 욕구에 따라 결정된다.

⑤ 인간의 행동은 외적 강화 없이 이루어지지 않는다.

11. 인간발달이론이 사회복지실천에 미친 영향으로 옳은 것을 모두 고른 것은?

> ㄱ. 에릭슨(E. Erikson) 이론을 기반으로 영아기에서 노년기까지의 각 발달단계별 실천개입을 계획할 수 있다.
> ㄴ. 스키너(B. Skinner) 이론을 통해 인간은 학습을 통해 스스로 동기를 부여하고 능동적으로 행동함을 이해할 수 있다.
> ㄷ. 매슬로우(A. Maslow) 이론을 통해 인간이 갖는 자기실현의 욕구에 대해 이해할 수 있다.
> ㄹ. 융(C. Jung) 이론을 통해 인간이 환경에 반응하며 진행되는 인지발달 과정을 살펴볼 수 있다.

① ㄱ, ㄷ　　　　　　　　　　② ㄴ, ㄹ
③ ㄱ, ㄴ, ㄷ　　　　　　　　④ ㄴ, ㄷ, ㄹ
⑤ ㄱ, ㄴ, ㄷ, ㄹ

12. 로저스(C. Rogers) 이론에서 제시된 주요 개념으로 옳은 것은?
① ABC패러다임
② 우월성 추구
③ 완전히 기능하는 사람
④ 중년기의 개성화 과정
⑤ 심리성적 발달과정

13. 체계이론에서 제시된 주요 개념에 관한 설명으로 옳은 것은?
① 엔트로피(entropy): 체계 내에 유용하지 않은 에너지가 감소하는 상태이다.
② 시너지(synergy): 폐쇄체계 내 구성요소 간의 상호작용이 증가하는 현상이다.
③ 위계(hierarchy): 한 체계가 다른 체계에 대해 갖는 개방성 정도를 구분한다.
④ 균형(equilibrium): 외부로부터 새로운 에너지를 투입하여 변화하려는 속성이다.
⑤ 피드백(feedback): 체계가 가지고 있는 단선적 속성에 따라 이루어진다.

14. 체계이론에 관한 설명으로 옳지 않은 것은?

① 체계는 서로 관련을 맺고 상호작용하는 요소들의 집합으로 볼 수 있다.

② 체계는 완전한 폐쇄체계와 완전한 개방체계로 구분할 수 있다.

③ 폐쇄체계는 체계 내에서만 상호작용이 이루어지는 특성이 있다.

④ 경계는 체계의 테두리로서 다른 체계와 구분할 수 있는 기능을 한다.

⑤ 체계와 체계가 교류하면서 두 체계가 공존하는 공유영역이 나타난다.

15. 브론펜브레너(U. Bronfenbrenner)가 제시한 환경체계 중 다음과 관련된 체계수준은?

> 초등학교 5학년인 클라이언트 A군은 최근 한두 달 사이에 감정조절을 잘하지 못하고 친구들과 크고 작은 시비를 자주 일으키고 있다. 아버지가 해외지사로 발령이 나 출국한 뒤로 부쩍 예민해지고 불안해하는 것으로 파악되었다. 이처럼 클라이언트와 직접 관련된 환경의 변화가 아니더라도 클라이언트에게 영향을 미칠 수 있다.

① 미시체계   ② 자원체계

③ 중간체계   ④ 외부체계

⑤ 거시체계

16. 생태체계이론의 유용성에 관한 설명으로 옳지 않은 것은?

① 클라이언트의 문제를 병리적 관점에서 단정하지 않는다.

② 클라이언트의 문제에 대한 총체적 이해와 조망을 제공한다.

③ 전체 생활공간을 고려하여 원조할 수 있는 기반이 된다.

④ 체계가 갖는 변화와 유지 속성을 모두 중요하게 이해한다.

⑤ 사회복지실천에 필요한 구체적인 방법과 기술을 제시한다.

17. 문화와 관련된 설명으로 옳지 않은 것은?

① 세대에서 다음 세대로 전승되는 특징이 있다.

② 사회 속에서 성장하며 학습을 통해 습득된다.

③ 다른 문화와 교류를 하면서도 변화하지 않는다.

④ 개인의 행동을 규제하는 사회통제적 기능이 있다.

⑤ 비물질문화에는 관념문화와 규범문화가 포함된다.

18. 태내기(수정~출산)에 관한 설명으로 옳지 않은 것은?
    ① 배종기는 수정 후 수정란이 자궁벽에 착상할 때까지의 시기이다.
    ② 배아기의 중배엽 형성은 손톱, 발톱, 피부표피 등의 발달로 연결된다.
    ③ 임신 16주경이 되면 산모는 태아의 움직임을 알 수 있다.
    ④ 양수검사는 자연유산의 위험성으로 인해 임신중기에 실시한다.
    ⑤ 대부분의 태아는 출산이 임박하면 머리 위치가 아래로 내려온다.

19. 영아기(0~2세)의 발달적 특징으로 옳은 것을 모두 고른 것은?

    | ㄱ. 프로이트의 발달단계 중 입, 입술, 혀 등에 활동이 집중된 구강기에 해당한다.
    | ㄴ. 에릭슨의 발달단계 중 주 양육자와의 '신뢰 대 불신'이 중요한 시기이다.
    | ㄷ. 아들러의 발달단계 중 가족 내 경험을 통해 생활양식을 형성해가는 단계이다.
    | ㄹ. 피아제의 발달단계 중 감각운동기에 해당하며 정신적 표상 사고가 시작된다.

    ① ㄱ, ㄹ   ② ㄴ, ㄷ
    ③ ㄱ, ㄴ, ㄹ   ④ ㄴ, ㄷ, ㄹ
    ⑤ ㄱ, ㄴ, ㄷ, ㄹ

20. 유아기(3~6세)의 주요 특징으로 옳지 않은 것은?
    ① 신체적인 성장 속도는 다소 둔화된다.
    ② 애착인형에게도 생명이 있다고 생각한다.
    ③ 행위의 결과에 따라 옳고그름을 판단한다.
    ④ 언어의 발달로 감정을 언어로 표현한다.
    ⑤ 숫자를 알게 되면서 시간개념을 획득한다.

21. 아동기(7~12세)에 관한 설명으로 옳지 않은 것은?
    ① 조합기술의 획득으로 보존개념이 확립된다.
    ② 객관적으로 사물을 바라보고 판단하게 된다.
    ③ 비가역적 사고가 가역적 사고로 발전한다.
    ④ 논리적인 문제해결 능력이 발달해간다.
    ⑤ 사물을 공통의 속성에 따라 분류할 수 있다.

22. 마르시아(J. Marcia)의 자아정체감이론에 관한 설명으로 옳은 것은?
    ① 정체감 전념: 위기상태를 해결하여 의사결정을 내린 상태
    ② 정체감 유예: 정체감 성취를 달성하기 직전의 상태
    ③ 정체감 통합: 위기경험 없이 자아정체감을 형성한 상태
    ④ 정체감 유실: 부모님의 의사에 따라 의사결정을 내린 상태
    ⑤ 정체감 혼란: 의사결정 이후에 위기를 재경험하는 상태

23. 중년기(40~64세)의 특징으로 옳은 것은?
    ① 유동성 지능(fluid intelligence)이 점차 높아진다.
    ② 신체적 능력과 인지적 능력이 모두 감소하기 시작한다.
    ③ 외부세계에 쏟았던 에너지가 자신의 내부로 향한다.
    ④ 문제해결 능력이 감소하면서 정서적 문제가 나타난다.
    ⑤ 자아통합이 완성되어 자신의 삶과 미래를 평가하려고 한다.

24. 큐블러-로스(Küler-Ross)가 제시한 죽음에 이르는 심리적 변화과정을 순서대로 나열한 것은?
    ① 부정 → 협상 → 수용 → 분노 → 우울
    ② 부정 → 분노 → 협상 → 우울 → 수용
    ③ 우울 → 부정 → 분노 → 수용 → 협상
    ④ 우울 → 분노 → 수용 → 부정 → 협상
    ⑤ 분노 → 부정 → 우울 → 협상 → 수용

25. 생애주기별 발달 과업 및 특징의 연결로 옳지 않은 것은?
    ① 유아기(3~6세) – 타율적 도덕성
    ② 아동기(7~12세) – 구체적 조작
    ③ 청소년기(13~19세) – 추상적 사고
    ④ 청년기(19~29세) – 지혜의 성취
    ⑤ 노년기(65세 이상) – 역할 상실

26. 과학적 조사의 논리에 관한 설명으로 옳은 것은?
① 귀납법은 일반적 사실이나 법칙으로부터 특수한 사실이나 법칙을 추론해내는 접근방법이다.
② 연역법은 이론 → 가설 → 조작화 → 관찰 → 검증으로 전개된다.
③ 연역법은 주로 질적 연구방법에서 활용한다.
④ 귀납법의 대표적인 예는 삼단논법이다.
⑤ 연역법은 인과의 오류를 범할 수 있다.

27. 사회조사과정에서 준수해야 할 연구윤리로 옳지 않은 것은?
① 연구목적상 연구의 자세한 내용을 모두 밝히지 않고 숨길 필요가 있는 경우도 있다.
② 연구대상자에 대한 비밀보장이라는 원칙은 다른 사회적 가치 또는 법률과 상충되기도 한다.
③ 자발적 참여는 고지된 동의에 기초하여 이루어져야 한다.
④ 익명성 확보를 위해서 조사대상자가 제공한 정보와 조사대상자를 분리할 수 있다.
⑤ 자발적으로 참여하는 사람만 연구에 포함시켜야 한다.

28. 사회조사의 목적에 관한 설명으로 옳지 않은 것은?
① 탐색적 조사에는 문헌조사, 경험자 조사, 특례조사 등이 있다.
② 기술적 조사는 인과관계를 기술하는 것은 아니다.
③ 인구주택총조사, 실태조사, 여론조사 등이 대표적인 설명적 조사이다.
④ 한부모 가정의 청소년 가출에 영향을 미치는 요인에 관한 연구는 설명적 조사이다.
⑤ 사회복지실천에 있어서 개입활동의 효과를 파악하기 위해서는 설명적 조사를 실시해야 한다.

29. 사회복지조사의 과학적 수행과정으로 옳은 것은?

① 조사문제 형성 → 조사설계 → 가설형성 → 자료수집 → 자료분석 및 해석 → 보고서 작성
② 가설형성 → 조사문제 형성 → 자료수집 → 조사설계 → 자료분석 및 해석 → 보고서 작성
③ 가설형성 → 조사문제 형성 → 조사설계 → 자료수집 → 자료분석 및 해석 → 보고서 작성
④ 조사문제 형성 → 가설형성 → 조사설계 → 자료수집 → 자료분석 및 해석 → 보고서 작성
⑤ 조사문제 형성 → 자료수집 → 가설형성 → 조사설계 → 자료분석 및 해석 → 보고서 작성

30. 다음에 해당하는 변수가 올바르게 짝지어진 것은?

> 신입 사회복지사와 동료 사회복지사 간의 관계가 신입 사회복지사의 장기근속에 미치는 영향을 연구하였다. 연구에 따르면 (ㄱ) 신입 사회복지사와 동료 사회복지사 간의 관계가 좋을수록 (ㄴ) 직장만족도가 높아져 이직이 예방되어 (ㄷ) 장기근속하게 된다는 결과가 나왔다.

① ㄱ: 독립변수, ㄴ: 매개변수, ㄷ: 종속변수
② ㄱ: 독립변수, ㄴ: 조절변수, ㄷ: 종속변수
③ ㄱ: 독립변수, ㄴ: 통제변수, ㄷ: 종속변수
④ ㄱ: 종속변수, ㄴ: 매개변수, ㄷ: 독립변수
⑤ ㄱ: 종속변수, ㄴ: 조절변수, ㄷ: 독립변수

31. 영가설에 관한 설명으로 옳지 않은 것을 모두 고른 것은?

> ㄱ. 연구가설을 반증하기 위해 설정하는 가설이다.
> ㄴ. 연구자가 참으로 증명되기를 기대하는 가설이다.
> ㄷ. 변수 간의 차이가 있거나 관계가 있다는 내용으로 서술된다.
> ㄹ. 과학적 가설, 작업가설, 실험가설이라고 불린다.

① ㄱ, ㄴ   ② ㄷ, ㄹ
③ ㄴ, ㄹ   ④ ㄱ, ㄷ
⑤ ㄴ, ㄷ, ㄹ

32. 내적 타당도를 높이기 위한 방법으로 옳은 것을 모두 고른 것은?

> ㄱ. 연구주제에 영향을 미칠 것이라고 여겨지는 속성을 실험집단과 통제집단에 동일하도록 만든다.
> ㄴ. 연구대상자들을 실험집단 및 통제집단에 무작위로 배치한다.
> ㄷ. 표본의 대표성을 높인다.
> ㄹ. 플라시보 통제집단을 설정한다.

① ㄱ, ㄴ   ② ㄴ, ㄷ
③ ㄷ, ㄹ   ④ ㄱ, ㄴ, ㄷ
⑤ ㄴ, ㄷ, ㄹ

33. 다음 사례에 해당하는 내적 타당도 저해요인으로 옳은 것은?

> 한 복지관에서 색다른 노인 여가선용 프로그램을 개발하여 이를 몇 년 동안 실시하였다. 최근에 이 프로그램이 생활만족도에 미치는 효과성을 알아보기 위해 다른 복지관의 노인집단과 비교해 보니 조사결과, 다른 복지관의 노인들과 별 차이가 없게 나타났다. 다른 복지관들도 새로운 프로그램을 뒤따라 도입해서 두 집단의 차이가 줄어들었을 가능성이 높다.

① 성숙효과   ② 통계적 회귀
③ 인과관계 방향의 모호성   ④ 선택과의 상호작용
⑤ 개입의 확산 또는 모방

34. 통제집단 후 비교 설계에 대한 설명으로 옳은 것을 모두 고른 것은?

> ㄱ. 난선화를 통해 실험집단과 통제집단의 동질성을 확보할 수 있다.
> ㄴ. 사전검사를 실시하지 않기 때문에 비교적 내적 타당도가 높다.
> ㄷ. 실험조사설계의 유형 중 용이성과 효율성이 높은 실험설계 형태이다.
> ㄹ. 검사와 실험처치의 상호작용이 발생하여 외적 타당도가 낮다.

① ㄱ, ㄴ   ② ㄱ, ㄷ
③ ㄴ, ㄷ   ④ ㄹ
⑤ ㄱ, ㄴ, ㄷ

35. 다음 사례가 나타내는 조사설계의 특징으로 옳은 것은?

> 장애인 근로자 전용 공장인 '자립공장'에 근무하는 장애인 근로자 가운데 임의로 15명을 선택하여 실험집단에 배치하고 다른 15명을 뽑아 통제집단에 배치하였다. 실험집단에는 사회기술훈련을 실시하고 통제집단에 대해서는 실시하지 않았다. 사회기술훈련을 실시하기 전후 각 4회씩 양 집단에 대해 직장만족도를 관찰한 결과 훈련을 받은 실험집단의 직장만족도가 현저히 높게 나타났다.

① 전실험설계에 해당한다.

② 탐색적 목적으로 수행되는 경우에는 유용할 수 있다.

③ 무작위 할당이 이루어지지 않으므로 실험집단과 통제집단이 이질적일 가능성이 크다.

④ 인과관계 추정을 위한 가장 전형적인 방법이다.

⑤ 2개 이상의 독립변수가 상호작용하여 종속변수와 갖게 되는 인과관계를 검증하기 위한 설계이다.

36. 단일사례설계의 유형별 특징에 관한 설명으로 옳은 것을 모두 고른 것은?

> ㄱ. BAB설계는 클라이언트가 위기상황에 있을 때 유용하다.
> ㄴ. ABA설계는 개입효과를 평가하기 위한 목적으로 개입을 중단하기 때문에 윤리적 문제를 일으킬 수 있다.
> ㄷ. ABCD설계는 융통성이 있어서 연속적인 단계에서 옳다고 입증된 대로 개입계획을 변경할 수 있다.
> ㄹ. ABAB설계는 우연한 외부사건의 영향을 통제할 수 없다.

① ㄱ, ㄴ, ㄷ

② ㄹ

③ ㄴ, ㄹ

④ ㄱ, ㄷ

⑤ ㄱ, ㄴ, ㄷ, ㄹ

37. 노인복지관에서 노인들의 건강 상태를 조사하기 위해 몸무게를 측정했는데, 몸무게를 측정할 때마다 실제 값보다 항상 5kg이 더 가볍게 측정되었다. 이에 관한 설명으로 옳은 것은?

① 신뢰도는 높지만 타당도는 낮다.

② 신뢰도도 높고 타당도도 높다.

③ 신뢰도도 낮고 타당도도 낮다.

④ 신뢰도는 낮지만 타당도는 높다.

⑤ 신뢰도나 타당도를 평가할 수 없다.

38. 한 연구에서 사용된 "서비스 횟수"라는 변수에 관한 설명으로 옳지 않은 것은?

① 속성이 전혀 존재하지 않는 상태의 절대 영점이 존재한다.

② 서열 간 간격이 동일하지만 절대량의 크기를 나타내지 않는다.

③ 모든 사칙연산(±, ×, ÷)이 가능하다.

④ 산술평균, 기하평균 등의 통계분석이 가능하다.

⑤ 2회, 4회 등 서비스 횟수의 숫자는 속성의 실제 양을 나타낸다.

39. 무작위적 오류를 줄이는 방법으로 옳은 것을 모두 고른 것은?

> ㄱ. 측정항목 수를 가능한 범위 안에서 줄인다.
> ㄴ. 측정도구의 내용을 명확하게 한다.
> ㄷ. 측정자들의 측정방식이나 태도에 일관성이 있어야 한다.
> ㄹ. 측정자에게 측정도구에 대한 교육과 훈련을 통해 사전준비를 철저히 한다.

① ㄱ, ㄴ, ㄷ   ② ㄱ, ㄷ, ㄹ

③ ㄴ, ㄷ, ㄹ   ④ ㄱ, ㄹ

⑤ ㄱ, ㄴ, ㄷ, ㄹ

40. 다음 사례에서 측정하고자 하는 타당도로 옳은 것은?

> 사회복지조사론 졸업시험(범위: 1장~13장)에서 대부분의 문제가 3~5장 범위 사이에서 출제되었고, 8~13장 사이에서는 거의 출제되지 않았다고 한다면, 이 졸업시험은 사회복지조사론의 전반적인 내용을 골고루 포함하고 있는 시험이 아니므로 학생들의 사회복지조사론 실력을 제대로 측정하고 있다고 볼 수 없다.

① 동시타당도(concurrent validity)

② 판별타당도(discriminant validity)

③ 내용타당도(content validity)

④ 수렴타당도(convergent validity)

⑤ 예측타당도(predictive validity)

41. 척도에 관한 설명으로 옳지 않은 것은?

① 거트만 척도(Guttman scale)는 단일차원적이고 누적적인 척도를 구성하고 있다.

② 보가더스 척도(Borgadus scale)는 서열척도에 해당한다.

③ 의미분화 척도(Semantic differential scale)는 가치와 태도와 같은 주관적인 개념 측정에 용이하다.

④ 써스톤 척도(Thurstone scale)는 서열 문항들 간에 등간성을 갖추지는 못한다.

⑤ 리커트 척도(Likert scale)의 각 문항들은 동일한 응답범주를 사용하며 모두 동등한 가치를 부여받는다.

42. 표집방법에 관한 설명으로 옳지 않은 것은?

① 체계적 표집법(systematic sampling)에서 모집단을 구성하는 요소들이 일정한 순서대로 배열되어 있다면 체계적인 오류가 발생할 수 있다.

② 층화표집법(stratified sampling)에서는 집단 간 이질성이 특징이지만, 집락표집(cluster sampling)에서는 집단 간 동질성이 특징이다.

③ 눈덩이표집법(snowball sampling)은 모집단의 구성원을 찾기 어려운 대상을 연구하는 경우에 주로 사용한다.

④ 할당표집법(quota sampling)은 비확률표집이지만 가능한 한 모집단을 대표하는 표본을 얻고자 하는 방법이다.

⑤ 편의표집법(convenience sampling)은 표본의 대표성 문제와 표집의 편의 문제를 해결할 수 있다는 장점이 있다.

43. 표본의 크기에 관한 설명으로 옳지 않은 것은?

① 모집단의 이질성이 크다면 표본의 크기는 커야 한다.

② 연구하고자 하는 변수의 수가 증가할수록 표본의 크기는 작아져야 한다.

③ 같은 크기의 표본일 때는 확률표집방법 중에서도 집락표집방법의 대표성이 가장 떨어진다.

④ 표본의 크기를 크게 하면 표본오차는 낮아지지만, 비표본오차의 발생가능성은 높아진다.

⑤ 신뢰수준을 95%에서 99%로 상향조정하려면 표본의 수도 늘려야 한다.

44. 1,500명을 번호 순서대로 배열한 모집단에서 2번이 처음 무작위로 선정되고, 7번, 12번, 17번, 22번, … 등이 차례로 체계적 표집(systematic sampling)을 통해 선정되었다. 이 표집에서 표집간격(ㄱ)과 표본 수(ㄴ)가 옳게 짝지어진 것은?

① ㄱ: 4, ㄴ: 500   ② ㄱ: 4, ㄴ: 300
③ ㄱ: 5, ㄴ: 300   ④ ㄱ: 5, ㄴ: 400
⑤ ㄱ: 5, ㄴ: 500

45. 우편설문법과 대인면접법의 장단점을 비교한 설명으로 옳은 것은?
① 대인면접법은 우편설문법에 비해 응답환경에 대한 통제와 구조화가 용이하다.
② 대인면접법은 우편설문법에 비해 대리응답의 가능성이 높다.
③ 우편설문법은 대인면접법에 비해 많은 비용이 소요된다.
④ 우편설문법은 대인면접법에 비해 질문과정에서 유연성이 높다.
⑤ 대인면접법은 우편설문법에 비해 응답자가 시간적 여유를 갖고 응답할 수 있다.

46. 설문지 질문에서 다음과 같은 응답범주의 형식은 무엇인가?

> Q. 귀하는 현 정부의 복지정책에 대해 만족하십니까?
> A. 1. 매우 만족한다   2. 만족한다   3. 보통이다   4. 불만이다   5. 매우 불만이다

① 찬반형 질문   ② 다항선택형 질문
③ 서열형 질문   ④ 평정형 질문
⑤ 행렬식 질문

47. 관찰법의 장단점에 관한 설명으로 옳지 않은 것은?
① 관찰대상이 되는 표본의 크기를 확대하는 데 한계가 있다.
② 장기간에 걸친 종단분석은 불가능하다.
③ 조사대상자의 행동이 발생하는 현장에서 즉각적으로 자료를 수집할 수 있다.
④ 관찰자와 관찰대상 간의 신분 노출로 인해서 익명성이 보장되기 어려운 경우가 많다.
⑤ 언어적 의사소통이 어려운 아동, 노인, 장애인 등을 대상으로 자료를 수집하기가 용이하다.

48. 주요 정보제공자 조사(key informant survey)에 관한 설명으로 옳지 않은 것은?

① 정보제공자들이 가지고 있는 정보의 양과 질에 의존하게 된다.

② 양적 정보뿐만 아니라 질적 정보도 파악할 수 있다.

③ 일종의 의도적 표집에 해당되므로 표본의 편의현상이 나타날 수 있다.

④ 표본을 쉽게 선정할 수 있다.

⑤ 간접적인 자료수집방법에 해당한다.

49. 질적 연구방법을 사용하여 연구하기에 적절한 주제를 모두 고른 것은?

> ㄱ. 성인 발달장애인의 자립생활 경험의 의미에 관한 연구
> ㄴ. 공동주택 거주민들의 갈등 경험과 해소 과정에 관한 현상학적 연구
> ㄷ. 한 중학교 여학생들의 관계적 폭력에 대한 사례연구
> ㄹ. 청소년의 스마트폰 의존도가 사회적 관계 불안에 미치는 매개요인 연구

① ㄱ, ㄴ, ㄷ   ② ㄱ, ㄷ

③ ㄴ, ㄹ   ④ ㄹ

⑤ ㄱ, ㄴ, ㄷ, ㄹ

50. 질적 연구의 유형에 관한 설명으로 옳지 않은 것은?

① 근거이론 연구는 이론적으로 의미를 부여할 수 있는 표본을 구성하는 데 초점을 둔다.

② 문화기술지는 어떤 문화 속에서 생활하는 사람들을 연구자의 관점에서 연구하는 것이다.

③ 현상학은 실제 그 사회현상을 경험한 사람들의 경험이 드러내는 본질을 이해함으로써 사회현상의 원리를 이해하고자 한다.

④ 참여행동연구는 급진적인 변화와 연구대상자의 임파워먼트를 목적으로 추구하기도 한다.

⑤ 내러티브 탐구는 개인의 인생을 탐색하는 데 초점을 두는 질적 탐구전략이다.

2025년도 제23회 사회복지사1급 국가시험 대비
FINAL 모의고사 2회

교시	문제형별	시간	시험과목 및 시험영역
2교시	A	75분	**사회복지실천** ① 사회복지실천론 ② 사회복지실천기술론 ③ 지역사회복지론

수험번호		성 명	

【 수험자 유의사항 】

1. 시험문제지는 **단일 형별(A형)**이며, 답안카드 형별 기재란에 표시된 형별(A형)을 확인하시기 바랍니다. 시험문제지의 **총면수, 문제번호 일련순서, 인쇄상태** 등을 확인하시고, 문제지 표지에 수험번호와 성명을 기재하시기 바랍니다.

2. 답은 각 문제마다 요구하는 **가장 적합하거나 가까운 답** 1개만 선택하고, 답안카드 작성 시 시험문제지 **마킹착오**로 인한 불이익은 전적으로 **수험자에게 책임**이 있음을 알려 드립니다.

3. 답안카드는 국가전문자격 공통 표준형으로 문제번호가 1번부터 125번까지 인쇄되어 있습니다. 답안 마킹 시에는 반드시 **시험문제지의 문제번호와 동일한 번호**에 마킹하여야 합니다.

4. **감독위원의 지시에 불응**하거나 시험기간 종료 후 답안카드를 제출하지 않을 경우 불이익이 발생할 수 있음을 알려 드립니다.

5. 시험문제지는 시험 종료 후 가져가시기 바랍니다.

사회복지 전문출판 **나눔의집**

해당 모의고사는 저작권법에 의하여 보호를 받는 저작물이므로 무단전재와 복제를 금합니다.

사회복지실천(사회복지실천론)

1. 사회복지실천에 관한 설명으로 옳지 않은 것은?
   ① 궁극적인 목적은 인간의 삶의 질 향상에 있다.
   ② 개인의 문제는 개인의 차원에서 접근한다.
   ③ 과학적이고 체계적인 지식과 기술을 바탕으로 한다.
   ④ 사회정의를 추구하며 사회정책 개발에 기여한다.
   ⑤ 실천기술을 적절히 적용할 수 있는 예술성도 요구된다.

2. 그린우드(E. Greenwood)가 제시한 전문직의 속성 중 다음 설명과 관련된 것은?

   > 사회복지직은 전문직으로서 부여받는 권한을 갖게 되는데 이러한 특권이 잘못 사용되는 것
   > 을 방지하고 규제하기 위한 규정이 마련되어야 한다. 이러한 규정은 전문직 내에 구속력을
   > 갖게 된다.

   ① 사회적인 인가   ② 윤리강령
   ③ 전문직 문화   ④ 전문적인 권위
   ⑤ 체계적인 이론

3. 한국사회복지사 윤리강령에서 핵심가치인 인간 존엄성과 관련된 규정이 아닌 것은?
   ① 사회복지사는 클라이언트의 자율성을 존중하고, 자기결정을 지원한다.
   ② 사회복지사는 클라이언트가 역량을 강화하고, 자신과 환경을 변화시킬 수 있도록 지원한다.
   ③ 사회복지사는 모든 인간의 존엄, 자유, 평등을 위해 헌신해야 하며, 사회적 약자를 옹호하고
   대변하는 일을 주도해야 한다.
   ④ 사회복지사는 다양한 문화의 강점을 인식하고 존중하며, 문화적 역량을 바탕으로 사회복지를
   실천한다.
   ⑤ 사회복지사는 사회, 경제, 환경, 정치적 자원에 대한 평등한 접근과 공평한 분배가 이루어지도
   록 노력한다.

4. 레비(C. Levy)가 제시한 사회복지 전문직의 가치 중 수단우선 가치에 해당하는 것은?
① 기본적 욕구에 대한 존중
② 인간 존엄성에 대한 믿음
③ 클라이언트에 대한 비심판적 태도
④ 동등한 사회참여 기회 제공
⑤ 서비스 제공에 따른 성과

5. 인권에 관한 설명으로 옳지 않은 것은?
① 공동체 내에서 상호의존적 특성을 갖는 권리이다.
② 일부분씩 나누어 가질 수 없는 권리이다.
③ 기본적인 요건만 충족하면 성립되는 권리이다.
④ 자유권은 자유를 추구하는 시민적, 정치적 권리이다.
⑤ 평등권은 경제적, 사회적, 문화적 권리이다.

6. 사회복지실천의 역사에 관한 설명으로 옳지 않은 것은?
① 1920년대 진단주의 학파는 클라이언트의 과거에 초점을 두고 개별적으로 접근하였다.
② 1930년대에는 집단 사회복지실천이 사회복지 실천방법으로 인식되기 시작하였다.
③ 세계 대공황을 거치면서 사회환경적 문제를 인식한 기능주의 학파가 등장하였다.
④ 1950년대에는 개별사회복지실천, 집단사회복지실천, 지역사회조직 등 3대 방법론이 대두되었다.
⑤ 1970년대에는 역량강화모델, 과제중심모델 등 사회복지 실천모델에 대한 연구가 활발히 이루어졌다.

7. 기능주의(functionalism) 학파에서 강조한 내용으로 옳은 것은?
① 인간을 기계적 · 결정론적 관점에서 본다.
② 원조과정을 통해 클라이언트의 성장을 돕는다.
③ 사회환경에 대한 클라이언트의 적응력을 강화한다.
④ 클라이언트의 과거를 통해 현재의 행동을 분석한다.
⑤ 문제를 진단하여 치료계획을 세우고 실행한다.

8. 사회복지실천현장의 분류와 그 예로 옳지 않은 것은?
   ① 1차 현장 – 국공립 어린이집
   ② 2차 현장 – 교정시설
   ③ 이용시설 – 발달장애인지원센터
   ④ 생활시설 – 장애인 거주시설
   ⑤ 민간기관 – 사회복지공동모금회

9. 다문화 사회복지실천에 관한 설명으로 옳지 않은 것은?
   ① 사회복지사는 문화적 민감성을 기반으로 개입해야 한다.
   ② 사회복지사는 동화주의적 관점에서 클라이언트를 존중해야 한다.
   ③ 사회복지사는 문화적 상이성을 인정하고 수용할 수 있어야 한다.
   ④ 사회복지사는 문화적 역량을 키우기 위해 노력해야 한다.
   ⑤ 사회복지사는 자기인식을 통해 자신의 편견을 탐색해야 한다.

10. 역량강화모델에 관한 설명으로 옳지 않은 것은?
    ① 개인의 독특성을 인정한다.
    ② 지역사회 자원을 활용한다.
    ③ 사회구조적 차원의 개입을 포함한다.
    ④ 클라이언트를 수혜자로 규정한다.
    ⑤ 생태체계 관점을 기반으로 한다.

11. 통합적 접근이 등장하게 된 배경과 관련하여 옳지 않은 것은?
    ① 미시체계와 거시체계의 엄격한 구분에 따른 문제가 나타났다.
    ② 클라이언트의 문제에 대한 단선적 접근의 취약점이 드러났다.
    ③ 지나친 전문화에 따른 서비스 분절은 클라이언트의 불편을 초래했다.
    ④ 인간에 대한 총체적 접근 부재로 개인의 병리성에만 집중했다.
    ⑤ 인간중심 또는 환경중심으로 이분화된 접근의 필요성이 제기되었다.

12. **사례관리의 목적 및 목표로 옳은 것을 모두 고른 것은?**

> ㄱ. 서비스의 접근성 강화
> ㄴ. 통합적인 서비스 제공
> ㄷ. 서비스의 비용효과성 제고
> ㄹ. 클라이언트의 상호작용 능력 향상

① ㄱ, ㄹ   ② ㄴ, ㄷ

③ ㄱ, ㄴ, ㄹ   ④ ㄴ, ㄷ, ㄹ

⑤ ㄱ, ㄴ, ㄷ, ㄹ

13. **사례관리에 관한 설명으로 옳지 않은 것은?**
① 병리관점, 생태체계관점을 기반으로 한다.
② 지역사회 네트워크가 중요한 자원이 된다.
③ 변화하는 욕구에 맞춰 지속적으로 서비스를 제공한다.
④ 충분하고 연속성 있는 서비스 제공을 원칙으로 한다.
⑤ 환경 속 인간 관점에서 역량강화를 강조한다.

14. **사례관리자에 관한 설명으로 옳지 않은 것은?**
① 사례관리자는 소속된 기관에서 제공할 수 있는 서비스만 안내해야 한다.
② 사례관리자는 클라이언트의 권리확보를 위한 옹호활동을 수행할 수 있다.
③ 사례관리자는 클라이언트의 욕구에 맞추어 적절한 계획을 수립해야 한다.
④ 사례관리자는 클라이언트에게 서비스를 직접 제공하지 않을 수 있다.
⑤ 사례관리자는 개입과정을 점검하면서 목표달성 정도를 파악해야 한다.

15. 비스텍(Biestek)이 제시한 관계의 기본원칙과 클라이언트의 욕구에 관한 연결이 옳은 것을 모두 고른 것은?

> ㄱ. 개별화 – 자신의 문제에 공감적 반응을 얻고 싶은 욕구
> ㄴ. 비밀보장 – 자신의 비밀을 지켜주기를 바라는 욕구
> ㄷ. 비심판적 태도 – 자신의 잘잘못을 심판받고 싶지 않은 욕구
> ㄹ. 수용 – 가치있는 인간으로서 인정받고 싶은 욕구

① ㄱ, ㄹ   ② ㄴ, ㄷ
③ ㄱ, ㄴ, ㄹ   ④ ㄱ, ㄷ, ㄹ
⑤ ㄴ, ㄷ, ㄹ

16. 사회복지사와 클라이언트의 관계형성과 관련하여 옳지 않은 것은?
① 사회복지사는 초기 과정에서 클라이언트가 갖는 저항감을 낮추기 위해 충분한 정서적 지지를 제공해야 한다.
② 사회복지사는 자신의 감정, 의도 등을 적절히 숨김으로써 클라이언트의 신뢰를 얻을 수 있도록 해야 한다.
③ 사회복지사는 클라이언트와의 관계형성에 있어 갈등적 상황이 발생할 수 있음을 인식해야 한다.
④ 사회복지사가 클라이언트의 이상행동을 수용하기 위해서는 인간행동에 관한 지식을 갖추어야 한다.
⑤ 사회복지사가 클라이언트에 대해 공감하기 위해서는 있는 그대로 이해하려는 자세가 준비되어야 한다.

17. 사회복지실천에서 전문적 원조관계의 특징으로 옳지 않은 것은?
① 사회복지사가 소속된 기관의 특징에 영향을 받는다.
② 계약에 따라 시간제한적으로 이루어지는 관계이다.
③ 사회복지사가 갖는 권위에서 비롯된 통제적 관계이다.
④ 클라이언트와 사회복지사 간에 합의된 목적을 따른다.
⑤ 클라이언트의 이익과 욕구충족을 위해 헌신한다.

18. 면접에서의 관찰에 관한 설명으로 옳지 않은 것은?

① 클라이언트가 보이는 비언어적 표현이 습관적인 것이더라도 그 표현에 담긴 의미를 살펴야 한다.

② 클라이언트가 자주 사용하는 단어들을 통해 클라이언트가 문제를 대하는 태도나 성격 등을 파악하도록 한다.

③ 클라이언트가 화제를 돌리려고 할 때에는 그 주제를 회피하기 위한 것인지를 생각해봐야 한다.

④ 클라이언트가 특정 내용을 반복적으로 언급할 때에는 다른 이야기가 진행될 수 있도록 해야 한다.

⑤ 클라이언트 진술의 불일치나 실수 속에 감추어진 의미를 관찰하며 듣는다.

19. 사회복지실천 과정에서 면접에 관한 설명으로 옳지 않은 것은?

① 사회복지사와 클라이언트는 계약된 관계이며, 면접 역시 계약에 근거하여 한정적으로 이루어진다.

② 클라이언트에 대한 심층적인 이해를 위해서는 구조화된 면접보다 비구조화된 면접을 실시한다.

③ 초기 면담에서는 클라이언트의 말, 행동, 감정 등을 명확히 해석하는 것이 주요 과제이다.

④ 직접질문이 계속되면 질문공세를 받는다는 기분이 들 수 있기 때문에 간접질문도 함께 활용하면 좋다.

⑤ 면접 과정에서의 경청은 클라이언트의 말을 단순히 듣는 것이 아닌 사고와 감정을 이해하려는 활동이다.

20. 접수단계에서 사회복지사의 과제로 옳지 않은 것은?

① 클라이언트와의 관계 형성

② 클라이언트의 양가감정 수용

③ 클라이언트의 표면적 문제 확인

④ 클라이언트에 대한 개입목표 설정

⑤ 클라이언트의 적극적 참여 유도

21. 다음 중 클라이언트에 대한 자료로 볼 수 있는 것을 모두 고른 것은?

> ㄱ. 클라이언트와 가족 간 대화방식에 대한 직접적 관찰 결과
> ㄴ. 클라이언트와의 직접적인 상호작용을 통한 사회복지사의 경험
> ㄷ. 클라이언트가 접수 시 작성했던 초기면접지의 내용
> ㄹ. 클라이언트가 겪어온 생애주기별 주요 경험에 대한 진술

① ㄱ, ㄹ   ② ㄴ, ㄷ
③ ㄱ, ㄷ, ㄹ   ④ ㄴ, ㄷ, ㄹ
⑤ ㄱ, ㄴ, ㄷ, ㄹ

22. 가계도를 통해 알 수 있는 정보가 아닌 것은?
① 연령, 학력, 직업 등 인적 사항
② 결혼, 이혼, 질병, 사망 등 생활사건
③ 가족성원 사이의 관계적 특징
④ 가족과 환경체계 사이의 상호작용
⑤ 반복되어 나타나는 유전적 특징

23. 사정에 관한 설명으로 옳지 않은 것은?
① 클라이언트를 완전히 이해하기 위한 과정이다.
② 사정과정에서도 개별화의 원칙이 적용되어야 한다.
③ 수직적 탐색과 수평적 탐색이 모두 진행된다.
④ 사회복지사의 전문적 지식이 요구된다.
⑤ 개입 이후에도 사정을 다시 실시할 수 있다.

24. 개입기법에 관한 설명으로 옳은 것은?

① 재보증: 클라이언트가 자신의 능력에 대한 불안감을 호소할 때 행동적 접근으로서 실시한다.

② 초점화: 클라이언트의 진술이 주제에서 벗어나 산만해질 때 사고과정을 명확히 하도록 실시한다.

③ 일반화: 클라이언트의 문제는 누구나 겪을 수 없는 특별한 것임을 인식하도록 실시한다.

④ 모델링: 클라이언트가 타인의 행동을 보고 따라함으로써 정서적 안정을 갖도록 실시한다.

⑤ 재명명: 클라이언트가 문제를 지나치게 긍정적으로 볼 때 다양한 관점을 제시하기 위해 실시한다.

25. 각 과정별 과업으로 옳은 것을 모두 고른 것은?

> ㄱ. 접수단계: 초기면접지 작성 및 심리검사 분석
> ㄴ. 사정단계: 클라이언트의 사회적 지지체계 개발
> ㄷ. 계획단계: SMART 기준에 따른 목표설정
> ㄹ. 평가단계: 서비스의 효율성, 효과성 등에 관한 평가

① ㄱ, ㄴ   ② ㄴ, ㄷ

③ ㄷ, ㄹ   ④ ㄱ, ㄴ, ㄹ

⑤ ㄴ, ㄷ, ㄹ

26. 사회복지실천기술 중 다음에서 설명하고 있는 개입기술을 모두 제시한 것은?

> 클라이언트가 주변 인물에 대해 이야기할 때 사랑과 미움이 혼란스럽게 뒤섞여있는 경우가 있다. 이때 사회복지사는 클라이언트가 그에 대해 느끼는 감정의 갈등을 사회복지사의 언어로 표현함으로써 클라이언트가 자신의 감정을 인식할 수 있도록 도울 수 있다.

① 명료화, 환원   ② 명료화, 초점화

③ 초점화, 환원   ④ 초점화, 직면

⑤ 해석, 재명명

27. 정신역동모델에 관한 설명으로 옳지 않은 것은?
① 자유연상을 통해 명시몽 속에서 잠재몽의 내용을 추출해 내야 한다.
② 치료 상황에서는 클라이언트의 전이 반응을 의도적으로 유도하기도 한다.
③ 꿈을 분석함으로써 클라이언트가 미처 의식하지 못한 욕구를 알 수 있다.
④ 훈습은 장기간에 걸쳐 클라이언트의 문제해결 능력을 향상시켜 나간다.
⑤ 자유연상 기법의 효과를 극대화하기 위한 필수요소는 초점화 기술이다.

28. 심리사회모델에서 활용되는 개입기법으로 옳은 것을 모두 고른 것은?

> ㄱ. 클라이언트의 인지왜곡에 대한 수정
> ㄴ. 클라이언트의 행동기술에 대한 제안
> ㄷ. 클라이언트의 불안감에 대한 재보증
> ㄹ. 클라이언트의 인적, 물적 자원 확보

① ㄱ, ㄹ   ② ㄴ, ㄷ

③ ㄱ, ㄴ, ㄹ   ④ ㄴ, ㄷ, ㄹ

⑤ ㄱ, ㄴ, ㄷ, ㄹ

29. 인지행동모델에 관한 설명으로 옳은 것은?
   ① 과거중심적 접근이다.
   ② 간접적인 접근이다.
   ③ 비구조화된 접근이다.
   ④ 교육적 접근이다.
   ⑤ 장기적 접근이다.

30. 인지행동모델의 개입기법에 관한 설명으로 옳지 않은 것은?
   ① 경험적 학습: 클라이언트가 자신의 생각에 부합하지 않는 행동을 시도해보도록 하는 방식이다.
   ② 체계적 둔감법: 다른 사람의 행동을 따라해보면서 새로운 학습을 점차적으로 학습해간다.
   ③ 내적 의사소통의 명료화: 클라이언트는 독백하는 과정에서 자신의 인지적 오류를 통찰할 수 있다.
   ④ 사회기술훈련: 문제가 발생하는 상황을 구체적으로 확인하고 역할극을 통해 반복적인 연습을 시행한다.
   ⑤ 역설적 의도: 클라이언트가 염려하는 특정 행동을 더욱 강화함으로써 조절력을 갖게 한다.

31. 행동수정모델에 관한 설명으로 옳지 않은 것은?
   ① 구체적인 문제행동에 초점을 둔다.
   ② 행동변화는 학습을 통해 이루어진다.
   ③ 처벌받는 행동의 발생빈도는 감소한다.
   ④ 간헐적으로 강화된 행동은 소거가 어렵다.
   ⑤ 심리 내적 동기를 분석하여 원인을 찾는다.

32. 사회복지실천모델에 관한 설명으로 옳은 것을 모두 고른 것은?

   ㄱ. 정신역동모델은 해석을 통해 클라이언트의 역량을 강화시킬 수 있다고 본다.
   ㄴ. 인지행동모델은 클라이언트의 생각이 바뀌면 역기능이 해소될 수 있다고 본다.
   ㄷ. 역량강화모델은 클라이언트를 치료와 보호가 필요한 개입의 객체로 정의한다.
   ㄹ. 과제중심모델은 클라이언트의 문제를 자원 혹은 기술의 부족으로 이해한다.

   ① ㄱ, ㄷ   ② ㄴ, ㄹ
   ③ ㄱ, ㄴ, ㄷ   ④ ㄴ, ㄷ, ㄹ
   ⑤ ㄱ, ㄴ, ㄷ, ㄹ

33. 역량강화모델에서 대화단계의 과업에 해당하는 것을 모두 고른 것은?

ㄱ. 현재 상황의 명확화	ㄴ. 문제해결을 위한 방향 설정
ㄷ. 변화를 위한 계약	ㄹ. 클라이언트의 강점 탐색
ㅁ. 동반자 관계 형성	ㅂ. 구체적인 해결방안 수립

① ㄱ, ㄴ, ㅁ   ② ㄱ, ㄷ, ㅂ

③ ㄴ, ㄷ, ㄹ   ④ ㄱ, ㄴ, ㄹ, ㅂ

⑤ ㄴ, ㄷ, ㄹ, ㅁ

34. 위기개입모델에 관한 설명으로 옳지 않은 것은?
① 시간제한적인 개입으로 진행된다.
② 균형상태의 회복을 목표로 한다.
③ 사회적 위험이 발생했을 때 개입한다.
④ 절망하는 클라이언트에게 희망을 고취한다.
⑤ 사회복지사의 역할은 행동기술에 초점을 둔다.

35. 가족에 대한 설명으로 옳지 않은 것은?
① 위기가족에 개입할 때 가족의 항상성이 나타날 수 있다.
② 부적 환류는 가족에게 새로운 평형상태를 가져올 수 있다.
③ 기능적인 가족일수록 문제해결력이 높다고 볼 수 있다.
④ 순환적 인과관계를 통해 가족문제의 연쇄고리를 파악할 수 있다.
⑤ 가족생활주기를 통해 가족이 경험하게 될 위기를 예측할 수 있다.

36. 가족사정에 있어 가족조각을 통해 알 수 없는 것은?
① 가족에 대한 구성원의 인식
② 가족의 독특한 규칙
③ 가족 내 하위체계 구성 양상
④ 가족의 의사소통 방식
⑤ 가족원들 간 접촉 빈도

37. 다세대 가족치료에 관한 설명으로 옳지 않은 것은?

① 가족의 정서적 문제는 세대를 거쳐 대를 이어 전수될 수 있다.

② 가족투사과정을 통해 자녀는 부모에 대한 의존이 커질 수 있다.

③ 자아분화가 낮은 사람을 중심으로 삼각관계가 형성될 가능성이 높다.

④ 세대 간 정서적 융합이 심할수록 정서적 단절의 가능성은 낮아진다.

⑤ 원가족에서 해소되지 못한 불안은 새로운 가족에게 투사될 수 있다.

38. 구조적 가족치료에 관한 설명으로 옳지 않은 것은?

① 사회복지사는 가족 사이에서 중립적인 입장을 고수해야 한다.

② 가족구조의 불균형으로 인해 가족문제가 발생한다고 본다.

③ 가족구성원 간의 규칙 및 역할을 재조정하는 데에 초점을 둔다.

④ 합류하기를 통해 변화에 대한 가족의 저항감을 낮출 수 있다.

⑤ 개인의 증상을 다룸으로써 가족의 변화를 이끌 수 있다.

39. 다음 사례에 적절한 가족치료모델은?

> 가족상담을 진행하기로 하면서 온가족이 함께 모일 수 있는 시간을 맞추기로 했다. 이 과정에서 어머니는 아버지든 아이들이든 모든 사람의 의견에 동의만 하였다. 이로 인해 의견이 다른 아이들은 큰 소리를 내기 시작했다. 아버지는 아이들의 의견을 모두 무시한 채 상담일정을 결정하였다.

① 전략적 가족치료   ② 구조적 가족치료

③ 경험적 가족치료   ④ 다세대 가족치료

⑤ 해결중심 가족치료

40. 전략적 가족치료에 있어 역설적 지시에 관한 설명으로 옳지 않은 것은?
① 치료적 이중구속 상황을 활용한 기법이다.
② 문제에 대해 긍정적인 시각을 제시해준다.
③ 변화에 대한 반발심을 치료에 이용한다.
④ 변화의 속도를 통제하는 방법을 사용한다.
⑤ 더 힘든 체험을 통해 스스로 포기하게 된다.

41. 해결중심 가족치료에 관한 설명으로 옳지 않은 것은?
① 클라이언트가 제시한 문제 외의 것을 찾는다.
② 클라이언트에 대한 알지 못함의 자세를 강조한다.
③ 파문효과를 통해 가족문제가 해결될 수 있다.
④ 문제는 반복적으로 잘못 다룬 것에 있다.
⑤ 낙관적인 관점이 강요된다는 비판을 받는다.

42. 가족치료모델의 개입목표로 옳지 않은 것은?
① 구조적 가족치료: 가족구조의 재구조화
② 다세대 가족치료: 자아분화의 촉진
③ 경험적 가족치료: 하위체계 간 경계 만들기
④ 전략적 가족치료: 메타 커뮤니케이션의 개선
⑤ 해결중심 가족치료: 행동적 해결책 제시

43. 토스랜드와 리바스(Toseland & Rivas)의 집단유형 중 성장집단에 관한 설명으로 옳지 않은 것은?
① 치료집단(treatment group)의 한 가지 유형이다.
② 사회적 기술의 향상을 원조하는 데에 일차적 목적이 있다.
③ 클라이언트의 자기개방 정도가 비교적 높게 나타난다.
④ 성원 간 공감을 위해서는 동질성이 높은 성원으로 구성한다.
⑤ 참만남집단, 감수성훈련집단, 퇴직준비집단 등이 있다.

44. 집단응집력에 관한 설명으로 옳지 않은 것은?
    ① 성원들이 갖는 소속감 및 정서적 유대감을 의미한다.
    ② 집단의 규모가 클수록 집단응집력은 낮을 수 있다.
    ③ 목표달성을 위해서는 집단응집력을 강화하는 것이 유리하다.
    ④ 집단응집력이 강할수록 성원 간 갈등이 발생하지 않는다.
    ⑤ 하위체계의 형성이 집단응집력을 높일 수 있다.

45. 집단의 치료적 효과 중 다음에 해당하는 것은?

> 클라이언트 A씨(25세)는 그동안 자신이 꿈이 없다고 생각했는데 집단과정에서 이야기를 나누면서 자신이 꿈이 없는 것이 아니라 자신의 꿈을 이야기할 용기가 없었다는 것을 알게 되었다고 했다. 부모님의 기대에 부응하고 동생들에게 모범이 되지 않아도 괜찮다는 생각에 마음이 편해졌고, 이제는 자신의 꿈을 위해 새로운 출발을 하겠다는 포부를 밝혔다.

    ① 보편성   ② 1차 가족집단의 교정적 재현
    ③ 카타르시스   ④ 이타심
    ⑤ 대인관계 학습

46. 집단사회복지실천을 계획함에 있어 고려할 사항으로 옳지 않은 것은?
    ① 장소를 선정할 때에는 집단활동의 특징을 고려해야 한다.
    ② 아동집단의 회기당 시간은 아동들의 집중력을 고려해야 한다.
    ③ 집단의 목적에 따라 동질성과 이질성의 균형을 고려해야 한다.
    ④ 집단활동의 기간은 목표의 달성가능성을 고려해야 한다.
    ⑤ 집단의 크기를 결정할 때에는 성원들의 의견을 고려해야 한다.

47. 소시오그램을 통해 파악할 수 있는 것을 모두 고른 것은?

| ㄱ. 대인관계 기술의 변화 양상 | ㄴ. 성원들 간 친밀감의 방향 |
| ㄷ. 집단 내에 형성된 삼각관계 | ㄹ. 하위집단의 형성 여부 |

① ㄱ, ㄹ   ② ㄴ, ㄷ

③ ㄱ, ㄴ, ㄹ   ④ ㄴ, ㄷ, ㄹ

⑤ ㄱ, ㄴ, ㄷ, ㄹ

48. 집단 종결단계의 과업으로 옳지 않은 것은?
  ① 의뢰의 필요성 확인
  ② 종결에 대한 양가감정 수용
  ③ 변화에 대한 모니터링
  ④ 목표달성에 대한 평가
  ⑤ 집단에 대한 의존성 감소

49. 과정기록에 관한 설명으로 옳지 않은 것은?
  ① 교육 및 훈련을 위한 자료로 유용하다.
  ② 목표 및 개입활동을 중심으로 간략히 작성한다.
  ③ 작성에 소요되는 시간과 비용이 비효율적이다.
  ④ 기록 내용을 보완하기 위해 녹음하기도 한다.
  ⑤ 간접 인용방식으로 기술할 수도 있다.

50. 단일사례설계에 관한 설명으로 옳은 것은?
  ① 다수의 클라이언트에 적용할 수 있다.
  ② 가설 검증에 주된 목적이 있다.
  ③ 실험집단과 통제집단을 구분한다.
  ④ 기초선은 반드시 개입 이전에 측정한다.
  ⑤ 개입과 개입철회를 반복해서는 안 된다.

51. 길버트와 스펙트(Gilbert & Specht)가 제시한 지역사회의 기능에 관한 설명으로 옳지 않은 것은?

① 자기실현의 기능: 지역사회의 자원을 활용해 지역주민의 삶의 질을 향상한다.

② 사회통합의 기능: 지역사회 내 구성원들의 상호 간 협력, 결속력 등을 강조한다.

③ 상부상조의 기능: 지역사회는 구성원들이 서로 도움을 주고받으며 욕구를 충족한다.

④ 사회통제의 기능: 지역사회를 유지하는 법, 제도, 도덕, 규칙 등에 순응하게 한다.

⑤ 사회화의 기능: 지역사회가 향유하는 지식, 사회적 가치 등을 구성원들에게 전달한다.

52. 지역사회에 관한 설명으로 옳지 않은 것은?

① 인터넷에서 이루어지는 가상공동체 역시 새로운 형태의 지역사회이다.

② 이익집단들 사이에 갈등 요소가 없는 지역사회가 좋은 지역사회이다.

③ 지역사회는 산업화를 겪으면서 공동사회에서 이익사회로 변화하였다.

④ 지역사회는 상호유대감, 공통된 문화 및 가치 등을 토대로 형성된다.

⑤ 지역사회가 역량을 갖추기 위해서는 지역주민의 협력이 요구된다.

53. 지역사회복지 이념에 관한 설명으로 옳지 않은 것은?

① 탈시설화는 대규모 수용시설의 폐쇄성에 대한 비판으로 제기되었다.

② 주민참여는 지역사회 구성원의 주체성 및 공동체 의식을 강조한다.

③ 네트워크는 지역사회 내 서비스 공급자 사이의 연계망 구축을 의미한다.

④ 사회통합은 지역사회 내에 존재하는 계층적 차이와 갈등해결에 초점을 둔다.

⑤ 정상화는 공공 사회서비스 기관의 투명한 행정에 대한 국민적 요구이다.

54. 지역사회복지실천의 원칙 및 가치로 옳은 것은?

① 클라이언트는 문제를 경험하고 있는 개별 지역주민이다.

② 소수의 문제와 의견을 배제하여 사업의 효율화를 추구한다.

③ 지역주민의 적극적인 참여로 지역사회의 역량이 강화된다.

④ 지역사회복지의 대표자는 지역사회복지 실천가가 된다.

⑤ 실천가는 교육가로서 지역주민은 학습자로서 관계를 형성한다.

55. 새마을운동에 관한 설명으로 옳지 않은 것은?

① 농촌에서 생활환경개선운동으로 시작되었다.

② 정부의 주도로 이루어진 지역사회개발이었다.

③ 1980년대에는 도시 사업으로 확대되었다.

④ 근면 · 자조 · 협동을 주요 정신으로 한다.

⑤ 매년 4월 22일은 정부지정 새마을의 날이다.

56. 지역사회복지의 발달에 관한 설명으로 옳은 것은?

① 1800년대 후반 영국에서는 미국식 사회복지 발달의 영향을 받아 인보관운동이 시작되었다.

② 1869년 영국의 자선조직협회는 사회진화론, 급진주의, 계몽주의 등을 바탕으로 하였다.

③ 1951년 한국에서는 최초의 사회복지관 건립으로 외국기관들의 활동이 활발히 전개되었다.

④ 1960년대 미국의 반전운동, 여권운동 등의 시민운동은 지역사회조직의 발달로 이어졌다.

⑤ 1980년대 미국은 신보수주의적 정책을 추진하며 사회복지 부문의 국가 책임을 강조하였다.

57. 기능주의적 관점에 관한 설명으로 옳지 않은 것은?

① 지역사회를 하나의 체계로 본다.

② 지역사회의 변화와 개혁을 강조한다.

③ 지역사회 내 갈등을 설명하지 못한다.

④ 지역사회 내 각 부문은 상호의존적이다.

⑤ 사회변화는 점진적으로 이루어진다.

58. 지역사회복지 이론에 관한 설명으로 옳지 않은 것은?

① 다원주의이론: 사회는 경쟁에서 우위를 점한 집단에 의해 운영된다.

② 자원동원이론: 사회운동의 성패는 자원의 유무에 따라 결정된다.

③ 권력의존이론: 자원의 크기에 따라 조직 간 권력관계가 결정된다.

④ 생태이론: 경쟁, 집중화, 분리 등의 개념으로 사회의 변천과정을 설명한다.

⑤ 교환이론: 사회문제는 교환관계의 단절 및 불균형 등으로 일어난다.

59. 로스만(Rothman)의 사회행동모델에 관한 설명으로 옳은 것을 모두 고른 것은?

> ㄱ. 지역사회에는 권력의 위계가 존재한다는 전제를 갖는다.
> ㄴ. 변화를 위한 전술로 갈등과 대결을 활용한다.
> ㄷ. 과업의 성취보다는 과정중심 목표에 중점을 둔다.
> ㄹ. 사회복지사는 옹호자, 행동가로서의 역할을 수행한다.

① ㄱ, ㄹ   ② ㄴ, ㄷ

③ ㄱ, ㄴ, ㄹ   ④ ㄴ, ㄷ, ㄹ

⑤ ㄱ, ㄴ, ㄷ, ㄹ

60. 다음과 관련된 지역사회복지 실천모델은?

> 사회복지관의 지역조직팀에서 활동하고 있는 사회복지사 A씨는 65세 이상 70세 이하의 지역주민으로 구성된 자원봉사 동호회의 요청으로 만남을 가졌다. 은퇴 후 나눔을 실천하며 초고령사회에서 자신들이 도울 수 있는 어르신들을 돕고 싶다는 모임의 취지를 전하며, 도움이 필요하신 어르신들과의 연계 및 자원봉사활동에 필요한 지원 등에 관한 이야기를 나누었다.

① 웨일과 갬블(Weil & Gamble)의 지역사회의 사회 · 경제개발모델

② 로스만(Rothman)의 지역개발 및 사회행동 모델

③ 로스만(Rothman)의 사회계획모델

④ 포플(Popple)의 지역사회보호모델

⑤ 테일러와 로버츠(Taylor & Roberts)의 프로그램 개발 및 조정 모델

61. 지역사회복지 실천과정에서 다음 중 가장 나중에 수행해야 할 과업은?
    ① 구체적인 문제와 관련하여 포럼을 진행한다.
    ② 다양한 지역사회 문제 중 우선순위를 선정한다.
    ③ 문제의 원인 및 지속된 요인을 분석한다.
    ④ 문제를 둘러싼 다양한 지형을 살펴본다.
    ⑤ 지역사회에 잠재되어 있는 문제를 파악한다.

62. 지역사회복지실천에서 문제확인 단계에 관한 설명으로 옳은 것은?
    ① 계획수립에 앞서 사정의 결과를 다시 확인하는 과정이다.
    ② 지역주민 중 피해집단, 불이익집단에 집중하여 문제를 살펴본다.
    ③ 문제를 목표로 연결할 때에는 목표는 축소될 수 없음을 고려해야 한다.
    ④ 지역사회 문제해결을 위해 필요한 예산을 수립하고 확보해야 한다.
    ⑤ 지역사회 내 변화가 필요한 표적집단의 범위를 가늠해본다.

63. 지역사회복지 역량강화를 위한 방법에 해당하지 않는 것은?
    ① 지역사회 옹호하기
    ② 자기 목소리 내기
    ③ 비판의식 고양하기
    ④ 공공의제 만들기
    ⑤ 사회자본 창출 원조하기

64. 조직화 기술에 관한 설명으로 옳지 않은 것은?
    ① 조직화의 주체는 일부 주민이 아닌 지역사회 전체이다.
    ② 소속감과 연대감을 바탕으로 주민들의 참여를 유도한다.
    ③ 시작단계에서는 시급한 쟁점을 중심으로 조직화한다.
    ④ 정서적 활동을 배제하고 과업의 달성에 초점을 둔다.
    ⑤ 사회복지사는 조직가로서 주민들의 활동을 촉진한다.

65. 네트워크 기술에 해당하지 않는 것은?

① 네트워크를 통해 사회자본을 확장할 수 있다.

② 지역사회의 자원을 효율적으로 활용할 수 있다.

③ 서비스의 중복 및 누락 문제를 해결할 수 있다.

④ 주민의 권리보장을 위한 사회행동을 진행할 수 있다.

⑤ 이용자 중심의 통합적 서비스를 제공할 수 있다.

66. 자원동원 기술에 관한 설명으로 옳지 않은 것은?

① DM, 인터넷, 공익연계마케팅 등 다양한 방법을 활용한다.

② 지역주민의 욕구충족을 위해 자원을 확보는 수단이다.

③ 개별 접촉이 아닌 조직 간에 이루어지는 공식적 활동이다.

④ 자아실현 욕구를 자극하는 것은 자원동원의 전략이 된다.

⑤ 동일한 자원을 두고 다른 조직과 경쟁하게 될 수 있다.

67. 다음 사례에서 사회복지사의 역할로 옳은 것을 모두 고른 것은?

A마을은 언덕에 조성되어 있어 경사가 심한 골목들이 있다. A복지관의 사회복지사는 비나 눈이 오는 날 통행에 어려움을 느끼는 주민모임의 결성을 돕고 의견교환이 이루어질 수 있도록 하였다. 한편, 해당 지역의 군수를 만나 통행로의 보수 및 변경, 새로운 통행로의 개발 등에 대한 주민의 의견을 전달하였다.

ㄱ. 중재자　　　　　　　　ㄴ. 옹호자
ㄷ. 중개자　　　　　　　　ㄹ. 조력가

① ㄱ, ㄷ　　　　　　　　② ㄴ, ㄹ

③ ㄱ, ㄴ, ㄹ　　　　　　④ ㄴ, ㄷ, ㄹ

⑤ ㄱ, ㄴ, ㄷ, ㄹ

68. 지역사회보장계획에 관한 설명으로 옳지 않은 것은?

① 지역성, 과학성, 자율성, 참여성 등이 강조된다.

② 사회보장에 관한 기본계획과 연계되도록 해야 한다.

③ 시·군·구 및 시·도 지역사회보장계획은 4년마다 수립한다.

④ 시·도 지역사회보장계획은 시·도사회보장위원회의 심의를 거친다.

⑤ 연차별 시행계획은 읍·면·동 지역사회보장협의체에서 수립한다.

69. 시·군·구 지역사회보장협의체의 심의·자문 사항으로 옳지 않은 것은?

① 시·군·구의 사회보장 추진에 관한 사항

② 시·군·구의 사회보장급여 제공에 관한 사항

③ 시·군·구의 지역사회보장조사 및 지역사회보장지표에 관한 사항

④ 시·도의 지역사회보장계획 수립·시행 및 평가에 관한 사항

⑤ 읍·면·동 지역사회보장협의체의 구성 및 운영에 관한 사항

70. 최근 우리나라 지역사회복지의 동향으로 거리가 먼 것은?

① 주민참여의 강조

② 민·관 협력의 축소

③ 실천 주체의 다양화

④ 통합 사례관리 확대

⑤ 보건과 복지의 연계

71. 사회복지관의 우선 사업대상으로 옳은 것을 모두 고른 것은?

ㄱ. 한부모가정	ㄴ. 취업 알선이 필요한 주민
ㄷ. 다문화가정	ㄹ. 보호가 필요한 청소년

① ㄱ, ㄹ   ② ㄴ, ㄷ
③ ㄱ, ㄴ, ㄹ   ④ ㄴ, ㄷ, ㄹ
⑤ ㄱ, ㄴ, ㄷ, ㄹ

72. 다음과 관련된 사회복지관의 기능은?

> 사회복지관은 지역사회보호를 위해 급식서비스, 보건의료서비스, 경제적 지원, 일상생활 지원, 정서서비스, 일시보호서비스, 재가복지봉사서비스 등에 관한 사업을 진행한다.

① 사례관리 기능   ② 지역조직화 기능
③ 서비스 제공 기능   ④ 역량강화 기능
⑤ 지역사회개발 기능

73. 사회적 경제 주체에 관한 설명으로 옳지 않은 것은?
① 지역자활센터는 기초수급자 및 차상위계층의 자활을 촉진한다.
② 사회적 기업은 영리기업과 비영리기업의 중간 형태를 띤다.
③ 마을기업은 지역사회의 이익을 실현하기 위한 목적을 갖는다.
④ 협동조합은 조합원 자격을 가진 자가 5인 이상이어야 한다.
⑤ 사회적협동조합은 영리법인 또는 비영리법인으로서 설립된다.

74. 사회복지공동모금에 관한 설명으로 옳지 않은 것은?

① 사회복지공동모금회법에 따라 운용된다.

② 기업이나 단체뿐만 아니라 개인모금도 진행된다.

③ 기부자는 기부금의 사용용도를 지정할 수 없다.

④ 정치적, 종교적 목적의 활동에는 배분하지 않는다.

⑤ 보건복지부 장관의 승인으로 복권을 발행한다.

75. 지역사회복지운동에 관한 설명으로 옳지 않은 것은?

① 복지권리의식과 시민의식을 고양하는 데 관심을 둔다.

② 복지자원의 확충을 위해 지역사회 네트워크를 활성화한다.

③ 주된 관심사는 주민의 삶의 질과 관련된 생활영역에 있다.

④ 주체는 지역사회에서 문제를 겪고 있는 일부 주민이다.

⑤ 지역사회의 공동체 형성 및 역량강화를 목표로 한다.

2025년도 제23회 사회복지사1급 국가시험 대비
FINAL 모의고사 2회

교 시	문제형별	시 간	시험과목 및 시험영역
3교시	A	75분	**사회복지정책과 제도** ① 사회복지정책론 ② 사회복지행정론 ③ 사회복지법제론

수험번호		성 명	

【 수험자 유의사항 】

1. 시험문제지는 **단일 형별(A형)**이며, 답안카드 형별 기재란에 표시된 형별(A형)을 확인하시기 바랍니다. 시험문제지의 **총면수, 문제번호 일련순서, 인쇄상태** 등을 확인하시고, 문제지 표지에 수험번호와 성명을 기재하시기 바랍니다.

2. 답은 각 문제마다 요구하는 **가장 적합하거나 가까운 답 1개**만 선택하고, 답안카드 작성 시 시험문제지 **마킹착오**로 인한 불이익은 전적으로 **수험자에게 책임**이 있음을 알려 드립니다.

3. 답안카드는 국가전문자격 공통 표준형으로 문제번호가 1번부터 125번까지 인쇄되어 있습니다. 답안 마킹 시에는 반드시 **시험문제지의 문제번호와 동일한 번호**에 마킹하여야 합니다.

4. **감독위원의 지시에 불응하거나 시험기간 종료 후 답안카드를 제출하지 않을 경우** 불이익이 발생할 수 있음을 알려 드립니다.

5. 시험문제지는 시험 종료 후 가져가시기 바랍니다.

사회복지 전문출판 **나눔의집**

해당 모의고사는 저작권법에 의하여 보호를 받는 저작물이므로 무단전재와 복제를 금합니다.

사회복지정책과 제도(사회복지정책론)

1. 공평의 가치를 반영한 것으로 옳은 것을 모두 고른 것은?

> ㄱ. 드림스타트(Dream Start) 프로그램
> ㄴ. 사회보험 보험수리 원칙
> ㄷ. 적극적 차별시정조치(Affirmative Action)
> ㄹ. 열등처우의 원칙

① ㄱ, ㄴ   ② ㄷ, ㄹ
③ ㄴ, ㄹ   ④ ㄱ, ㄷ
⑤ ㄱ, ㄴ, ㄷ, ㄹ

2. 사회복지정책의 경제적 효과에 대한 설명으로 옳지 않은 것은?
① 사회복지정책은 자동안정화 기능과 자본축적 기능에 부정적 영향을 미쳐 경제성장을 저해한다.
② 공적 연금이 미래자산으로 인식되어 자발적 저축을 감소시키는 효과가 발생할 수도 있다.
③ 국민들의 투자동기 및 근로동기를 약화시킬 수 있다는 비판이 제기되기도 한다.
④ 우리나라처럼 적립방식으로 운용되는 공적 연금은 자본축적의 효과가 발생한다.
⑤ 자본주의 사회의 경기 변동에 상관없이 국민들의 유효수요를 일정하게 유지할 수 있다.

3. 베버리지 보고서(Beveridge Report)에 관한 설명으로 옳지 않은 것은?
① 영국의 사회문제를 5대악, 즉 궁핍, 질병, 무지, 불결, 나태로 규정하였다.
② 사회보험의 성공을 위한 전제로서 완전고용, 포괄적 보건의료서비스, 가족(아동)수당의 필요성을 강조했다.
③ 전 국민을 사회보험의 대상으로 포괄하였다.
④ 동일한 액수의 보험료를 부담하지만, 급여는 사회경제적 수준에 따라 차등 지급하였다.
⑤ 행정을 통합화하여 사회보험의 체계를 통일하고 운영의 낭비를 최소화하였다.

4. 사회복지정책의 역사에 관한 설명으로 옳지 않은 것은?

① 1883년 제정된 독일의 질병보험은 세계 최초의 사회보험이다.

② 1795년 제정된 영국의 스핀햄랜드법은 빈민에 대한 처우 개선을 위해 임금보조를 시행하였다.

③ 1935년 미국의 사회보장법은 최초로 사회보장(Social Security)이라는 용어를 공식화했다.

④ 미국의 루즈벨트는 뉴딜정책을 발표하면서 자유방임주의를 주장하였다.

⑤ 1884년 독일의 산재보험은 사용자만의 보험료 부담으로 운영되었다.

5. 사회복지제도의 발달 관련 이론에 관한 설명으로 옳지 않은 것은?

① 시민권론은 공민권(civil right) → 정치권(political right) → 사회권(social right)으로 발전한다고 본다.

② 권력자원이론은 노동조합의 중앙집중화 정도, 노동자 정당의 영향력 등을 복지국가 발전의 중요 변수들로 제시한다.

③ 산업화이론은 이데올로기나 정치적 변수의 역할을 중요하게 고려하지 않았다는 비판을 받았다.

④ 엘리트이론은 엘리트들이 정책을 결정할 때 실질적으로 자신들의 선호나 가치에 따라 결정한다고 본다.

⑤ 종속이론은 서로 지리상으로 인접한 국가나 긴밀한 관계에 있는 국가 간에 정책이 확산되어 간다는 이론이다.

6. 에스핑-앤더슨(G. Esping-Anderson)의 복지국가 유형 중 사회민주주의적 복지국가에 관한 설명으로 옳은 것은?

① 복지의 재분배적 기능이 매우 미약하다.

② 탈상품화 효과를 기대하기 어렵다.

③ 계층화를 완화하기 위한 정책을 실시한다.

④ 소득조사에 따른 공공부조 제도에 초점을 둔다.

⑤ 남성생계부양자 모형에 속한다.

7. 케인즈(J. M Keynes) 주의에 관한 내용으로 옳은 것을 모두 고른 것은?

ㄱ. 사회복지지출은 소비수요 증대를 통한 완전고용 및 경제성장 달성을 저해한다.

ㄴ. 국가가 적극적으로 경제에 개입하여 유효수요를 창출함으로써 시장의 불완전성을 보완할 수 있다.

ㄷ. 국가는 공공사업을 일으켜 정부지출을 증대시키고 조세를 감면해주는 등 적극적인 재정정책이 필요하다.

ㄹ. 소득이 부유층에 집중되어 있는 사회보다 균등하게 분배되어 있는 사회가 국민 전체의 한계소비성향이 높아 국민소득 중 소비지출이 차지하는 비중이 높아진다.

① ㄱ, ㄴ, ㄷ   ② ㄴ, ㄷ, ㄹ

③ ㄴ, ㄷ   ④ ㄱ, ㄹ

⑤ ㄱ, ㄴ, ㄷ, ㄹ

8. 정책결정에 관한 이론모형에 관한 내용으로 옳지 않은 것은?
   ① 합리모형은 사회적 편익을 고려하며, 비용 대비 편익이 큰 대안을 선택한다.
   ② 쓰레기통모형은 정책결정이 쓰레기통처럼 불규칙하게 이루어지는 것이 아니라 일정한 규칙에 따라 이루어진다고 본다.
   ③ 최적모형은 정책결정에 있어서 경제적 합리성과 함께 초합리적 요소까지도 동시에 고려해야 한다고 본다.
   ④ 만족모형은 인간 능력의 한계, 시간, 비용의 문제 등으로 인해 모든 대안을 검토하고 결정할 수 없다고 전제한다.
   ⑤ 점증모형은 정책결정에 관한 계획성이 결여되어 있으며, 정책결정에 관한 분명한 기준이 없다는 비판을 받는다.

9. 우리나라 사회복지정책의 대상선정 기준에 관한 설명으로 옳지 않은 것은?
   ① 노인장기요양보험제도와 장애인연금제도는 인구학적 기준을 활용한다.
   ② 국민기초생활보장제도와 장애인연금제도는 자산조사 기준을 활용한다.
   ③ 국민연금제도와 기초연금제도는 인구학적 기준을 활용한다.
   ④ 노인장기요양보험제도와 산재보험제도는 진단적 차별을 기준으로 활용한다.
   ⑤ 국민연금제도와 기초연금제도는 보험료 기여를 기준으로 활용한다.

10. 사회보험료에 대한 설명으로 옳은 것은?
    ① 국가에 의하여 조세처럼 강제로 부과된다.
    ② 공공부문의 재원 중 가장 소득재분배 효과가 높게 나타난다.
    ③ 고용주의 보험료 부담이 규정된 제도는 고용보험과 산재보험뿐이다.
    ④ 모든 근로소득에 부과되기 때문에 저소득층에게 유리하다.
    ⑤ 국민연금, 국민건강보험, 장애인연금, 기초연금 등을 통해 부과된다.

11. 보편주의와 선별주의에 관한 설명으로 옳은 것은?
    ① 선별주의는 사회정책을 사회구성원 모두가 당면하는 문제에 대한 사회 전체의 대응이라고 생각한다.
    ② 선별주의는 사회통합과 사회효과성을 강조한다.
    ③ 보편주의는 사회복지로부터 혜택을 받기 원하는 개인과 가족은 혜택을 받을 욕구가 있음을 증명해야 한다고 생각한다.
    ④ 선별주의적인 제도에는 사회수당, 사회보험 등이 있으며, 사회복지의 권리성, 연대의 가치를 강조한다.
    ⑤ 선별주의에 기반한 복지제도는 비용절감을 강조하며, 대상자에게 낙인이 발생할 가능성이 있다.

12. 사회복지정책의 분석적 접근방법 중 산물(product) 분석에 대한 설명으로 옳지 않은 것을 모두 고른 것은?

> ㄱ. 다양한 정치집단, 정부, 조직 간의 관계 및 상호작용이 정책형성에 어떻게 영향을 미치는 가를 분석하는 데 초점을 둔다.
> ㄴ. 프로그램 결과를 기술하고 평가하는 데 관심을 둔다.
> ㄷ. 국민연금법 개정과정 분석, 국민기초생활보장제도 형성과정 분석 등을 예로 들 수 있다.
> ㄹ. 4가지 선택의 차원과 3가지 축을 이용하여 정책선택의 형태와 내용을 분석한다.

① ㄱ, ㄴ, ㄷ   ② ㄴ, ㄹ
③ ㄱ, ㄷ   ④ ㄹ
⑤ ㄱ, ㄴ, ㄷ, ㄹ

13. 사회복지의 민간재원에 관한 설명으로 옳지 않은 것을 모두 고른 것은?

> ㄱ. 사용자 부담(user fee)은 저소득층의 서비스 접근성을 향상시킨다.
> ㄴ. 기업복지란 기업의 사용자가 피고용자에게 주는 임금 이외의 사회복지적인 급여를 말한다.
> ㄷ. 자발적 기여(voluntary contribution)는 개인이 선택한 사회복지 기관을 통하여 이루어 지거나 공동모금을 통해 이루어진다.
> ㄹ. 가족 내 이전과 가족 간 이전 같은 비공식 부문 재원은 민간재원으로 볼 수 없다.

① ㄱ, ㄴ, ㄹ   ② ㄷ
③ ㄴ, ㄷ   ④ ㄱ, ㄹ
⑤ ㄱ, ㄴ, ㄷ, ㄹ

14. 사회보장제도의 소득재분배에 관한 설명으로 옳지 않은 것은?
① 가족수당이나 건강보험은 수평적 재분배에 해당한다.
② 세대 간 재분배는 주로 부과방식으로 운영되는 공적 연금제도에서 나타난다.
③ 공공부조제도는 누진적인 조세를 재원으로 저소득층에게 제공하기 때문에 수직적 재분배 효과가 크다.
④ 연금의 적립방식은 연금급여를 적립했다가 장래에 지급하는 방식으로 장기적 재분배 효과를 갖는다.
⑤ 사회보장 지출은 수직적 재분의 기능만을 담당하고 있으며, 수평적 재분배의 기능은 없다.

15. 우리나라 사회보험제도와 관련된 내용으로 옳지 않은 것은?

   ① 우리나라는 모든 사회보험을 보건복지부장관이 관장한다.

   ② 산재보험, 의료보험, 국민연금, 고용보험, 노인장기요양보험의 순으로 도입되었다.

   ③ 보험료의 징수는 국민건강보험공단이 담당한다.

   ④ 2007년 제5의 사회보험이라 불리는 노인장기요양보험법이 제정되었다.

   ⑤ 공무원 연금은 우리나라에 처음 도입된 사회보험이지만 대상이 한정적인 특수직역 연금이었다.

16. 사회보험과 공공부조의 비교에 관한 설명으로 옳은 것을 모두 고른 것은?

   > ㄱ. 사회보험의 대상은 보편주의를 근거로 하지만, 공공부조는 선별주의를 근거로 한다.
   > ㄴ. 사회보험의 주된 재원은 기여금, 부담금이고, 공공부조는 조세이다.
   > ㄷ. 사회보험의 대상효율성은 공공부조에 비해 높다.
   > ㄹ. 사회보험은 공공부조에 비해 수직적 재분배 효과가 높다.

   ① ㄴ, ㄹ   ② ㄱ, ㄴ
   ③ ㄷ, ㄹ   ④ ㄱ, ㄷ
   ⑤ ㄱ, ㄷ, ㄹ

17. 국민연금제도의 급여에 대한 설명으로 옳지 않은 것은?

   ① 직역연금 가입자는 가입대상에서 제외된다.

   ② 노령연금은 가입기간이 10년 이상인 자가 65세가 되면 받을 수 있다.

   ③ 실업크레딧제도는 2016년부터 시행되고 있다.

   ④ 2008년 이후 소득대체율은 0.5%씩, 비례상수는 0.015씩 감소한다.

   ⑤ 수급권자에게 2 이상의 분할연금 수급권이 생기면 2 이상의 분할연금액을 합산하여 지급한다.

18. 연금재정을 운영하는 방식인 적립방식과 부과방식의 특징으로 옳지 않은 것은?

   ① 적립방식은 일정한 기금이 형성되기 전까지는 제도 초기에 어려움이 있다.

   ② 부분적립방식은 완전적립방식에 비해 적립하는 기금의 규모가 상대적으로 작다.

   ③ 부과방식은 경제사회적 변화에 취약한 반면, 적립방식은 인구구조 변화에 취약하다.

   ④ 우리나라는 일부는 급여로 지출하고, 일부는 기금으로 운용하는 부분적립방식을 취한다.

   ⑤ 부과방식은 세대 간 재분배 효과가 상대적으로 크다는 장점이 있다.

19. 국민건강보험제도에 있어 진료비 지불방식에 대한 설명으로 옳은 것은?

> ㄱ. 행위별 수가제에서는 의료진의 진료행위에 대한 자율성이 확보된다.
> ㄴ. 포괄수가제는 행위별 수가제에 비해 과잉진료와 의료서비스 오남용을 억제하는 효과가
>   있는 것으로 알려져 있다.
> ㄷ. 인두제는 주로 주치의 제도 아래에서 의사에게 등록된 사람 수에 따라 일정금액을 보상
>   하는 방식이다.
> ㄹ. 총액계약제는 보험자와 의료기관의 연합체 간에 연간 진료비 총액을 계약하고 그 총액
>   범위 내에서 의료서비스를 제공한다.

① ㄱ, ㄴ, ㄷ   ② ㄱ, ㄷ, ㄹ

③ ㄴ, ㄹ   ④ ㄱ, ㄷ

⑤ ㄱ, ㄴ, ㄷ, ㄹ

20. 다음 중 빈칸에 들어갈 숫자를 순서대로 나열한 것은?

> 장기요양인정 유효기간은 최소 (ㄱ)년 이상으로서 대통령령으로 정한다. 다만, 장기요양인
> 정의 갱신 결과 직전 등급과 같은 등급으로 판정된 경우에는 그 갱신된 장기요양인정의 유
> 효기간은 장기요양 1등급의 경우 (ㄴ)년, 장기요양 2등급부터 4등급까지의 경우 (ㄷ)년,
> 장기요양 5등급 및 인지지원등급의 경우 (ㄹ)년으로 한다.

① ㄱ: 2, ㄴ: 5, ㄷ: 4, ㄹ: 3

② ㄱ: 2, ㄴ: 4, ㄷ: 3, ㄹ: 2

③ ㄱ: 1, ㄴ: 5, ㄷ: 4, ㄹ: 3

④ ㄱ: 1, ㄴ: 4, ㄷ: 3, ㄹ: 2

⑤ ㄱ: 1, ㄴ: 3, ㄷ: 2, ㄹ: 1

21. 우리나라 산업재해보상보험제도의 급여가 아닌 것은?

① 상병수당

② 장해급여

③ 장례비

④ 직업재활급여

⑤ 유족급여

22. 고용보험제도에 관한 설명으로 옳지 않은 것은?

① 구직급여 수급자는 취업촉진 수당을 받을 수 없다.

② 육아휴직기간은 1년 이내이며, 자녀 1명당 1년 사용가능하다.

③ 자발적 실업이 아닌 비자발적 실업인 경우에만 구직급여를 받을 수 있다.

④ 자영업자인 피보험자의 구직급여일액은 기초일액에 100분의 60을 곱한 금액으로 한다.

⑤ 중대한 귀책사유로 해고되거나 자기자신의 사정으로 이직한 피보험자 등에 대해서는 수급자격을 제한한다.

23. 국민기초생활보장제도에 대한 설명으로 옳지 않은 것은?

① 급여 신청자가 다른 법령에 의하여 보호를 받을 수 있는 경우에는 국민기초생활보장 급여에 우선하여 다른 법령에 의한 보호가 먼저 행해져야 한다.

② 의료급여 선정기준은 기준 중위소득의 100분의 40 이상으로 한다.

③ 신청주의를 원칙으로 하면서도 급여를 필요로 하는 사람이 누락되지 않도록 하기 위해 사회복지전담공무원이 직권으로 신청할 수 있도록 하고 있다.

④ 주거급여는 행정안전부, 교육급여는 교육부가 주관한다.

⑤ 현재 제도상 교육급여는 부양의무자 기준을 미적용하고 있다.

24. 우리나라의 근로연계복지정책에 관한 설명으로 옳지 않은 것은?

① 근로장려세제는 2008년 1월부터 시행되었고, 최초 지급은 2009년 9월부터 시작되었다.

② 근로장려금은 거주자와 배우자의 근로소득과 사업소득을 합한 금액을 감안하여 지급된다.

③ 근로장려세제의 주무 부처는 기획재정부이며, 시행은 국세청에서 담당한다.

④ 자활지원사업도 근로연계복지정책에 해당한다고 볼 수 있다.

⑤ 근로능력자에 대한 보편적 급여라고 볼 수 있다.

25. 우리나라의 의료급여에 관한 설명으로 옳지 않은 것은?

① 1종 수급권자와 2종 수급권자는 본인부담 보상제 및 본인부담 상한제의 기준이 동일하다.

② 의료급여의 내용에는 수급권자의 질병 · 부상 · 출산 등에 대한 간호, 이송도 포함된다.

③ 「노숙인 등의 복지 및 자립지원에 관한 법률」에 따른 노숙인 등으로서 보건복지부장관이 의료급여가 필요하다고 인정한 사람은 1종 수급권자이다.

④ 「약사법」에 따라 개설등록된 약국은 의료급여를 실시하는 의료기관이다.

⑤ 의료급여 수급자가 의료급여를 받을 수 있는 급여일수에는 상한이 있다.

26. 휴먼서비스 조직의 특성으로 옳지 않은 것은?
① 휴먼서비스 조직의 원료는 인간이다.
② 휴먼서비스 조직은 가시적인 성과에 초점을 둔다.
③ 휴먼서비스 조직의 목표는 불확실하며 애매모호하다.
④ 휴먼서비스 조직의 핵심 활동은 직원과 클라이언트의 관계이다.
⑤ 휴먼서비스 조직이 활용하는 기술은 불확실하다.

27. 우리나라 사회복지행정의 발달 과정에 관한 설명으로 옳은 것은?
① 1995년: 보건소에 사회복지 기능을 통합하여 보건복지사무소를 시범운영하였다.
② 2000년: 국민기초생활보장제도의 실시에 따라 사회복지전담공무원이 첫 임용되었다.
③ 2007년: 주민생활지원서비스 전달체계를 실시하며 행정복지센터를 개소하였다.
④ 2012년: 보건복지부 부속 희망복지지원단 설치로 통합적 사례관리를 실시하였다.
⑤ 2023년: 한국사회복지사 윤리강령 개정으로 사회복지 전문직의 권리를 법제화하였다.

28. 사회복지조직에서의 서비스 질에 관한 설명으로 옳지 않은 것은?
① 사회복지서비스의 무형성으로 인해 품질의 객관적인 평가가 어렵다.
② 사회복지 시설평가 제도는 서비스의 질을 확보하기 위한 제도적 의의를 갖는다.
③ 서비스 질의 유지 및 향상과 관련하여 위험관리가 강조되고 있다.
④ 총체적 품질관리에서는 최고경영자를 서비스 질의 판정자라고 본다.
⑤ 서비스 질 측정기준으로 신뢰성, 즉응성, 확신성, 공감성, 유형성 등이 있다.

29. 인간관계이론에 관한 설명으로 옳지 않은 것은?
   ① 메이요(Mayo)의 호손실험에서 출발하였다.
   ② 조직의 생산성 향상을 강조하였다.
   ③ 인간의 심리적 욕구를 고려하였다.
   ④ 외부환경의 변수를 고려하였다.
   ⑤ 조직 내 비공식집단에 관심을 두었다.

30. 조직환경이론에 관한 설명으로 옳지 않은 것은?
   ① 개방체계 관점에서 조직과 환경의 연관성을 살펴본 이론들을 조직환경이론이라고 한다.
   ② 상황이론은 모든 상황에서 동일하게 성공적인 유일한 조직화 방법은 없다고 본다.
   ③ 조직군 생태론은 조직(군)이 환경에 의해 피동적으로 선택된다는 관점에서 전개되었다.
   ④ 제도이론은 환경 중에서도 법적, 제도적 차원의 환경에 초점을 둔 이론이다.
   ⑤ 자원의존이론은 자원을 획득하기 위해 조직이 환경을 변화시켜가는 전략을 제시하였다.

31. 비공식조직에 대한 설명으로 옳지 않은 것은?
   ① 자율적으로 형성된다.
   ② 업무에 관한 정보교환이 이루어진다.
   ③ 연봉인상, 승진 등에 반영된다.
   ④ 구성원들의 관계는 개인적이다.
   ⑤ 파벌형성의 결과를 낳기도 한다.

32. 다음 빈칸에 적합한 것을 순서대로 나열한 것은?

   > • 상황이론은 모든 상황에서 적합한 이상적인 조직은 없다고 보았다. 즉, 민주적 절차를 강조하는 사회복지조직이라 하더라도 신생 조직은 의사결정 권한이 상부에 집중되는 (ㄱ) 구조가 적합할 수 있다.
   > • 조직이 점차 안정화되고 사업 및 규모가 확대되면 의사결정자에게 과도한 책임이 부과될 수 있기 때문에 (ㄴ) 분화가 요구된다.

   ① ㄱ: 수직적, ㄴ: 공식적   ② ㄱ: 분권적, ㄴ: 수평적
   ③ ㄱ: 분권적, ㄴ: 수직적   ④ ㄱ: 집권적, ㄴ: 공식적
   ⑤ ㄱ: 집권적, ㄴ: 수평적

33. 사회복지 전달체계의 주요 원칙들에 관한 설명으로 옳은 것을 모두 고른 것은?

> ㄱ. 적절성: 서비스 희석화를 통한 자원의 효율화
> ㄴ. 통합성: 서비스의 불필요한 중복제공을 방지
> ㄷ. 전문성: 전문 인력에 의한 전문적인 서비스 제공
> ㄹ. 포괄성: 서비스 이용에 대한 심리적 장벽의 제거

① ㄱ, ㄹ   ② ㄴ, ㄷ
③ ㄱ, ㄴ, ㄷ   ④ ㄴ, ㄷ, ㄹ
⑤ ㄱ, ㄴ, ㄷ, ㄹ

34. 사회복지조직의 서비스 기획 및 제공 과정에서 고려해야 할 사항으로 옳지 않은 것은?
① 목표를 설정하는 과정에서는 욕구의 불변성을 고려한다.
② 구체적인 활동을 기획할 때는 이용의 편의성을 고려한다.
③ 자원의 효율적인 배분을 위해 수혜자격 요건 강화를 고려한다.
④ 지역사회 네트워크를 통해 비공식 서비스의 활용을 고려한다.
⑤ 표적집단 선정 과정에서는 실수요와의 차이를 고려한다.

35. 스키드모어(Skidmore)가 제시한 기획 과정을 순서대로 나열한 것은?

> ㄱ. 인적, 물적 자원을 파악   ㄴ. 현실성 있는 목표 설정
> ㄷ. 문제해결을 위한 대안 모색   ㄹ. 활동내용의 구체화

① ㄱ → ㄴ → ㄷ → ㄹ   ② ㄱ → ㄷ → ㄹ → ㄴ
③ ㄴ → ㄱ → ㄷ → ㄹ   ④ ㄴ → ㄷ → ㄱ → ㄹ
⑤ ㄷ → ㄴ → ㄹ → ㄱ

36. 집단적으로 이루어지는 의사결정 방법을 모두 고른 것은?

ㄱ. 의사결정나무분석	ㄴ. 명목집단 기법
ㄷ. 브레인스토밍	ㄹ. 판단적 결정방법

① ㄱ, ㄹ   ② ㄴ, ㄷ

③ ㄱ, ㄴ, ㄷ   ④ ㄴ, ㄷ, ㄹ

⑤ ㄱ, ㄴ, ㄷ, ㄹ

37. 참여적 리더십의 특징으로 옳은 것은?

① 보상과 처벌에 따라 통제한다.

② 신속한 결정이 요구될 때 유리하다.

③ 구성원의 자율성이 극대화될 수 있다.

④ 구성원 간 갈등상황에 개입하기 어렵다.

⑤ 리더의 권한 범위가 모호해질 수 있다.

38. 퀸(Quinn)의 경쟁가치 리더십 모델에서 다음에 해당하는 리더십 영역은?

이 영역의 리더는 내부지향적이면서 조직의 유연성을 추구하는 유형이다. 구성원들의 협동심을 강조하며 높은 응집력을 토대로 조직을 이끌어간다.

① 상황기술   ② 지휘기술

③ 인간관계기술   ④ 목표달성기술

⑤ 경계잇기기술

39. 관리격자(managerial grid) 이론에 관한 설명으로 옳은 것을 모두 고른 것은?

ㄱ. 사업의 성격, 구성원의 특성 등을 고려하여 적합한 리더 유형을 제시하였다.

ㄴ. 컨트리클럽형 리더는 구성원에 대한 높은 관심으로 조직의 분위기를 이끈다.

ㄷ. 과업형 리더는 지시와 통제를 중심으로 목표달성을 강조하는 유형이다.

ㄹ. 가장 성공적인 리더는 생산과 구성원 모두에 관심을 두는 중도형 리더이다.

① ㄱ, ㄹ   ② ㄴ, ㄷ

③ ㄱ, ㄴ, ㄷ   ④ ㄴ, ㄷ, ㄹ

⑤ ㄱ, ㄴ, ㄷ, ㄹ

40. 직무분석에 관한 설명으로 옳은 것을 모두 고른 것은?

> ㄱ. 직무 활동, 요구되는 도구, 지식, 능력 등을 파악한다.
> ㄴ. 합리적인 직무분석을 위해서는 직무기술서 작성이 중요하다.
> ㄷ. 현재 기관에 필요한 적정 인원을 산출하는 자료가 된다.
> ㄹ. 신규 직원을 채용함에 있어 직무명세서 작성에 활용된다.

① ㄱ, ㄷ   ② ㄴ, ㄹ
③ ㄱ, ㄴ, ㄷ   ④ ㄱ, ㄷ, ㄹ
⑤ ㄴ, ㄷ, ㄹ

41. 소진에 관한 설명으로 옳지 않은 것은?

① 열성 → 침체 → 좌절 → 무관심의 과정으로 진행된다.
② 육체적 피로감이나 무기력감이 나타나기도 한다.
③ 클라이언트와의 관계도 소진의 원인이 될 수 있다.
④ 자신의 능력을 의심하며 정서적 탈진을 보인다.
⑤ 개인의 심리적 문제로 성과와의 상관관계는 없다.

42. 아담스(Adams)의 형평성이론에 관한 설명으로 옳은 것은?

① 투입과 산출 사이에 균형을 맞추려는 데서 동기가 발생한다고 보았다.
② 다른 직원과의 공평성을 달성하기 위한 욕구를 성취욕구로 설명하였다.
③ 고순위 욕구가 충족되지 못하면 저순위 욕구가 중요해진다고 보았다.
④ 행동의 동기는 개인이 가진 욕구를 충족시키기 위해 일어난다고 보았다.
⑤ 매슬로우(Maslow)의 영향을 받아 욕구의 유형을 단계별로 제시하였다.

43. 성과주의 예산제도에 관한 설명으로 옳지 않은 것은?

① 투입과 산출을 중심으로 한다.
② 단위원가를 계산하여 예산을 책정한다.
③ 제공될 서비스를 수량으로 표시한다.
④ 간접비용은 제외된다는 점에서 한계가 있다.
⑤ 예산을 통해 구체적인 활동내역을 파악할 수 있다.

44. 사회복지조직의 회계관리와 관련하여 옳지 않은 것은?

① 준예산: 회계연도 개시 전까지 예산이 성립되지 않을 때 전년도 예산에 준하여 집행할 수 있는 예산이다.

② 예비비: 예측할 수 없는 예산 외의 지출 또는 예산의 초과지출에 충당하기 위한 예산이다.

③ 불용경비: 불가피하게 회계연도 내에 지출하지 못한 경비는 다음 회계연도에 이월되지 못하고 소멸된다.

④ 추가경정예산: 예산성립 후 발생한 사유로 예산변경이 필요할 때 이미 성립된 예산을 변경하여 편성할 수 있다.

⑤ 전용금: 법인의 대표이사 및 시설의 장은 관·항·목간의 예산을 전용할 수 있다.

45. 예산보고서에 첨부해야 할 서류에 해당하는 것은?

① 후원금수입명세서

② 세입·세출명세서

③ 사업수입명세서

④ 과목 전용조서

⑤ 예비비 사용조서

46. 사회복지 프로그램의 평가에 대한 설명으로 옳지 않은 것은?

① 평가에 관한 계획은 계획단계에서 고려해야 한다.

② 메타평가의 결과를 참고하여 평가방식을 개선한다.

③ 프로그램 진행 과정의 점검을 위해 형성평가를 진행한다.

④ 총괄평가는 효율성, 효과성과 관련해 목표지향적 특징을 갖는다.

⑤ 이용자의 만족도 평가는 효과성 평가를 대신한다.

47. 사회복지 프로그램 대상자 선정과 관련하여 옳지 않은 것은?

① 문제와 관련된 실태조사가 선행되어야 한다.

② '일반집단 > 표적집단 > 위기집단 > 클라이언트 집단' 순으로 범위를 좁힌다.

③ 위기집단은 실제 문제에 노출된 사람들을 의미한다.

④ 표적집단을 파악하는 과정에서 실제 참여자 수를 예측한다.

⑤ 표적집단을 선정할 때에는 지리적인 접근 용이성을 고려한다.

48. 사회복지조직의 성과관리와 관련하여 옳지 않은 것은?

① 성과수준은 최대한 높게 잡아 최저수준을 확보할 수 있도록 한다.

② 일선 사회복지사에 대한 보상, 승진 등에 관한 관리과정을 포함한다.

③ 어떤 서비스를 제공했는지 보다는 서비스에 따른 결과에 초점을 둔다.

④ 양적 지표 중심의 성과평가는 기준행동의 문제가 발생할 수 있다.

⑤ 효과성 측면과 효율성 측면을 모두 포괄적으로 살펴본다.

49. 사회복지조직에서 마케팅을 진행할 때 고려해야 할 사회복지서비스의 특성으로 옳은 것은?

① 사회복지서비스는 자원의 제한 없이 생산된다.

② 사회복지서비스는 표준화된 유형에 따라 제공된다.

③ 사회복지서비스는 저장하거나 반환할 수 없다.

④ 사회복지서비스는 생산 후 소비가 이루어진다.

⑤ 사회복지서비스는 이용 전 미리 확인할 수 있다.

50. 사회복지조직의 환경에 관한 설명으로 옳은 것을 모두 고른 것은?

┌───┐
ㄱ. 사회복지조직은 외부환경에 대한 의존도가 크다.

ㄴ. 경제적 상황은 서비스 수요에 영향을 미친다.

ㄷ. 인구사회학적 조건은 사회문제를 가늠할 수 있다.

ㄹ. 경쟁하는 조직과 협력을 추진하기도 한다.
└───┘

① ㄱ, ㄷ   ② ㄴ, ㄹ

③ ㄱ, ㄴ, ㄷ   ④ ㄴ, ㄷ, ㄹ

⑤ ㄱ, ㄴ, ㄷ, ㄹ

51. 자치법규에 관한 설명으로 옳지 않은 것은?

① 자치법규는 원칙적으로 그 지방자치단체의 지방 내에서만 효력을 갖는다.

② 시·군 및 자치구의 조례나 규칙은 시·도의 조례나 규칙을 위반하여서는 아니 된다.

③ 조례에서 주민의 권리 제한에 관한 사항을 정할 때에는 법률의 위임이 있어야 한다.

④ 지방의회는 조례제정권을 갖고 지방자치단체의 장은 규칙제정권을 갖는다.

⑤ 조례는 특정 분야에 한해서 제정된다.

52. 법률의 제정에 관한 헌법의 내용으로 옳지 않은 것은?

① 본회의에서 의결되면 정부에 이송되어 15일 이내에 대통령이 공포하게 된다.

② 법률안을 심의·의결하는 과정은 국회의 고유권한이므로 정부는 법률안을 제출할 수 없다.

③ 법률안에 이의가 있으면 대통령은 거부권을 행사하고 재의를 요구할 수 있다.

④ 법률은 특별한 규정이 없는 한 공포한 날로부터 20일을 경과함으로써 효력을 발생한다.

⑤ 국무총리는 소관사무에 관하여 법률이나 대통령령의 위임 또는 직권으로 총리령을 발할 수 있는 권한을 가진다.

53. 법률과 그 제정연대의 연결이 옳은 것은?

① 1970년대: 노인복지법, 최저임금법

② 1980년대: 사회복지사업법, 영유아보육법

③ 1990년대: 국민기초생활보장법, 사회복지공동모금회법

④ 2000년대: 가정폭력방지 및 피해자보호 등에 관한 법률, 기초연금법

⑤ 2010년대: 자원봉사활동기본법, 긴급복지지원법

54. 사회보장기본법상 사회보장위원회의 내용으로 옳은 것은?

① 사회보장에 관한 주요 시책을 심의·조정하기 위하여 보건복지부 소속으로 사회보장위원회를 둔다.

② 위원회는 위원장 1명, 부위원장 3명과 행정안전부장관, 고용노동부장관, 여성가족부장관, 국토교통부장관을 포함한 10명 이내의 위원으로 구성한다.

③ 위원장은 보건복지부장관이 되고 부위원장은 기획재정부장관, 교육부장관 및 고용노동부장관이 된다.

④ 위원회를 효율적으로 운영하고 위원회의 심의·조정 사항을 전문적으로 검토하기 위하여 위원회에 실무위원회를 둔다.

⑤ 공무원인 위원의 임기는 2년으로 한다.

55. 사회보장기본법상 용어의 정의에 관한 내용으로 옳은 것을 모두 고른 것은?

> ㄱ. "사회보험"이란 국가와 지방자치단체의 책임 하에 생활 유지 능력이 없거나 생활이 어려운 국민의 최저생활을 보장하고 자립을 지원하는 제도를 말한다.
> ㄴ. "사회서비스"란 생애주기에 걸쳐 보편적으로 충족되어야 하는 기본욕구와 특정한 사회위험에 의하여 발생하는 특수욕구를 동시에 고려하여 소득·서비스를 보장하는 맞춤형 사회보장제도를 말한다.
> ㄷ. "사회보장"이란 출산, 양육, 실업, 노령, 장애, 질병, 빈곤 및 사망 등의 사회적 위험으로부터 모든 국민을 보호하고 국민 삶의 질을 향상시키는 데 필요한 소득·서비스를 보장하는 사회보험, 공공부조, 사회서비스를 말한다.
> ㄹ. "사회보장 행정데이터"란 국가, 지방자치단체, 공공기관 및 법인이 법령에 따라 생성 또는 취득하여 관리하고 있는 자료 또는 정보로서 사회보장 정책 수행에 필요한 자료 또는 정보를 말한다.

① ㄱ, ㄴ   ② ㄷ, ㄹ

③ ㄱ, ㄴ, ㄷ   ④ ㄹ

⑤ ㄱ, ㄴ, ㄷ, ㄹ

56. 사회보장급여의 이용·제공 및 수급권자 발굴에 관한 법률에 관한 내용으로 옳지 않은 것은?

① 보장기관의 업무담당자는 지원대상자가 누락되지 아니하도록 하기 위하여 지원대상자의 동의 없이 사회보장급여의 제공을 직권으로 신청할 수 있다.

② 보건복지부장관은 속임수 등의 부정한 방법으로 사회보장급여를 받거나 타인으로 하여금 사회보장급여를 받게 한 경우에 대하여 실태조사를 3년마다 실시해야 한다.

③ 사회보장정보시스템의 운영·지원을 위하여 한국사회보장정보원을 설립한다.

④ 보건복지부장관은 사회보장정보시스템의 사회보장정보를 안전하게 보호하기 위하여 물리적·기술적 대책을 포함한 보호대책을 수립·시행하여야 한다.

⑤ 통합사례관리를 실시하기 위하여 필요한 경우에는 특별자치시 및 시·군·구에 통합사례관리사를 둘 수 있다.

57. 사회보장급여의 이용·제공 및 수급권자 발굴에 관한 법률상 지역계획 및 운영체계에 관한 내용으로 옳지 않은 것은?

① 시·도지사 및 시장·군수·구청장은 지역사회보장에 관한 계획을 4년마다 수립하고, 매년 지역사회보장계획에 따라 연차별 시행계획을 수립하여야 한다.

② 금고 이상의 형의 집행유예를 선고받고 그 유예기간 중에 있는 사람도 시·도사회보장위원회의 위원이 될 수 있다.

③ 시·군·구 지역사회보장계획에는 사회보장급여의 사각지대 발굴 및 지원 방안에 관한 사항도 포함되어야 한다.

④ 시·도지사는 시·도의 사회보장 증진을 위하여 시·도사회보장위원회를 둔다.

⑤ 지역사회보장협의체의 업무를 효율적으로 수행하기 위하여 지역사회보장협의체에 실무협의체를 둔다.

58. 사회복지사업법상 사회복지법인에 관한 내용으로 옳은 것은?

① 외국인인 이사는 이사 현원의 3분의 1 미만이어야 한다.

② 법인은 수익사업을 하여서는 안 된다.

③ 시·도지사는 법인이 법인 설립 후 기본재산을 출연하지 아니한 때에는 기간을 정하여 시정명령을 하여야 한다.

④ 법인의 재산은 보건복지부령으로 정하는 바에 따라 기본재산과 보통재산으로 구분한다.

⑤ 해산한 법인의 남은 재산은 정관으로 정하는 바에 따라 한국사회복지사협회에 귀속된다.

59. 사회복지사업법상 기본이념에 관한 내용으로 옳지 않은 것은?

① 사회복지를 필요로 하는 사람은 누구든지 자신의 의사에 따라 서비스를 신청하고 제공받을 수 있다.

② 사회복지법인 및 사회복지시설은 공공성을 가지며 사회복지사업을 시행하는 데 있어서 공공성을 확보하여야 한다.

③ 사회복지사업을 시행하는 데 있어서 사회복지를 제공하는 자는 사회복지를 필요로 하는 사람의 인권을 보장하여야 한다.

④ 사회복지서비스를 제공하는 자는 필요한 정보를 제공하는 등 사회복지서비스를 이용하는 사람의 선택권을 보장하여야 한다.

⑤ 이 법에 따른 급여는 수급자가 자신의 생활의 유지·향상을 위하여 그의 소득, 재산, 근로능력 등을 활용하여 최대한 노력하는 것을 전제로 이를 보충·발전시키는 것을 기본원칙으로 한다.

60. 사회복지사업법에 관한 내용으로 옳지 않은 것은?

① 사회복지사 자격증을 다른 사람에게 빌려주거나 빌린 사람은 1년 이하의 징역 또는 1천만원 이하의 벌금에 처한다.

② 보건복지부장관, 시·도지사 또는 시장·군수·구청장은 사회복지사의 자격취소에 해당하는 처분을 하려면 청문을 실시하여야 한다.

③ 한국사회복지사협회에 관하여 이 법에서 규정한 사항을 제외하고는 「민법」 중 재단법인에 관한 규정을 준용한다.

④ 주된 사무소가 서로 다른 시·도에 소재한 법인 간의 합병의 경우에는 보건복지부장관의 허가를 받아야 한다.

⑤ 사회복지사업법에 따라 복지업무에 종사하는 사람은 그 업무를 수행할 때에 사회복지를 필요로 하는 사람을 위하여 인권을 존중하고 차별 없이 최대로 봉사하여야 한다.

61. 국민기초생활보장법상 급여의 종류와 방법에 관한 설명으로 옳은 것은?

① 급여의 종류에는 생계급여, 주거급여, 휴업급여, 해산급여 등이 있다.

② 생계급여는 반드시 금전으로 지급해야 한다.

③ 장제급여는 보건복지부령으로 정하는 바에 따라 실제로 장제를 실시하는 사람에게 장제에 필요한 물품을 지급하는 것을 원칙으로 한다.

④ 자활급여는 관련 공공기관·비영리법인·시설과 그 밖에 대통령령으로 정하는 기관에 위탁하여 실시할 수 있으며, 그에 드는 비용은 보장기관이 부담한다.

⑤ 주거급여는 수급자에게 주거 안정에 필요한 임차료, 주택 매입비, 수선유지비, 그 밖의 수급품을 지급하는 것으로 한다.

62. 기초연금법에 관한 내용으로 옳지 않은 것은?

① 기초연금 수급권자에 대한 기초연금액은 기준연금액과 국민연금 급여액 등을 고려하여 산정한다.

② 기초연금 수급희망자는 특별자치시장·특별자치도지사·시장·군수·구청장에게 기초연금의 지급을 신청할 수 있다.

③ 거짓이나 그 밖의 부정한 방법으로 기초연금을 받은 경우에는 지급한 기초연금액에 대통령령으로 정하는 이자를 붙여 환수한다.

④ 기초연금 수급권자로 결정한 사람에 대하여 기초연금의 지급을 신청한 날의 다음 달부터 기초연금 수급권을 상실한 날이 속하는 달까지 매월 정기적으로 기초연금을 지급한다.

⑤ 보건복지부장관은 5년마다 기초연금 수급권자의 생활 수준, 「국민연금법」에 따른 금액의 변동률, 전국소비자물가변동률 등을 종합적으로 고려하여 기초연금액의 적정성을 평가하여야 한다.

63. 긴급복지지원법상 금전 또는 현물(現物) 등의 직접지원에 해당하는 것을 모두 고른 것은?

ㄱ. 「사회복지사업법」에 따른 사회복지시설 입소 비용 지원
ㄴ. 임시거소 제공 또는 이에 해당하는 비용 지원
ㄷ. 상담·정보제공
ㄹ. 「사회복지공동모금회법」에 따른 사회복지공동모금회와의 연계 지원
ㅁ. 학교운영지원비 및 학용품비 지원

① ㄱ, ㄴ, ㅁ   ② ㄴ, ㄷ, ㄹ
③ ㄱ, ㄷ, ㄹ   ④ ㄷ, ㄹ, ㅁ
⑤ ㄱ, ㄴ, ㄹ

64. 의료급여법상 의료급여기관에 해당하는 것을 모두 고른 것은?

ㄱ. 「의료법」에 따라 개설된 부속의료기관
ㄴ. 「지역보건법」에 따라 설치된 보건소·보건의료원 및 보건지소
ㄷ. 「농어촌 등 보건의료를 위한 특별조치법」에 따라 설치된 보건진료소
ㄹ. 「약사법」에 따라 개설등록된 약국 및 한국희귀·필수의약품센터

① ㄱ, ㄴ   ② ㄴ, ㄷ, ㄹ
③ ㄷ, ㄹ   ④ ㄱ, ㄹ
⑤ ㄱ, ㄴ, ㄷ, ㄹ

65. 국민연금법에 관한 내용으로 옳지 않은 것은?

① "사용자"란 해당 근로자가 소속되어 있는 사업장의 사업주를 말한다.

② 가입자는 사업장가입자, 지역가입자, 임의가입자 및 임의계속가입자로 구분한다.

③ 사업장가입자는 국적을 상실하거나 국외로 이주한 날에 자격을 상실한다.

④ 분할연금액은 배우자였던 자의 노령연금액 중 혼인기간에 해당하는 연금액을 균등하게 나눈 금액으로 한다.

⑤ "기여금"이란 사업장가입자가 부담하는 금액을 말한다.

66. 국민건강보험법에 관한 내용으로 옳은 것은?

① 보건복지부장관은 건강보험의 건전한 운영을 위하여 건강보험정책심의위원회의 심의를 거쳐 3년마다 국민건강보험종합계획을 수립하여야 한다.

② 심판청구를 심리·의결하기 위하여 보건복지부에 건강보험분쟁조정위원회를 둔다.

③ 건강보험정책에 관한 사항을 심의·의결하기 위하여 국무총리 소속으로 건강보험정책심의위원회를 둔다.

④ 가입자는 국적을 잃은 날에 그 자격을 잃는다.

⑤ 직장가입자가 교직원으로서 사립학교에 근무하는 교원이면 보험료액은 그 직장가입자가 100분의 50을, 사용자가 100분의 50을 각각 부담한다.

67. 고용보험법에 관한 내용으로 옳지 않은 것은?

① 근로자의 피보험 단위기간은 피보험기간 중 보수 지급의 기초가 된 날을 합하여 계산한다.

② 구직급여를 지급받으려는 사람은 직업안정기관의 장에게 구직급여의 수급 요건을 갖추었다는 사실을 인정하여 줄 것을 신청하여야 한다.

③ "실업"이란 근로의 의사와 능력이 있음에도 불구하고 취업하지 못한 상태에 있는 것을 말한다.

④ 고용보험기금의 관리·운용에 관한 세부 사항은 「국가재정법」의 규정에 따른다.

⑤ 구직급여의 종류에는 조기재취업 수당, 직업능력개발 수당, 광역 구직활동비, 이주비가 있다.

68. 산업재해보상보험법에 관한 내용으로 옳지 않은 것은?

① 부상 또는 질병이 3일 이내의 요양으로 치유될 수 있으면 요양급여를 지급하지 아니한다.

② 요양급여의 신청을 한 사람은 공단이 이 법에 따른 요양급여에 관한 결정을 하기 전에는 「국민건강보험법」에 따른 요양급여 또는 「의료급여법」에 따른 의료급여를 받을 수 없다.

③ 장례비는 근로자가 업무상의 사유로 사망한 경우에 지급하되, 평균임금의 120일분에 상당하는 금액을 그 장례를 지낸 유족에게 지급한다.

④ 보험급여는 지급 결정일부터 14일 이내에 지급하여야 한다.

⑤ 근로복지공단은 필요하면 정관으로 정하는 바에 따라 분사무소를 둘 수 있다.

69. 노인장기요양보험법에 관한 내용으로 옳은 것은?

① 장기요양인정을 신청하는 자는 장기요양인정신청서에 의사 또는 한의사가 발급하는 소견서를 첨부하여 시·군·구에 제출하여야 한다.

② 대통령령에 따르면 장기요양인정 유효기간은 1년으로 한다.

③ 시·군·구는 장기요양사업에 사용되는 비용에 충당하기 위하여 장기요양보험료를 징수한다.

④ 장기요양기관 지정의 유효기간은 지정을 받은 날부터 6년으로 한다.

⑤ 수급자는 장기요양인정서와 개인별장기요양이용계획서가 도달한 날의 다음 날부터 장기요양급여를 받을 수 있다.

70. 노인복지법에 관한 내용으로 옳지 않은 것은?

① 국가 또는 지방자치단체는 60세 이상의 자에 대하여 국가 또는 지방자치단체의 수송시설 및 공공시설을 무료로 또는 그 이용요금을 할인하여 이용하게 할 수 있다.

② 요양보호사의 자격이 취소된 날부터 1년이 경과되지 아니한 사람은 요양보호사가 될 수 없다.

③ 보건복지부장관은 노인의 보건 및 복지에 관한 실태조사를 3년마다 실시하고 그 결과를 공표하여야 한다.

④ 노인에 대한 사회적 관심과 공경의식을 높이기 위하여 매년 10월 2일을 노인의 날로 한다.

⑤ 노인의 복지를 담당하게 하기 위하여 특별자치도와 시·군·구에 노인복지상담원을 둔다.

71. 아동복지법에 관한 내용으로 옳지 않은 것은?

① 보건복지부장관, 관계 중앙행정기관의 장 및 시·도지사는 매년 기본계획에 따라 연도별 아동 정책시행계획을 수립·시행하여야 한다.

② 보건복지부장관은 아동보호 사각지대 발굴 및 아동 보호 체계를 갖추기 위하여 필요한 정보시스템을 구축·운영할 수 있으며, 이 경우 사회보장정보시스템을 연계하여 이용할 수 있다.

③ 국가기관과 지방자치단체의 장, 공공기관과 공공단체의 장은 아동학대의 예방과 방지를 위하여 필요한 교육을 분기별 1회 이상 실시하고, 그 결과를 보건복지부장관에게 제출하여야 한다.

④ 국가와 지방자치단체는 보호대상아동의 위탁보호 종료 또는 아동복지시설 퇴소 이후의 자립을 지원하기 위하여 자립지원전담기관을 설치·운영할 수 있다.

⑤ 국가와 지방자치단체는 아동이 건전한 사회인으로 성장·발전할 수 있도록 자산형성지원사업을 실시할 수 있다.

72. 장애인복지법상 장애인등록 및 취소에 관한 내용으로 옳지 않은 것은?

① 장애인등록증은 양도하거나 대여하지 못하며, 등록증과 비슷한 명칭이나 표시를 사용하여서는 아니 된다.

② 장애인, 법정대리인등은 장애 상태와 그 밖에 보건복지부령이 정하는 사항을 특별자치시장·특별자치도지사·시장·군수 또는 구청장에게 등록하여야 한다.

③ 특별자치시장·특별자치도지사·시장·군수·구청장은 장애 상태의 변화에 따른 장애 정도를 조정함에 있어 필요한 경우 공공기관에 장애 정도에 관한 정밀심사를 의뢰할 수 있다.

④ 장애인 등록 후 장애인등록증을 받은 사람이 사망한 경우에도 장애인 등록은 취소되지 않는다.

⑤ 보건복지부장관은 「사회보장기본법」에 따른 사회보장정보시스템을 이용하여 장애인등록증의 진위 또는 유효 여부 확인이 필요한 경우에 이를 확인하여 줄 수 있다.

73. 한부모가족지원법상의 정의 규정에서 "모" 또는 "부"에 해당하는 것으로 옳은 것을 모두 고른 것은?

> ㄱ. 배우자와 사별 또는 이혼하거나 배우자로부터 유기된 자로서 아동인 자녀를 양육하는 자
> ㄴ. 정신이나 신체의 장애로 장기간 노동능력을 상실한 배우자를 가진 자로서 아동인 자녀를 양육하는 자
> ㄷ. 교정시설·치료감호시설에 입소한 배우자 또는 병역복무 중인 배우자를 가진 사람으로서 아동인 자녀를 양육하는 자
> ㄹ. 사실혼 관계에 있는 자는 제외한 미혼자로서 아동인 자녀를 양육하는 자
> ㅁ. 배우자 또는 배우자 가족과의 불화등으로 인하여 가출한 자로서 아동인 자녀를 양육하는 자

① ㄱ, ㄴ, ㄹ   ② ㄴ, ㄷ, ㄹ

③ ㄷ, ㄹ, ㅁ   ④ ㄱ, ㄹ, ㅁ

⑤ ㄱ, ㄴ, ㄷ, ㄹ, ㅁ

74. 가정폭력방지 및 피해자보호 등에 관한 법률상 가정폭력피해자 보호시설의 종류에 해당하지 않는 것은?
① 외국인보호시설
② 여성보호시설
③ 단기보호시설
④ 장기보호시설
⑤ 장애인보호시설

75. 다문화가족지원법에 관한 내용으로 옳지 않은 것은?
① 여성가족부장관은 다국어에 의한 상담·통역 서비스 등을 결혼이민자등에게 제공하기 위하여 다문화가족 종합정보 전화센터를 설치·운영할 수 있다.
② 다문화가족이 이혼 등의 사유로 해체된 경우에도 그 구성원이었던 자녀에 대하여는 이 법을 적용한다.
③ 국가 또는 지방자치단체 아닌 자가 지원센터를 설치·운영하고자 할 때에는 미리 시·도지사 또는 시장·군수·구청장의 지정을 받아야 한다.
④ 다문화가족의 삶의 질 향상과 사회통합에 관한 중요 사항을 심의·조정하기 위하여 여성가족부 소속으로 다문화가족정책위원회를 둔다.
⑤ 여성가족부장관은 다문화가족의 현황 및 실태를 파악하고 다문화가족 지원을 위한 정책수립에 활용하기 위하여 3년마다 다문화가족에 대한 실태조사를 실시하고 그 결과를 공표하여야 한다.

2025년도 제23회 사회복지사1급 국가시험 대비
FINAL 모의고사 3회

난이도 : 중상

가. 시험 구성

시험 과목수	문제수	배점	총점	문제형식
3과목 (8영역)	200문항	1점 / 1문제	200점	객관식 5지 택1형

나. 시험과목 및 시험시간

○ 일반수험자 기준

구 분	시험과목	세부영역	시험시간	과락기준	총점기준
1교시	사회복지기초 (50문항)	◦ 인간행동과 사회환경 (25문항) ◦ 사회복지조사론 (25문항)	09:30~10:20 (50분)	1~19 문항	합계 120점 이상
2교시	사회복지실천 (75문항)	◦ 사회복지실천론 (25문항) ◦ 사회복지실천기술론 (25문항) ◦ 지역사회복지론 (25문항)	10:50~12:05 (75분)	1~29 문항	
3교시	사회복지정책과 제도 (75문항)	◦ 사회복지정책론 (25문항) ◦ 사회복지행정론 (25문항) ◦ 사회복지법제론 (25문항)	12:35~13:50 (75분)	1~29 문항	

※ 필기시험 합격은 과락기준과 총점기준을 모두 충족해야 함

※ 시험관련 법령 등을 적용하여 정답을 구하여야 하는 문제는 시험 시행일(25. 01. 11.) 현재 시행 중인 법령을 기준으로 출제함

사회복지 전문출판 나눔의집

해당 모의고사는 저작권법에 의하여 보호를 받는 저작물이므로 무단전재와 복제를 금합니다.

2025년도 제23회 사회복지사1급 국가시험 대비

FINAL 모의고사 3회

교시	문제형별	시간	시험과목 및 시험영역
1교시	A	50분	**사회복지기초** ① 인간행동과 사회환경 ② 사회복지조사론

수험번호		성 명	

【 수험자 유의사항 】

1. 시험문제지는 **단일 형별(A형)**이며, 답안카드 형별 기재란에 표시된 형별(A형)을 확인하시기 바랍니다. 시험문제지의 **총면수, 문제번호 일련순서, 인쇄상태** 등을 확인하시고, 문제지 표지에 수험번호와 성명을 기재하시기 바랍니다.

2. 답은 각 문제마다 요구하는 **가장 적합하거나 가까운 답** 1개만 선택하고, 답안카드 작성 시 시험문제지 **마킹착오**로 인한 불이익은 전적으로 **수험자에게 책임**이 있음을 알려 드립니다.

3. 답안카드는 국가전문자격 공통 표준형으로 문제번호가 1번부터 125번까지 인쇄되어 있습니다. 답안 마킹 시에는 반드시 **시험문제지의 문제번호와 동일한 번호**에 마킹하여야 합니다.

4. **감독위원의 지시에 불응하거나 시험기간 종료 후 답안카드를 제출하지 않을 경우** 불이익이 발생할 수 있음을 알려 드립니다.

5. 시험문제지는 시험 종료 후 가져가시기 바랍니다.

사회복지
전문출판 나눔의집

해당 모의고사는 저작권법에 의하여 보호를 받는 저작물이므로 무단전재와 복제를 금합니다.

사회복지기초(인간행동과 사회환경)

1. **인간발달의 원리에 관한 설명으로 옳지 않은 것은?**
   ① 현재의 발달은 다음 단계의 발달에 영향을 미친다.
   ② 신체발달과 달리 심리발달에는 최적의 시기가 존재하지 않는다.
   ③ 어릴 때의 발달은 이후 모든 발달의 기초가 된다.
   ④ 특정 시기의 결손은 계속 누적되어 다음 단계에 영향을 미친다.
   ⑤ 특정 시기에 잘못된 발달은 이후에 보상이 주어져도 회복하기 어렵다.

2. **다음 설명에서 옳은 것을 모두 고른 것은?**

   > ㄱ. 성장은 신체적 · 생리적 발달이라는 양적 증가와 함께 사회적 · 정서적 차원의 질적 증가
   >   를 포괄한다.
   > ㄴ. 성숙은 유전적 기제의 작용에 의해 나타나는 변화로 개인의 경험과 관계없이 체계적으로
   >   일어난다.
   > ㄷ. 학습은 어떤 특별한 경험을 하거나 지속적인 훈련을 함으로써 나타나는 행동변화를 의미
   >   한다.
   > ㄹ. 사회화는 개인이 자기가 속한 사회구성원으로서 자연스럽게 동화되어 가는 과정을 말한다.

   ① ㄱ, ㄹ   ② ㄴ, ㄷ
   ③ ㄱ, ㄴ, ㄹ   ④ ㄴ, ㄷ, ㄹ
   ⑤ ㄱ, ㄴ, ㄷ, ㄹ

3. **프로이트(S. Freud)의 정신분석이론에 관한 설명으로 옳지 않은 것은?**
   ① 자아는 일차적 사고과정에 따라 합리적으로 사고한다..
   ② 자아는 의식, 전의식, 무의식의 세 측면을 모두 가지고 있다.
   ③ 원초아는 원시적이고 본능적인 성격을 갖는다.
   ④ 원초아와 자아 사이의 충돌로 신경증적 불안이 발생한다.
   ⑤ 잠복기에 원초아는 약해지고 초자아는 강해진다.

4. 방어기제에 관한 예시로 옳지 않은 것은?

① 투사: 친구를 질투하는 사람이 오히려 그 친구가 자신을 시기한다고 생각하는 경우

② 퇴행: 학창시절 친구들을 만나면 그 시절로 돌아간 것처럼 장난을 치는 경우

③ 전치: 숙제 검사로 혼난 형이 집에 와서 동생한테 공부하라고 화풀이 하는 경우

④ 합리화: 시험에 합격하지 못한 사람이 경험 삼아 본 것일 뿐이라고 말하는 경우

⑤ 보상: 공격적 욕구가 강한 사람이 운동에 매진하여 종합격투기 선수가 된 경우

5. 에릭슨(E. Erikson)의 심리사회적 발달단계에 관한 설명으로 옳은 것은?

① 영아기(출생~18개월)에는 심리사회적 위기를 경험하지 않는다.

② 걸음마기(18개월~3세)에 성취해야 할 덕목은 목적(purpose)이다.

③ 아동기(6~12세)는 근면 대 열등이라는 심리사회적 위기를 경험한다.

④ 성인초기(20~24세)에는 또래집단과의 관계를 통해 친밀감을 형성해간다.

⑤ 노년기(65세 이후)의 주요 과업은 자아통합을 통한 사랑의 성취이다.

6. 융(C. Jung)의 분석심리이론에 관한 설명으로 옳지 않은 것은?

① 음영(shadow)은 반드시 억압해야 할 동물적 본성이다.

② 남성이 억압시킨 여성성을 아니마(anima)라고 한다.

③ 페르소나(persona)는 개인이 외부 세계에 보여주는 이미지이다.

④ 리비도(Libido)는 정신이 작용하는 데에 사용되는 에너지이다.

⑤ 자기(Self)는 중년기 개성화를 통해 드러나게 된다.

7. 피아제(J. Piaget)의 인지발달이론에 관한 설명으로 옳지 않은 것은?

① 객관적인 현실이란 존재하지 않는다.

② 인간의 본성은 결정적이지 않다.

③ 인간의 의지는 환경과 상호작용하면서 변화한다.

④ 성인기가 되면서 평형상태를 획득하게 된다.

⑤ 인지는 동화와 조절의 과정을 통하여 발달한다.

8. 스키너(B. Skinner) 이론의 주요 개념에 관한 설명으로 옳은 것은?
    ① 소거: 바람직하지 않은 행동을 제거하기 위해 강화물을 제공한다.
    ② 처벌: 특정 행동의 빈도를 증가시키기 위해 부정적 자극을 제공한다.
    ③ 일반화: 주어지는 자극에 대해 선택적으로 반응을 보이는 것을 말한다.
    ④ 반응행동: 자극에 의해 직접적으로 유발된 수동적 반응을 말한다.
    ⑤ 행동조성: 복잡한 행동을 점진적으로 습득해나가는 것이다.

9. 반두라(A. Bandura)의 이론에 관한 설명으로 옳지 않은 것은?
    ① 사회적 관계를 통해 행동을 학습한다는 점에서 사회학습이론으로 불린다.
    ② 다른 사람의 행동을 관찰하면서 정신적 처리과정에 따라 행동을 학습한다.
    ③ 모델의 행동을 관찰하게 될 경우 반드시 모방행동으로 이어지게 된다.
    ④ 어떤 행동을 실행함에 있어서는 자기효능감이 주요한 역할을 한다.
    ⑤ 아동의 도덕성은 일반적으로 양육자의 도덕적 규칙을 내면화하며 발달한다.

10. 로저스(C. Rogers) 이론에 관한 설명으로 옳지 않은 것은?
    ① 클라이언트에 대한 비심판적 태도와 공감적 이해를 중요시한다.
    ② 무조건적인 긍정적 관심은 건강한 성격 발달을 위해 중요한 요소이다.
    ③ 자기실현의 욕구를 충족한 사람은 그렇지 않은 사람보다 자주 절정경험을 한다.
    ④ 인간은 다양한 주관적인 경험을 통해 자신을 형성해나간다.
    ⑤ 인간은 개인의 사상, 행동 및 신체의 존재 모두를 포함하는 통합된 유기체이다.

11. 매슬로우(A. Maslow)의 욕구이론에 관한 설명으로 옳은 것을 모두 고른 것은?

    > ㄱ. 위계서열이 높은 욕구일수록 욕구의 강도가 높다.
    > ㄴ. 자기실현의 욕구를 충족한 사람은 자율적이고 창의적이다.
    > ㄷ. 성장과 관련된 욕구는 자존감의 욕구와 자기실현의 욕구이다.
    > ㄹ. 욕구의 각 단계가 연령에 따라 나타나는 것은 아니다.

    ① ㄱ, ㄷ   ② ㄴ, ㄹ
    ③ ㄷ, ㄹ   ④ ㄱ, ㄴ, ㄷ
    ⑤ ㄴ, ㄷ, ㄹ

12. 학자별 인간관에 대한 설명으로 옳지 않은 것은?
① 로저스(C. Rogers): 인간은 목적지향적 존재이다.
② 아들러(A. Adler): 인간은 무의식적 본능에 지배된다.
③ 피아제(J. Piaget): 인간은 주관적 존재이다.
④ 스키너(B. Skinner): 인간의 행동은 학습되는 것이다.
⑤ 융(C. Jung): 인간은 미래를 향한 성장지향적 존재이다.

13. 다음에 제시된 내용과 관계있는 개념은?

> 부모가 복권에 당첨된 이후 경제적인 어려움을 극복하면서 가족 간의 사이가 긍정적으로 변하는 가족이 있는가 하면, 오히려 가족 간의 사이가 틀어지거나 소원해져 위기를 맞는 가족도 있다.

① 항상성   ② 안정상태
③ 다중종결   ④ 엔트로피
⑤ 홀론

14. 생태체계이론의 기본가정에 관한 설명으로 옳지 않은 것은?
① 인간은 목적지향적인 존재이며, 유능성을 획득하기 위하여 노력한다.
② 인간이 환경과 상호작용하고 다른 사람과 관계를 맺는 능력은 타고난 것이다.
③ 인간과 환경은 분리된 것이 아니라 상호영향을 미치는 단일체계를 형성한다.
④ 클라이언트의 생활상의 문제는 전체 생활공간 내에서 이해해야 한다.
⑤ 유전적·생물학적 요인은 환경과 상호작용하는 방식에 영향을 미치지 않는다.

15. 생태체계이론의 주요 개념에 관한 설명으로 옳은 것을 모두 고른 것은?

> ㄱ. 적합성은 인간과 환경 사이의 상호교류를 통하여 성취될 수 있다.
> ㄴ. 적응은 인간과 환경이 상호영향을 미치며 최적합 상태를 성취하기 위한 반응이다.
> ㄷ. 유능성은 개인인 환경과 상호작용하는 능력으로 인간발달에 필수요소이다.
> ㄹ. 관계는 타인과 연결될 수 있는 능력으로 초기 양육과정에서 결정된다.

① ㄱ, ㄷ   ② ㄴ, ㄷ
③ ㄴ, ㄹ   ④ ㄱ, ㄴ, ㄷ
⑤ ㄴ, ㄷ, ㄹ

16. 개방형 가족체계에 관한 설명으로 옳은 것은?
    ① 외부와의 경계선에 방어력이 부족하다.
    ② 네겐트로피(negentropy) 현상이 나타난다.
    ③ 가족의 역기능이 나타나기 쉽다.
    ④ 지역사회 자원의 활용을 거부한다.
    ⑤ 가족 내 권위자가 가족규칙을 결정한다.

17. 베리(J. Berry)의 문화적응모형 가운데 다음에 해당하는 것은?

    A씨(26세)는 모국에서 고등학교를 졸업하고 한국으로 유학을 왔다. 대학을 졸업한 후부터 부모님은 돌아오길 바라시지만 한국에서 취업을 했고 귀하도 준비 중이다. A씨는 자신의 나라에 대해 좋지 않은 점들을 이야기하며 한국이 사회문화적으로 우월하다는 생각을 내비쳤다.

    ① 통합(Integration)   ② 분리(Segregation)
    ③ 동화(assimilation)   ④ 사회화(Socialization)
    ⑤ 주변화(Marginalization)

18. 태내기(수정~출산)에 유전적 요인으로 인해 발생할 수 있는 장애에 관한 설명으로 옳은 것은?
    ① 유전성 질환을 가진 태아는 비정상적인 발달로 인해 임신초기에 유산된다.
    ② 다운증후군은 신체 전반에 걸쳐 이상이 나타나지만 지능 저하를 동반하지 않는다.
    ③ 성염색체 이상에 따른 클라인펠터증후군은 외모는 여성이지만 2차 성징이 거의 없다.
    ④ 혈우병은 X염색체의 열성 유전자에 의해 나타나며 혈액이 응고되지 않는다.
    ⑤ 터너증후군은 아미노산을 분해시키는 효소가 결핍된 열성 유전자에 기인한다.

19. 영아기(0~2세)에 관한 설명으로 옳지 않은 것은?
    ① 낯가림이 나타나며 양육자와의 애착발달이 중요하다.
    ② 빨기반사, 연하반사, 모로반사 등 생존반사가 나타난다.
    ③ 자아개념 및 성격발달의 기초를 형성하는 시기이다.
    ④ 제1성장 급등기로 신체적 성장이 급격하게 일어난다.
    ⑤ 자신의 욕구충족을 위해 의도적으로 행동하는 시기이다.

20. 유아기(3~6세)에 관한 설명으로 옳은 것을 모두 고른 것은?

> ㄱ. 피아제 이론에 따르면 이 시기에는 다른 사람의 관점을 인식하지 못한다.
> ㄴ. 에릭슨의 인지행동 발달단계 중 이 시기는 주도성 대 죄의식 단계에 해당한다.
> ㄷ. 프로이트의 심리성적 발달단계에서 이 시기의 여아는 엘렉트라 콤플렉스가 나타난다.
> ㄹ. 콜버그 이론에 따르면 이 시기의 아동들은 인습적 수준의 도덕성을 갖기 시작한다.

① ㄱ, ㄷ   ② ㄴ, ㄹ

③ ㄱ, ㄴ, ㄷ   ④ ㄴ, ㄷ, ㄹ

⑤ ㄱ, ㄴ, ㄷ, ㄹ

21. 아동기(7~12세)의 발달특성으로 옳은 것은?
① 비가역적 사고 발달
② 경직성의 증가
③ 대상영속성 형성
④ 감각운동의 발달
⑤ 조망수용 능력 습득

22. 청소년기(13~18세)의 특징으로 옳지 않은 것은?
① 문화는 청소년이 자신의 신체적 변화를 받아들이는 데에 영향을 미친다.
② 동성친구보다 이성친구에 대한 관심으로 옮겨가면서 외모를 꾸민다.
③ 또래집단에서 받는 동조압력으로 탈선과 같은 역기능이 나타나기도 한다.
④ 정서적으로 혼란과 갈등을 경험하는 심리적 불평형의 시기이다.
⑤ 신체적 성장이 급속히 이루어진다는 점에서 제2의 성장급등기라고 한다.

23. 청년기(19~29세)의 발달과업 및 발달적 특징으로 옳지 않은 것은?

① 에릭슨(Erikson): 친밀감 대 고립감의 심리사회적 위기 극복

② 레빈슨(Levinson): 경력 발전에 도움이 되는 리더의 발견

③ 융(Jung): 아니마와 아니무스의 화해를 통한 개성화 달성

④ 하비거스트(Havighurst): 직업의 선택 및 배우자의 선택

⑤ 샤이에(Schaie): 성취와 독립의 목표를 지향하는 인지행동 발달

24. 노년기(65세 이상)의 특징으로 옳지 않은 것은?

① 하비거스트(Havighurst)는 노년기 발달과업 중 하나로 동년배집단과의 유대관계 강화를 꼽았다.

② 펙(Peck)은 노년기에 심리적으로 적응해야 할 과업과 관련하여 자기분화, 신체초월, 자기초월 등을 제시하였다.

③ 클라크와 앤더슨(Clark & Anderson)은 노년기가 되면 생활의 목표와 가치를 재정립하는 것이 필요하다고 보았다.

④ 분리이론은 노년기가 되면 스스로 물러나려는 경향을 갖게 되며 타인에 대한 관심도 감소한다는 것이다.

⑤ 에릭슨(Erikson)의 이론에 따르면 노년기는 지혜 대 경멸이라는 심리사회적 위기를 겪는 시기이다.

25. 생애주기와 발달적 특징의 연결로 옳은 것을 모두 고른 것은?

> ㄱ. 아동기(7~12세) – 자기개념 발달
> ㄴ. 청소년기(13~19세) – 자기중심적 사고
> ㄷ. 중년기(40~64세) – 자아정체감 확립
> ㄹ. 노년기(65세 이상) – 수동성 증가

① ㄱ, ㄹ   ② ㄴ, ㄷ

③ ㄱ, ㄴ, ㄹ   ④ ㄴ, ㄷ, ㄹ

⑤ ㄱ, ㄴ, ㄷ, ㄹ

26. 사회과학의 패러다임에 관한 설명으로 옳은 것은?
  ① 실증주의는 연구의 가치중립성을 중시한다.
  ② 해석주의는 경험적 관찰을 통해 이론을 재검증한다.
  ③ 실증주의는 사회적 행위의 주관적 의미에 대한 이해를 강조한다.
  ④ 후기실증주의는 과학을 절대적인 관점에서 보아 양적 연구방법을 강조한다.
  ⑤ 해석주의는 관찰자의 존재나 인식과는 무관하게 객관적 실재가 독립적으로 존재한다고 본다.

27. 과학철학에 관한 설명으로 옳은 것은?
  ① 쿤(T. Kuhn)은 추측과 반박을 통해 오류를 제거함으로써 가장 효과적으로 과학의 목적을 이룰 수 있다고 주장하였다.
  ② 연역주의는 경험적으로 검증될 수 있는 명제만이 유의미하다고 주장하며, 형이상학적인 명제를 배제한다.
  ③ 쿤(T. Kuhn)은 패러다임의 우열을 비교할 수 있는 객관적 기준이 존재한다고 보았다.
  ④ 포퍼(K. Popper)는 과학의 변화와 발전은 지식의 혁명적인 과정을 통해 성취된다고 보았다.
  ⑤ 포퍼(K. Popper)에 의하면 과학은 이론이 반증될 때까지 채택되는 과정을 반복하는 것이다.

28. 분석단위에 관한 설명으로 옳은 것을 모두 고른 것은?

  > ㄱ. 20대 부부와 40대 부부의 결혼만족도를 비교하는 연구에서 분석단위는 집단이다.
  > ㄴ. 개인주의적 오류는 집단을 분석단위로 한 조사결과에 기초해 개인에 대한 결론을 내리는 오류이다.
  > ㄷ. 생태학적 오류는 개인을 분석단위로 한 조사결과에 기초해 집단을 단위로 하는 결론을 내리는 오류이다.
  > ㄹ. 환원주의는 복합적인 현상을 협소하게 치우쳐서 설명해 버리는 오류이다.

  ① ㄱ, ㄴ, ㄹ   ② ㄴ, ㄷ
  ③ ㄱ, ㄹ   ④ ㄴ, ㄷ, ㄹ
  ⑤ ㄱ, ㄴ, ㄷ, ㄹ

29. 다음에서 설명하는 조사유형을 바르게 짝지은 것은?

> ㄱ. 베이비붐 세대를 시간변화에 따라 연구한다.
> ㄴ. 동일인을 반복적으로 조사하는 과정에서 초기 조사가 후기 조사의 반응에 영향을 미칠 수 있다.
> ㄷ. 2000년대 10대와 2010년대 10대의 직업선호도를 비교조사한다.

① ㄱ: 경향조사, ㄴ: 동년배조사, ㄷ: 패널조사
② ㄱ: 경향조사, ㄴ: 패널조사, ㄷ: 동년배조사
③ ㄱ: 동년배조사, ㄴ: 경향조사, ㄷ: 패널조사
④ ㄱ: 동년배조사, ㄴ: 패널조사, ㄷ: 경향조사
⑤ ㄱ: 패널조사, ㄴ: 동년배조사, ㄷ: 경향조사

30. 통계적 가설 검정에 관한 설명으로 옳은 것을 모두 고른 것은?

> ㄱ. 통계치에 대한 확률(p)이 유의수준(α)보다 낮으면 영가설이 기각된다.
> ㄴ. $p < .05$의 유의수준은 제1종 오류가 있을 확률이 5% 미만이라고 할 수 있다.
> ㄷ. 제2종 오류가 증가하면 통계적 검정력은 감소한다.
> ㄹ. 영가설이 참인데도 이를 기각해버리면 제2종 오류가 발생한다.

① ㄱ, ㄴ   ② ㄴ, ㄷ
③ ㄷ, ㄹ   ④ ㄱ, ㄴ, ㄷ
⑤ ㄱ, ㄴ, ㄷ, ㄹ

31. 변수에 관한 설명으로 옳은 것은?

① 독립변수는 다른 변수에 영향을 미칠 수 없는 변수로서 인과관계에서 결과를 나타낸다.
② 억압변수는 가식적 영관계를 초래하는 변수이다.
③ 매개변수는 독립변수와 종속변수 간의 관계의 강도나 방향에 영향을 미친다.
④ 조절변수는 독립변수와 종속변수의 허위적인 가식적 관계를 만든다.
⑤ 독립변수와 종속변수에 영향을 미치는 제3의 변수는 통제하여 종속변수로 만들어야 한다.

32. 다음 연구설계의 내용에서 확인될 수 있는 내적 타당도 저해요인으로 올바르게 짝지어진 것은?

> 신체적으로 매우 건강한 90대 노인들을 대상으로 건강관리 프로그램의 효과를 측정하였다. 실험집단을 남성 노인들로, 통제집단을 여성 노인들로 구분하여 건강관리 프로그램을 1년 동안 제공한 후 건강상태를 측정한 결과, 실험집단인 남성 노인들의 상태가 나빠졌고, 통제집단인 여성 노인들에 비해서도 낮게 나타났다.

① 우연한 사건, 도구효과, 선택과의 상호작용

② 검사효과, 통계적 회귀, 개입의 확산

③ 통계적 회귀, 성숙효과, 선택과의 상호작용

④ 성숙효과, 인과관계 방향의 모호성, 개입의 확산

⑤ 실험대상자 상실, 통계적 회귀, 우연한 사건

33. 인과관계를 성립시키기 위한 요건으로 옳은 것을 모두 고른 것은?

> ㄱ. 원인이 결과보다 시간적으로 우선해야 한다.
> ㄴ. 원인의 조작화가 가능해야 한다.
> ㄷ. A변수가 변하면 B변수도 변하지만 역은 성립하지 않는다.
> ㄹ. 원인으로 추정되는 변수와 결과로 추정되는 변수가 동시에 존재하며, 상호연관성을 가지고 변화해야 한다.

① ㄱ, ㄷ
② ㄴ, ㄹ
③ ㄱ, ㄴ, ㄷ
④ ㄹ
⑤ ㄱ, ㄴ, ㄷ, ㄹ

34. 다음에서 설명하는 조사설계는?

> • 내적 타당도 저해요인을 가장 잘 통제할 수 있다.
> • 사전검사를 실시하지 않는 실험집단과 통제집단을 포함한다.
> • 사후검사만 실시하는 집단은 2개이다.

① 단순시계열 설계

② 복수시계열 설계

③ 단일집단 사전사후검사 설계

④ 통제집단 사전사후검사 설계

⑤ 솔로몬 4집단 설계

35. 전실험설계에 관한 특징으로 옳지 않은 것을 모두 고른 것은?

> ㄱ. 1회사례 설계는 탐색적 목적으로 수행되는 경우에 유용하다.
> ㄴ. 단일집단 사전사후검사 설계는 인과관계를 추론하거나 일반화시키는 데는 한계가 있다.
> ㄷ. 정태적 집단비교 설계는 통제집단 사후검사 설계에서 무작위 할당만 제외된 형태이다.
> ㄹ. 전실험설계는 내적 타당도와 외적 타당도 저해요인을 통제하는 데 유용하다.

① ㄱ, ㄴ   ② ㄴ, ㄷ
③ ㄴ, ㄹ   ④ ㄹ
⑤ ㄱ, ㄴ, ㄷ

36. 단일사례설계에 관한 설명으로 옳지 않은 것은?
① 비반응성 연구에 해당한다.
② 개입 평가의 기준에는 변화의 파동, 변화의 경향, 변화의 수준 등이 있다.
③ 기초선이 불안정할 경우 기초선의 경향선을 이용하여 통계적으로 개입효과를 판단한다.
④ 임상적 분석은 결과 판단에 주관적 요소의 개입 가능성이 크다.
⑤ 개인과 집단뿐만 아니라 조직이나 지역사회도 연구대상이 될 수 있다.

37. 다음 변수의 측정수준에 따른 분석방법이 옳지 않은 것은?

> ㄱ. 종교: 개신교, 천주교, 불교, 이슬람교
> ㄴ. 교육수준: 무학, 초등학교 졸업, 중학교 졸업, 고등학교 졸업, 대졸 이상
> ㄷ. 지역: 서울, 경기도, 강원도, 충청도, 경상도, 전라도, 제주도
> ㄹ. 국민연금 가입률: (   )%
> ㅁ. 정치성향: 보수, 중도, 진보

① ㄱ: 백분율, 최빈값
② ㄴ: 최빈값, 중위수
③ ㄷ: 백분율, 최빈값
④ ㄹ: 산술평균, 기하평균
⑤ ㅁ: 산술평균, 중위수

38. 측정의 오류에 관한 설명으로 옳은 것은?

① 신뢰도는 체계적 오류, 타당도는 비체계적 오류와 관련된 개념이다.

② 자료수집과정에 편향이 개입되면 체계적 오류가 발생할 수 있다.

③ 측정도구로 인한 오류는 체계적 오류에 해당한다.

④ 인구통계학적 특성으로 인해 일정 방향으로 오류가 나는 것은 비체계적 오류이다.

⑤ 측정하려는 개념이 태도인지 행동인지 모호할 때 비체계적 오류가 발생한다.

39. 신뢰도를 측정하는 방법으로 옳지 않은 것을 모두 고른 것은?

> ㄱ. 대안법은 서로 다른 두 가지 형태의 측정도구로 동일한 대상을 차례로 측정하여 검증한다.
> ㄴ. 반분법은 반분된 측정도구로 동시에 측정이 가능하기 때문에 검사–재검사법의 단점을 보완할 수 있다.
> ㄷ. 검사–재검사법은 동일 대상에 대해 두 번 측정한 값 사이의 상관계수가 높을수록 신뢰도가 낮다고 판단한다.
> ㄹ. 크론바하의 알파계수는 1에 가까울수록 신뢰도가 높다.

① ㄱ   ② ㄴ, ㄹ

③ ㄷ   ④ ㄱ, ㄹ

⑤ ㄴ, ㄷ

40. 다음 빈칸에 들어갈 타당도 평가방법으로 옳은 것은?

> 우울을 측정하기 위해 만든 측정도구의 타당도를 알아보기 위해 측정대상자들에게 해당 측정도구에 응답하게 한 뒤, 바로 정신과 의사를 면담하게 한 후 정신과 의사가 우울이 의심된다고 지목한 사람이 측정도구에서의 측정값도 높았는지를 비교하는 방법은 (   )에 해당된다. 정신과 의사는 정신과적 질환을 판별하는 것과 관련해 이미 존재하는 공인된 외적 기준이라고 볼 수 있기 때문이다.

① 내용타당도(content validity)

② 집중수렴타당도(convergent validity)

③ 동시타당도(concurrent validity)

④ 예측타당도(predictive validity)

⑤ 판별타당도(discriminant validity)

41. 보가더스(Bogardus)의 사회적 거리 척도에 관한 설명으로 옳은 것을 모두 고른 것은?

> ㄱ. 양 극단에 서로 상반되는 형용사를 배치하여 다차원적인 개념을 측정한다.
> ㄴ. 거트만 척도(Guttman scale)와 같이 누적적인 문항으로 구성되는 척도이다.
> ㄷ. 다수의 문항들을 보다 적은 요인으로 분류하는 기법이다.
> ㄹ. 문항평가자들을 통해 사전평가를 시행하고 그 결과를 분석하여 각 문항에 대한 중앙값을
>   척도치로 부여한다.

① ㄱ, ㄴ   ② ㄴ

③ ㄱ, ㄷ, ㄹ   ④ ㄷ, ㄹ

⑤ ㄱ, ㄴ, ㄷ, ㄹ

42. 다음 사례에 해당하는 표집방법에 대한 설명으로 옳지 않은 것은?

> 서울에 사는 10대 성소수자 학생들을 심층면접하기 위해 연구자는 성소수자들이 자주 모이
> 는 종로 모처에서 3명의 성소수자와 개별적으로 접촉하여 면접을 진행하였다. 그리고 이들
> 의 소개로 새로운 연구대상자들과 접촉하면서 연구대상자들을 확대시켜 나갔다.

① 접근성이 떨어지는 모집단에 대해 유용한 전략이다.

② 상호작용하는 연결망을 가진 사람들이나 조직들을 대상으로 할 때 많이 사용한다.

③ 모집단을 파악하기 곤란한 대상을 표본 추출할 수 있다.

④ 동질적인 집단에서 표본을 추출할 때 발생할 수 있는 표집오차가 이질적인 집단에서 표본을
   추출할 때 발생할 수 있는 표집오차보다 적다.

⑤ 연구자와 연구대상자의 신뢰관계가 중요하다.

43. 표집오차에 관한 설명으로 옳은 것을 모두 고른 것은?

> ㄱ. 표집오차는 모수(parameter)와 표본의 통계치(statistics) 간의 차이를 의미한다.
> ㄴ. 표집오차가 커질수록 표본이 모집단을 대표하는 정확성이 낮아진다.
> ㄷ. 신뢰수준을 높게 잡으면 표집오차는 작아진다.
> ㄹ. 표집오차는 모집단의 크기에 반비례한다.

① ㄱ, ㄴ   ② ㄷ, ㄹ

③ ㄴ, ㄷ   ④ ㄱ, ㄹ

⑤ ㄱ, ㄴ, ㄹ

44. 다음 빈칸에 들어갈 표본설계의 과정으로 옳은 것은?

(ㄱ) → (ㄴ) → (ㄷ) → (ㄹ) → 표본추출

① ㄱ: 모집단 확정, ㄴ: 표집틀 선정, ㄷ: 표집방법 결정, ㄹ: 표집크기 결정
② ㄱ: 모집단 확정, ㄴ: 표집방법 결정, ㄷ: 표집틀 선정, ㄹ: 표집크기 결정
③ ㄱ: 모집단 확정, ㄴ: 표집크기 결정, ㄷ: 표집방법 결정, ㄹ: 표집틀 선정
④ ㄱ: 표집틀 선정, ㄴ: 모집단 확정, ㄷ: 표집방법 결정, ㄹ: 표집크기 결정
⑤ ㄱ: 표집틀 선정, ㄴ: 표집방법 결정, ㄷ: 표집크기 결정, ㄹ: 모집단 확정

45. 서베이 조사에 관한 설명으로 옳은 것을 모두 고른 것은?

ㄱ. 여러 시점에서 회수된 설문지를 분석하면 표본추출의 편향을 추정할 수 있다.
ㄴ. 대규모 모집단의 특성을 기술하는 데 유용하다.
ㄷ. 연구결과의 일반화가 상대적으로 용이하다.
ㄹ. 한 시점에서 끝나는 경우가 많아 시계열적인 정보를 얻기 어렵다.

① ㄱ, ㄴ, ㄷ   ② ㄷ, ㄹ
③ ㄴ, ㄷ   ④ ㄱ, ㄴ, ㄹ
⑤ ㄱ, ㄴ, ㄷ, ㄹ

46. 설문지 작성방법에 관한 설명으로 옳지 않은 것은?
① 개방형 질문은 자료의 분석 및 해석에 많은 시간이 소요된다.
② 행렬식 질문은 유사한 질문들이 인접하여 배치되기 때문에 고정반응이 발생할 수 있다.
③ 질문에서 가치중립적인 표현은 피해야 한다.
④ 구조화된 면접은 주로 폐쇄형 질문으로 구성되어 있다.
⑤ 사전조사(pretest)를 통해 질문지의 언어구성상 문제를 수정할 수 있다.

47. 내용분석법의 장단점에 관한 설명으로 옳지 않은 것은?
① 비관여적 연구방법으로서 연구대상의 반응성이 생기지 않는다.
② 자료의 수정이나 반복하는 것이 불가능하다.
③ 가치, 태도, 성향, 창의성, 인간성 등 다양한 심리적 변수를 효과적으로 측정할 수 있다.
④ 다른 연구방법과 함께 사용하는 것이 가능하다.
⑤ 기록된 의사전달 자료에만 의존하므로 기록으로 남아 있지 않은 것은 분석하기 어렵다.

48. 욕구조사에 관한 설명으로 옳지 않은 것을 모두 고른 것은?

> ㄱ. 초점집단기법은 전문가 패널을 대상으로 견해를 파악한다.
> ㄴ. 지역사회포럼은 관심 있는 소수의 사람이 참여하므로 표본의 편의현상이 나타날 수 있다.
> ㄷ. 사회지표조사는 많은 비용과 시간을 필요로 한다.
> ㄹ. 명목집단기법에서는 참가자들이 서로 누구인지 알 수 있다.

① ㄱ, ㄴ   ② ㄱ, ㄷ

③ ㄴ, ㄹ   ④ ㄷ, ㄹ

⑤ ㄱ, ㄴ, ㄷ, ㄹ

49. 혼합연구방법(mixed methodology)에 관한 설명으로 옳은 것을 모두 고른 것은?

> ㄱ. 질적 연구방법으로 발견한 연구주제를 양적 연구방법을 이용하여 탐구할 때 사용할 수 있다.
> ㄴ. 각각의 연구방법을 통해 얻은 결과가 서로 확증되는지 알아보기 위해 사용한다.
> ㄷ. 양적 연구의 결과에 기반하여 질적 연구를 시작하는 것이 원칙이다.
> ㄹ. 해석주의 패러다임, 실증주의 패러다임 등 다양한 연구 패러다임을 수용한다.

① ㄱ, ㄴ, ㄷ   ② ㄷ, ㄹ

③ ㄴ, ㄷ   ④ ㄱ, ㄴ, ㄹ

⑤ ㄱ, ㄴ, ㄷ, ㄹ

50. 질적 연구에서 참여관찰의 특성으로 옳지 않은 것은?

① 완전 참여자(complete participant) 유형은 비관여적이므로 관찰자효과를 일으킬 가능성이 낮다.

② 연구대상이 소수의 개인이나 집단 등으로 제한된다.

③ 시간적 · 공간적 · 물리적 제약이 따른다.

④ 어린이와 같이 언어구사력이 떨어지는 집단에 효과적이다.

⑤ 일반화 가능성이 낮아 결론이 제한적이다.

2025년도 제23회 사회복지사1급 국가시험 대비

FINAL 모의고사 3회

교 시	문제형별	시 간	시험과목 및 시험영역
2교시	A	75분	사회복지실천 ① 사회복지실천론 ② 사회복지실천기술론 ③ 지역사회복지론

수험번호		성 명	

【 수험자 유의사항 】

1. 시험문제지는 **단일 형별(A형)**이며, 답안카드 형별 기재란에 표시된 형별(A형)을 확인하시기 바랍니다. 시험문제지의 **총면수, 문제번호 일련순서, 인쇄상태** 등을 확인하시고, 문제지 표지에 수험번호와 성명을 기재하시기 바랍니다.

2. 답은 각 문제마다 요구하는 **가장 적합하거나 가까운 답** 1개만 선택하고, 답안카드 작성 시 시험문제지 **마킹착오**로 인한 불이익은 전적으로 **수험자에게 책임**이 있음을 알려 드립니다.

3. 답안카드는 국가전문자격 공통 표준형으로 문제번호가 1번부터 125번까지 인쇄되어 있습니다. 답안 마킹 시에는 반드시 **시험문제지의 문제번호와 동일한 번호**에 마킹하여야 합니다.

4. **감독위원의 지시에 불응하거나 시험기간 종료 후 답안카드를 제출하지 않을 경우** 불이익이 발생할 수 있음을 알려 드립니다.

5. 시험문제지는 시험 종료 후 가져가시기 바랍니다.

사회복지
전문출판 나눔의집

해당 모의고사는 저작권법에 의하여 보호를 받는 저작물이므로 무단전재와 복제를 금합니다.

사회복지실천(사회복지실천론)

1. **한국사회복지사 윤리강령의 목적으로 옳지 않은 것은?**
   ① 윤리강령은 사회복지 전문직의 사명과 사회복지실천의 기반이 되는 핵심가치를 제시한다.
   ② 윤리강령은 사회복지사업법에서 위임된 규칙으로서 사회복지 전문직의 권리와 의무에 관한 윤리기준을 제시한다.
   ③ 윤리강령은 사회복지 실천현장에서 발생하는 윤리적 갈등 상황에서 의사결정에 필요한 사항을 확인하고 판단하는 데 필요한 윤리기준을 제시한다.
   ④ 윤리강령은 사회복지 전문직의 핵심가치를 실현하기 위한 윤리적 원칙을 제시한다.
   ⑤ 윤리강령은 사회복지사가 전문가로서 품위와 자질을 유지하고, 자기관리를 통해 클라이언트를 보호할 수 있도록 안내한다.

2. **한국 사회복지사 윤리강령의 내용 중 사회복지사의 동료에 대한 윤리기준에 해당하는 것은?**
   ① 사회복지사는 사회복지 전문직의 이익과 권익을 증진시키기 위해 동료 사회복지사와 정당한 경쟁을 펼쳐야 한다.
   ② 사회복지사는 긴급한 사정으로 인해 동료의 클라이언트를 맡게 된 경우, 자신의 의뢰인처럼 관심을 갖고 서비스를 제공한다.
   ③ 사회복지사는 기관의 정책과 사업 목표의 달성, 효율성과 효과성의 증진을 위해 노력함으로써 클라이언트에게 이익이 되도록 해야 한다.
   ④ 사회복지사는 다른 구성원의 비윤리적 행위를 알게 된 때에는 해당 지역 시·군·구청장에 알려야 한다.
   ⑤ 사회복지사는 슈퍼바이저의 전문적 지도와 조언을 존중해야 하며, 슈퍼바이저는 사회복지사의 전문적 업무수행을 도와야 한다.

3. 사회복지실천에 영향을 미친 이념 및 철학적 배경에 관한 설명으로 옳지 않은 것은?
   ① 인도주의는 자선조직협회(COS) 활동의 기반이 된 이념이다.
   ② 민주주의에 입각해 클라이언트의 자기결정은 권리로서 인정된다.
   ③ 사회진화론은 사회복지실천의 사회통제적 측면과 관련된다.
   ④ 상부상조 정신은 제도적 사회복지의 발달에 영향을 주지는 못했다.
   ⑤ 개인주의는 개별화의 원칙, 최소한의 수혜자격 원칙 등에 영향을 미쳤다.

4. 로웬버그와 돌고프(Loewenberg & Dolgoff)가 제시한 윤리원칙에 관한 설명으로 옳지 않은 것은?
   ① 사회복지사는 사회복지실천의 주된 목적은 삶의 질 향상에 있음을 고려해야 한다.
   ② 사회복지사는 클라이언트가 자신이 제시한 해결책을 받아들이지 않더라도 인정할 수 있어야
      한다.
   ③ 사회복지사는 클라이언트가 가진 자원 및 능력과 상관없이 동일하게 서비스를 제공해야 한다.
   ④ 사회복지사는 자살을 생각하고 있는 클라이언트에 대해 비밀보장의 원칙보다 생명보호의 원
      칙을 우선시 해야 한다.
   ⑤ 사회복지사는 완전한 해결책을 찾기 어려움을 인정하고 최소한의 손실을 고려해야 한다.

5. 사회복지실천의 발달과정을 순서대로 바르게 나열한 것은?

   ┌──┐
   │ ㄱ. 펄만(Perlman)의 문제해결모델이 등장하였다.   │
   │ ㄴ. 플렉스너(Flexner)는 사회복지직의 전문성에 대해 비판하였다. │
   │ ㄷ. 리치몬드(Richmond)의 사회진단이 출간되었다.   │
   │ ㄹ. 밀포드(Milford) 회의에서 개별사회사업의 공통요소를 정리하였다. │
   └──┘

   ① ㄴ → ㄷ → ㄹ → ㄱ   ② ㄴ → ㄹ → ㄱ → ㄷ
   ③ ㄷ → ㄹ → ㄱ → ㄴ   ④ ㄷ → ㄴ → ㄹ → ㄱ
   ⑤ ㄹ → ㄴ → ㄱ → ㄷ

6. 우리나라 사회복지실천의 발달에 관한 설명으로 옳지 않은 것은?
   ① 한국전쟁 이후 외원단체들의 지원은 시설 중심의 사회복지를 발전시켰다.
   ② 1983년 사회복지사업법 개정에서 사회복지사라는 명칭을 사용하기 시작하였다.
   ③ 저소득층 영구임대아파트 내 사회복지관 의무설치로 태화여자관이 건립되었다.
   ④ 2000년에는 사회복지전문요원이 사회복지전담공무원으로 전환되었다.
   ⑤ 최근에는 맞춤형 복지, 통합 사례관리, 지역사회보호 등이 강조되고 있다.

7. 다음 중 1차 현장인 동시에 생활시설인 사회복지실천현장은?
   ① 재가노인복지시설
   ② 노인요양시설
   ③ 종합사회복지관
   ④ 가정위탁지원센터
   ⑤ 청소년쉼터

8. 사회복지실천에서 강조되는 관점에 관한 설명으로 옳은 것을 모두 고른 것은?

   > ㄱ. 환경 속 인간(PIE) 관점은 개인과 환경 간의 상호작용 문제를 살펴본다.
   > ㄴ. 다문화 관점은 주류 문화와 이주 문화 간의 동등한 공존을 추구한다.
   > ㄷ. 생태체계관점에서는 클라이언트의 환경 부적응을 병리적 문제로 규정한다.
   > ㄹ. 강점관점에서는 클라이언트의 역량강화를 위해 다양한 자원의 활용을 도모한다.

   ① ㄱ, ㄹ   ② ㄴ, ㄷ
   ③ ㄱ, ㄴ, ㄹ   ④ ㄴ, ㄷ, ㄹ
   ⑤ ㄱ, ㄴ, ㄷ, ㄹ

9. 다음 사례에서 콤튼과 갤러웨이(Compton & Galaway)가 제시한 사회복지실천 구성체계로 옳은 것은?

   > 지역아동센터에서 사회복지관으로 의뢰된 정세아(8세) 아동을 돕기 위해 사회복지관의 윤정호 사회복지사는 어머니 김미진 씨를 만났다. 김미진 씨는 세아가 학교 얘기는 도통 하지 않는다며 학교에 적응을 못하고 있는 건 아닌지 걱정스럽다고 했다. 또 남동생(정호연, 6세)이 하나 있는데 최근에는 동생이랑 잘 놀다가도 갑자기 소리를 지르고 울고 떼 쓰는 일이 많아졌다고 했다.
   > 윤정호 사회복지사는 세아와 만나 동생과의 관계나 학교생활은 어떤지 등을 확인하였고, 김미진 씨에게는 학교 담임교사와의 면담을 권하였다. 이후 사회복지관 부설 아동 · 가족 상담센터의 이용을 안내하였고, 상담센터의 치료사와 정보를 나누며 세아의 건강한 적응과정을 지원했다.

   ① 표적체계: 어머니 김미진
   ② 행동체계: 부설 아동 · 가족 상담센터의 치료사
   ③ 전문체계: 지역아동센터의 센터장
   ④ 의뢰체계: 초등학교의 담임교사
   ⑤ 변화매개체계: 어머니 및 정세아 아동의 가족들

10. 통합적 접근에 근거한 사회복지사의 활동으로 옳지 않은 것은?
　　① 다차원적 개입에 따라 다양한 역할을 수행한다.
　　② 클라이언트의 성장 가능성과 잠재적 능력을 긍정적으로 살펴본다.
　　③ 클라이언트와 클라이언트를 둘러싼 환경과의 관계를 고려한다.
　　④ 클라이언트의 문제를 세분화하여 맞춤형 서비스를 제공한다.
　　⑤ 경험적으로 검증된 개입방법을 우선적으로 적용한다.

11. PIE(Person In Environment) 분류체계에 대한 설명으로 옳은 것을 모두 고른 것은?

　　ㄱ. 사회적 기능 수행상 문제: 클라이언트의 사회적 역할 문제
　　ㄴ. 가족관계 문제: 가족에게 일어난 사건 및 가족 간의 상호작용
　　ㄷ. 정신건강 문제: 정신적, 성격적 혹은 발달상의 상태 혹은 장애
　　ㄹ. 신체건강 문제: 문제를 지속시킬 수 있는 신체적 상태 혹은 장애

　　① ㄱ, ㄷ　　　　　　　　　　　　② ㄴ, ㄹ
　　③ ㄱ, ㄴ, ㄷ　　　　　　　　　　④ ㄱ, ㄷ, ㄹ
　　⑤ ㄴ, ㄷ, ㄹ

12. 사례관리자의 역할에 관한 설명으로 옳지 않은 것은?
　　① 계획자: 사례관리팀을 조직하여 개입 계획을 세운다.
　　② 조정자: 클라이언트가 겪는 갈등 상황에 개입한다.
　　③ 옹호자: 표적체계에 대해 클라이언트의 권리를 대변한다.
　　④ 평가자: 사례개입의 효율성과 효과성을 파악한다.
　　⑤ 사정자: 클라이언트의 욕구, 강점 및 자원 등을 분석한다.

13. 사례관리의 등장배경과 관련하여 옳지 않은 것은?
　　① 시설보호로의 전환
　　② 자원의 효율적 활용
　　③ 지방분권화 도입
　　④ 사회적 책임성 제고
　　⑤ 복잡한 욕구에 대응

14. 사례관리에 관한 설명으로 옳은 것은?

① 계획 → 사정 → 발굴 → 점검 → 재사정의 순으로 진행된다

② 점검 과정의 주요 과업은 사례관리의 제공 여부를 결정하는 것이다.

③ 다차원적 접근으로서 미시적 차원의 접근이 중점적으로 이루어진다.

④ 서비스 제공에 있어 효율성 극대화를 위해 단기개입을 추구한다.

⑤ 기관 내부 및 외부의 사례관리 운영체계 구축이 강조된다.

15. 비스텍(Biestek)이 제시한 관계의 원칙 중 통제된 정서적 관여에서 강조되는 요소를 모두 고른 것은?

ㄱ. 클라이언트의 감정에 대한 민감성
ㄴ. 클라이언트에 대한 수용의 자세
ㄷ. 사회복지사의 비심판적인 태도
ㄹ. 사회복지사의 의도적이고 적절한 반응

① ㄱ, ㄹ   ② ㄴ, ㄷ

③ ㄱ, ㄴ, ㄷ   ④ ㄴ, ㄷ, ㄹ

⑤ ㄱ, ㄴ, ㄷ, ㄹ

16. 전문적 관계형성의 요소에 관한 설명으로 옳지 않은 것은?

① 전문적 구체성: 사회복지사는 클라이언트가 자신의 감정을 자신의 언어로 표현할 수 있도록 구체적으로 질문할 수 있어야 한다.

② 일치성: 사회복지사는 자신과 다른 클라이언트의 특성을 유연하게 받아들이고 클라이언트의 내면 세계를 감지할 수 있어야 한다.

③ 창조성: 사회복지사는 클라이언트의 상황을 이해하고 그에 맞는 해결책을 찾는 데 있어 개방성을 가져야 한다.

④ 용기: 사회복지사는 자신이 계획한 원조 과정이 원하는 결과를 도출하지 못할 수 있음을 받아들일 수 있어야 한다.

⑤ 원조의지: 클라이언트가 자신의 삶을 스스로 선택하고 통제할 수 있는 능력을 돕는 태도, 자세 등을 말한다.

17. 클라이언트가 보이는 양가감정에 관한 설명으로 옳지 않은 것은?

① 양가감정의 원인이 사회복지사에게만 있는 것은 아니다.

② 변화를 원하는 마음과 원치 않는 마음은 공존할 수 있다.

③ 양가감정 자체를 저항 행동으로 단정할 수는 없다.

④ 사회복지사가 양가감정을 수용함으로써 저항감을 줄일 수 있다.

⑤ 비자발적 클라이언트에게서만 나타나는 독특한 현상이다.

18. 다음에서 설명하고 있는 면접 기술은?

> 클라이언트는 자신이 가지고 있는 불일치나 모순을 스스로 인식하지 못하는 경우가 있다. 사회복지사는 이 기술을 통해 클라이언트가 스스로 언행의 불일치를 깨닫게 함으로써 행동변화를 일으키도록 유도할 수 있다.

① 환언   ② 지지

③ 직면   ④ 요약

⑤ 질문

19. 클라이언트의 의뢰에 관한 설명으로 옳지 않은 것은?

① 사례의 적격 여부를 판단하여야 한다.

② 클라이언트의 동의는 필수적이다.

③ 의뢰될 기관에 대한 정보를 제공한다.

④ 의뢰 이후 서비스를 모니터링 해야 한다.

⑤ 의뢰에 대한 거부감을 다루어야 한다.

20. 다음 중 정보수집면접에 해당하는 것은?
① 가출로 경찰을 통해 쉼터에 의뢰되어온 청소년에게 가출한 원인 및 기간, 가족환경 등에 관한 이야기를 나누었다.
② 가정폭력 피해를 입은 클라이언트에게 심리검사 결과를 바탕으로 향후 개입계획을 세우기 위한 이야기를 나누었다.
③ 시험 불합격에 대한 불안감에 시달리는 클라이언트에게 자신감을 향상시킬 수 있도록 하였다.
④ 새로 입사한 회사에서의 적응 문제를 호소하는 클라이언트에게 대인관계 기술훈련을 진행하였다.
⑤ 아동의 위탁보호를 신청한 가정에 대해 아동을 위탁하기에 적합한 환경인지를 결정하기 위한 면접을 진행하였다.

21. 사정도구를 통해 파악할 수 있는 정보로 옳지 않은 것은?
① PIE 분류체계를 통해 클라이언트의 경제적 상황 및 건강상태 등을 살펴본다.
② 생활력도표를 통해 클라이언트가 생애과정에서 경험한 주요 사건을 살펴본다.
③ 사회적 관계망 도구를 통해 클라이언트가 속한 집단 내 삼각관계를 살펴본다.
④ 생태도를 통해 클라이언트와 환경체계 간의 에너지 및 자원 흐름을 살펴본다.
⑤ DSM-5를 통해 클라이언트가 겪고 있는 정신건강과 관련된 증상을 살펴본다.

22. 다음 사례와 관련된 사회복지실천 과정은?

> 클라이언트 A씨는 자신의 경제적 무능력으로 자녀들이 좋은 대학에 진학하지 못했다는 절망에 빠져 있다. 사회복지사는 대화 과정에서 클라이언트가 자녀들에게 지나치게 정서적으로 융합하고 있음을 알게 되었고, 자녀들의 진학으로 자신이 인정받고자 함에 따라 절망감을 느끼게 된 것으로 보았다.

① 접수단계 – 라포형성   ② 접수단계 – 자료수집
③ 사정단계 – 문제발견   ④ 사정단계 – 문제형성
⑤ 개입단계 – 정보제공

23. 부부관계 개선 프로그램에서 다음 중 사회복지사가 가장 먼저 수행해야 할 과업은?

① 상호 간에 책임을 다하도록 계약을 진행한다.

② 부부와 함께 이야기 나누면서 표적문제를 선정한다.

③ 프로그램을 통해 느낀 점을 이야기 나눈다.

④ 부부와 합의하여 목표를 구체적으로 설정한다.

⑤ 현재 상황을 점검하여 개입방법을 바꿔본다.

24. 사회복지사의 개입활동에 관한 설명으로 옳은 것을 모두 고른 것은?

> ㄱ. 목표한 행동수준으로 끌어올리는 행동조성은 강화원리를 기반으로 한다.
> ㄴ. 클라이언트에 대한 옹호활동은 심리적 지지를 위한 직접적 개입기법이다.
> ㄷ. 클라이언트가 자신의 강점을 발견하고 문제해결 능력을 키우도록 조력한다.
> ㄹ. 격려를 통해 문제에 대한 인지구조를 변화시킬 수 있도록 원조한다.

① ㄱ, ㄷ   ② ㄴ, ㄹ

③ ㄱ, ㄴ, ㄷ   ④ ㄴ, ㄷ, ㄹ

⑤ ㄱ, ㄴ, ㄷ, ㄹ

25. 종결단계에서 사회복지사의 과업으로 옳은 것을 모두 고른 것은?

> ㄱ. 클라이언트에게 의존하는 사회복지사의 감정을 다루도록 한다.
> ㄴ. 형성평가를 진행하여 개입 상황을 살펴본다.
> ㄷ. 기초선과 비교하여 개입의 효과를 확인한다.
> ㄹ. 클라이언트의 만족이 성과는 아님을 전제로 평가를 진행한다.

① ㄱ, ㄷ   ② ㄴ, ㄹ

③ ㄷ, ㄹ   ④ ㄱ, ㄴ, ㄷ

⑤ ㄴ, ㄷ, ㄹ

26. 사회복지실천에 있어 과학적 기반에 관한 설명으로 옳지 않은 것은?

① 과학적 기반은 개입의 효과성을 높일 수 있다.

② 객관적 자료를 통해 지역사회의 문제를 분석한다.

③ 클라이언트의 침묵에 대한 대처능력을 갖춘다.

④ 변화하는 제도 및 정책에 지속적인 관심을 둔다.

⑤ 사례회의(case conference)로 연구활동을 지속한다.

27. 정신역동모델에 관한 설명으로 옳지 않은 것은?

① 성장의지를 갖지 못하는 클라이언트에게 적합하다.

② 현재의 심리 내적 갈등을 과거 분석을 통해 탐색한다.

③ 사회복지사와 클라이언트 간 신뢰관계 형성을 강조한다.

④ 인간행동의 동기가 되는 무의식을 해석한다.

⑤ 자유연상, 훈습, 직면 등의 기술을 활용한다.

28. 심리사회모델의 개입기법에 관한 설명으로 옳은 것을 모두 고른 것은?

> ㄱ. 직접 영향주기: 언어적 · 비언어적 표현을 통해 클라이언트에게 관심, 수용, 공감적 이해를 나타낸다.
>
> ㄴ. 개인-환경 고찰: 최근 사건을 중심으로 클라이언트를 둘러싼 외부환경과 자신의 감정 등에 대한 이해를 돕는다.
>
> ㄷ. 유형-역동성 고찰: 클라이언트의 성격유형, 행동패턴, 방어기제 등을 포함하여 심리내적 역동을 분석한다.
>
> ㄹ. 탐색-기술-환기: 클라이언트의 상황에 관한 사실을 드러내고 감정의 표현을 통해 감정의 전환을 제공한다.

① ㄱ, ㄹ   ② ㄴ, ㄷ

③ ㄱ, ㄴ, ㄹ   ④ ㄴ, ㄷ, ㄹ

⑤ ㄱ, ㄴ, ㄷ, ㄹ

29. 인지행동모델에 관한 설명으로 옳지 않은 것은?

① 정신분석적 치료모델에 대해 부정적이다.

② 클라이언트는 자기결정권을 갖는다.

③ 일부 개입기술은 윤리적 문제가 제기될 수 있다.

④ 왜곡된 사고에 의한 정서적 문제를 다룰 수 있다.

⑤ 위기상황의 클라이언트에게 효과적인 모델이다.

30. 인지적 오류에 관한 예로 옳지 않은 것은?

① 임의적 추론: 아침에 미역국을 먹었으니 오늘 시험은 안 봐도 이미 망쳤어.

② 개인화: 동생 아이스크림 사다주려고 나갔는데 그동안 동생이 다친 거야. 동생을 데리고 나갔어야 했는데 내 잘못이야.

③ 극소화: 내 생일이라고 이벤트 해준 게 대수야? 내가 다이어트 중인데 삼겹살을 사온 게 문제라는 거야.

④ 이분법적 사고: 2등은 의미없어. 1등이 아니면 실패한 거야.

⑤ 과잉일반화: 친구한테 초상화를 그려줬는데, 표정이 별로였어. 다들 내 그림을 그 정도라고 생각할거야.

31. 인지행동모델의 개입기법에 관한 설명으로 옳은 것은?

① 경험적 학습은 인지적 일치 원리를 적용한다.

② 사회기술훈련은 조성화의 원칙을 따른다.

③ 체계적 탈감법은 대리적 조건화에 근거한다.

④ 자유연상은 정서적 개입기법에 속한다.

⑤ 소거는 강화와 처벌의 반복으로 이루어진다.

32. 과제중심모델에 관한 설명으로 옳지 않은 것은?

① 클라이언트의 자기결정권을 강조하여 개입의 책임성을 클라이언트에게 둔다.

② 클라이언트의 문제를 일시적인 불균형 상태로 보아 단기개입을 추구한다.

③ 표적문제 선정에 있어서는 사회복지사와 클라이언트의 합의가 있어야 한다.

④ 과제를 선정할 때에는 클라이언트가 제시한 문제와 욕구를 고려하여야 한다.

⑤ '시작 → 표적문제 규명 및 계약 → 실행 → 종결'로 이어지는 구조화된 접근이다.

33. 다음 중 발달적 위기에 해당하는 것은?
① A씨(21세)는 어머니와 동생과 함께 지하 단칸방에 살고 있었는데 폭우로 침수되어 어떻게 해야 할지 모르겠다고 했다.
② B씨(49세)는 그동안 혼자 사는 것이 좋다고 생각했는데 요즘 다 큰 조카들을 보다 보면 행복의 기회를 놓친 것 같다고 했다.
③ C씨(15세)는 얼마 전 교통사고를 목격한 뒤로 집에서 나와 골목길에 발을 내디딜 때마다 심장이 쿵쾅거린다고 했다.
④ D씨(38세)는 지난 해 결혼해 남편과 둘이 살다가 올해 쌍둥이 자녀가 태어나 기쁘기도 하지만 고단한 육아에 하루하루가 힘들다.
⑤ E씨(63세)는 아껴야 잘산다고 평생 변변한 가족여행 한 번 안 갔던 것이 이제와 돌이켜보니 후회스럽다고 했다.

34. 사회복지실천모델에 관한 설명으로 옳지 않은 것은?
① 클라이언트중심모델은 클라이언트에 대한 무조건적인 긍정적 관심을 강조한다.
② 역량강화모델은 클라이언트의 강점을 살펴보면서 다양한 가능성을 발견해나간다.
③ 위기개입모델은 클라이언트의 과거 경험과 현재 위기를 연결하는 것이 핵심이다.
④ 동기강화모델은 변화에 대한 양가감정을 탐색하면서 변화동기를 강화하는 데 목적을 둔다.
⑤ 과제중심모델은 구체적인 과제를 통해 클라이언트의 문제를 해결하고자 한다.

35. 가족에 관한 체계론적 관점의 기술로 옳지 않은 것은?
① 가족은 하위체계이면서 상위체계이다.
② 새로운 가족규칙를 선호하는 경향이 있다.
③ 전체로서의 가족은 각 부분의 합 이상이다.
④ 경계는 명확성과 융통성을 모두 갖추는 것이 바람직하다.
⑤ 가족성원의 행동은 순환적 인과관계로 설명할 수 있다.

36. 가계도를 통한 분석 내용으로 볼 수 없는 것은?
① 부모의 갈등에서 비롯된 자녀와의 삼각관계 형성
② 구성원들 사이에 나타나는 사회문화적 유사성
③ 구성원들이 중요하게 생각하는 지역사회의 지지체계
④ 원가족에서의 불안한 정서가 현재 가족에 전이되는 양상
⑤ 가족기능의 불균형 여부 및 관련 요인에 대한 분석

37. 가족경계(boundary)에 관한 설명으로 옳은 것은?
    ① 하위체계의 경계가 유리된 경우 구성원들의 결속력 약화의 문제가 제기된다.
    ② 하위체계의 경계가 모호한 경우 구성원의 독립적인 활동이 크게 나타난다.
    ③ 하위체계의 경계가 명확한 경우 구성원들은 가족에서의 소속감을 갖기 어렵다.
    ④ 하위체계의 경계가 경직된 경우 구성원들 간 의사소통이 활발하게 일어난다.
    ⑤ 하위체계의 경계가 혼돈된 경우 구성원들 사이의 사생활 침해 정도가 낮다.

38. 다음 사례에 구조적 가족치료를 적용한 것으로 옳지 않은 것은?

    > 아버지는 가족원들이 서로 일거수일투족을 모두 알고 있다는 것에 자부심을 느끼며, 항상 의견이 일치되는 것을 자랑스럽게 생각하고 있다.

    ① 가족 분위기에 맞춰 합류하기를 실시한다.
    ② 아버지의 의사소통 유형을 살펴본다.
    ③ 밀착된 경계의 경계선을 명확히 한다.
    ④ 구체적인 가족상황을 실연을 통해 살펴본다.
    ⑤ 아버지와 다른 의견을 표출할 수 있도록 한다.

39. 사티어(V. Satir)의 경험적 가족치료의 특징으로 옳은 것을 모두 고른 것은?

ㄱ. 가족의 재구조화	ㄴ. 자아존중감 형성
ㄷ. 성장과정 체험	ㄹ. 문제의 외현화

    ① ㄱ, ㄹ   ② ㄴ, ㄷ
    ③ ㄱ, ㄴ, ㄷ   ④ ㄴ, ㄷ, ㄹ
    ⑤ ㄱ, ㄴ, ㄷ, ㄹ

40. 전략적 가족치료에 관한 설명으로 옳은 것은?
    ① 가족문제의 원인을 찾아 제거하는 데에 초점을 둔다.
    ② 가족문제를 지속시키는 부적 환류고리를 변화시킨다.
    ③ 가족의 항상성이 유지되면 문제가 해결된다고 본다.
    ④ 가족문제가 가지고 있는 순환적 인과성을 살펴본다.
    ⑤ 증상처방이나 고된 체험기법을 비지시적으로 활용한다.

41. 결벽증이 있는 클라이언트와의 상담과정에서 해결중심 가족치료의 적용으로 옳지 않은 것은?

① 간접적 칭찬을 통해 클라이언트가 자신의 강점을 발견할 수 있도록 한다.

② 초대하기를 통해 클라이언트가 상담을 통해 기대하는 바가 무엇인지를 확인한다.

③ 예외질문을 통해 청소를 하지 않아도 괜찮았던 때는 언제였는지를 확인한다.

④ 기적질문을 통해 결벽증이 사라졌을 때 어떤 변화가 생길 것인지를 상상해보게 한다.

⑤ 극복질문을 통해 앞으로 문제에 대한 극복방안을 묻고 그 실천의지를 다진다.

42. 해결중심 가족치료에서 목표설정의 원칙으로 옳은 것은?

① 문제를 없애는 것에 초점을 둔다.

② 원하는 결과를 성취하는 것에 중심을 둔다.

③ 쉽게 성취할 수 없는 큰 것을 목표로 한다.

④ 구체적이고 행동적인 것으로 설정한다.

⑤ 사회복지사의 관점에서 중요한 것을 목표로 한다.

43. 가족치료모델에 관한 설명으로 옳은 것은?

① 구조적 가족치료: 문제를 유지시키는 연쇄고리를 끊기 위해 역설적 지시를 사용한다.

② 전략적 가족치료: 가족의 구조 및 경계, 상호작용 등에서 역기능의 원인을 찾는다.

③ 다세대 가족치료: 원가족과의 해결되지 않은 정서적 애착을 해결해야 한다고 본다.

④ 이야기 가족치료: 문제의 내재화를 통해 가족원들이 가족문제를 직접 다루게 한다.

⑤ 해결중심 가족치료: 가족이 해결하기 원하는 문제를 밝히는 것이 치료의 시작이다.

44. 집단유형별 특성에 관한 설명으로 옳지 않은 것은?

① 성장집단(growth group)은 질병의 치료를 중심으로 구성된다.

② 교육집단(education group)은 새로운 정보나 기술의 습득에 초점을 둔다.

③ 과업집단(task group)은 일반적으로 자기개방 수준이 낮다.

④ 지지집단(support group)은 삶의 위기에 대한 대처기술을 획득한다.

⑤ 치료집단(treatment group)은 목적에 따라 인위적으로 형성될 수 있다.

45. 사회적 목표모델(social goals model)에 관한 설명으로 옳지 않은 것은?
 ① 집단사회복지실천의 초기 모델이다.
 ② 사회적 의식과 사회적 책임을 발달시켜 나간다.
 ③ 민주주의의 발달 및 유지 등을 강조한다.
 ④ 사회복지사는 바람직한 역할모델을 제시해야 한다.
 ⑤ 성원 간 상호원조 체계를 구축하여 문제를 해결한다.

46. 집단 대상 사회복지실천을 통해 얻을 수 있는 장점에 관한 설명으로 옳지 않은 것은?
 ① 성원 간에 친밀감이 형성되면서 수용과 지지를 받게 된다.
 ② 사회복지사의 행동을 모방하여 사회기술을 발달시킬 수 있다.
 ③ 집단에 대한 소속감은 심리적 안정과 위로가 되기도 한다.
 ④ 자신의 문제가 해결될 수 있다는 보편성을 경험할 수 있다.
 ⑤ 공통된 문제를 확인함으로써 자신의 문제를 일반화할 수 있다.

47. 집단사회복지실천에서 집단구성에 관한 설명으로 옳은 것을 모두 고른 것은?

> ㄱ. 집단의 단계적 발달이 중요할 경우에는 폐쇄형 집단이 적합하다.
> ㄴ. 개방형 집단은 위기상황에 놓인 사람들이 참여하기에 용이하다.
> ㄷ. 집단의 크기가 클수록 말이나 행동에 대한 압박을 덜 받는다.
> ㄹ. 동질성이 높은 집단은 성원 간 다양한 의견 교환에 용이하다.

 ① ㄱ, ㄴ   ② ㄷ, ㄹ
 ③ ㄱ, ㄴ, ㄷ   ④ ㄴ, ㄷ, ㄹ
 ⑤ ㄱ, ㄴ, ㄷ, ㄹ

48. 집단 초기단계의 과업에 관한 설명으로 옳지 않은 것은?
 ① 집단성원의 행동과 태도가 불일치할 때는 직면기술을 실시한다.
 ② 집단성원이 갖는 불안감, 긴장감 등을 다루며 참여동기를 강화한다.
 ③ 사회복지사 및 성원들을 소개하며 소속감을 가질 수 있도록 한다.
 ④ 집단의 목표를 명확히 하고 개별성원의 목표를 설정한다.
 ⑤ 집단성원이 신뢰감을 갖고 참여할 수 있는 분위기를 조성한다.

49. SOAP 기록에 관한 설명으로 옳은 것을 모두 고른 것은?

> ㄱ. S: 클라이언트는 자신의 문제에 대해 회피하면서 축소하려고 함
> ㄴ. O: 클라이언트는 검사결과 알코올 의존도가 매우 높은 수준임
> ㄷ. A: 클라이언트는 불면증, 우울증 등 전문적인 치료 지원이 요구됨
> ㄹ. P: 클라이언트는 "악몽을 꾸지 않으려면 술을 마셔야 한다"고 말함

① ㄱ, ㄹ   ② ㄴ, ㄷ

③ ㄱ, ㄴ, ㄹ   ④ ㄴ, ㄷ, ㄹ

⑤ ㄱ, ㄴ, ㄷ, ㄹ

50. 다음에 해당하는 단일사례설계의 유형은?

> 사회복지관에서 민화 그리기 수업에 참여 중인 오혜진(40세) 씨는 이웃집 할머니가 4개월 전 쯤 작고하신 뒤로 홀로 되신 할아버지(김성철, 72세)가 걱정된다는 이야기를 꺼냈다. 사회복지사는 오혜진 씨의 도움으로 김성철 어르신을 만나 지난 한 달 동안의 생활패턴과 심리상태를 확인하였고, 총 8회기로 진행되는 사별애도 집단상담 프로그램에 참여하였다.

① 복수기초선설계   ② 다중요소설계

③ AB설계   ④ ABC설계

⑤ BAB설계

51. 던햄(A. Dunham)이 제시한 지역사회 유형 구분 중 다음 설명과 관련이 깊은 것은?

> 1990년대 러시아, 우크라이나, 우즈베키스탄 등에 거주하던 고려인 1세들이 한국으로 영구 귀국하게 되었다. 이들의 후손들이 인천 연수구의 함박마을에 터전을 잡게 되면서 고려인 타운으로 불렸다. 이제는 외국인 노동자들의 유입으로 내국인보다 외국인이 더 많은 마을이 되었고 러시아 타운으로 불리고 있다.

① 정부의 행정구역에 따른 기준   ② 경제적 기반에 따른 기준

③ 사회통합 수준에 따른 기준   ④ 인구의 크기에 따른 기준

⑤ 인구구성의 사회적 특수성에 따른 기준

52. 지역사회에 관한 설명으로 옳지 않은 것은?
① 힐러리(Hillery): 지역사회의 기본요소로 사회문화적 상호작용, 공동의 유대감, 지리적 영역의 공유 등을 꼽았다.
② 파크와 버제스(Park & Burgess): 모든 지역사회는 사회이지만, 모든 사회가 지역사회는 아니라고 보았다.
③ 워렌(Warren): 지역사회를 지역적 접합성을 가지는 주요한 사회적 기능수행의 단위와 체계의 결합으로 정의하였다.
④ 맥키버(MacIver): 지역사회는 읍·면·동과 같은 행정구역 내에서 가까이 생활하는 사람들의 집합이라고 보았다.
⑤ 길버트와 스펙트(Gilbert & Specht): 지역사회에서 이루어지는 상부상조의 기능은 사회복지 제도로 발전하였다.

53. 지역사회복지에 대한 설명으로 옳지 않은 것은?
① 최근에는 공공과 민간의 네트워크를 통한 협력이 중요시 되고 있다.
② 지역사회복지의 실천대상은 지역사회 내 소외된 계층, 불이익집단 등이다.
③ 지역사회복지 실천과정에서는 욕구의 가변성에 대한 이해가 필수적이다.
④ 사회행동적 차원에서 비판의식 개발, 자원의 균등한 배분 등을 위해 노력한다.
⑤ 시설보호의 문제점을 해결하기 위한 대안으로서 지역사회보호가 강조된다.

54. 지역사회보호에 관한 설명으로 옳은 것은?

① 사회사업의 전통적인 분류 중 하나에 해당한다.

② 이용자는 자신의 가정에서 서비스를 받게 된다.

③ 이용자의 일상생활은 지역사회 내에서 유지된다.

④ 사회복지사 등 관리자가 필수적으로 함께 생활한다.

⑤ 탈시설화에 대한 비판이 확대되면서 제기되었다.

55. 한국 지역사회복지의 발달과정을 순서대로 나열한 것은?

ㄱ. 사회복지전담공무원의 일반직 전환·배치
ㄴ. 재가복지서비스의 확대를 위한 재가복지봉사센터 설립
ㄷ. 시·군·구 단위 사회복지사무소 시범사업 실시
ㄹ. 영구임대주택단지 내 사회복지관 건립 의무화

① ㄱ → ㄴ → ㄷ → ㄹ

② ㄴ → ㄱ → ㄷ → ㄹ

③ ㄴ → ㄱ → ㄹ → ㄷ

④ ㄹ → ㄴ → ㄱ → ㄷ

⑤ ㄹ → ㄷ → ㄴ → ㄱ

56. 한국 지역사회복지 역사에서 나타난 인보 관행 및 제도에 관한 설명으로 옳지 않은 것은?

① 오가통은 인보상조 및 연대책임을 규정한 지방자치 성격의 국가제도였다.

② 품앗이는 농촌에서 노동력을 상시적으로 차용하고 교환하는 국가제도였다.

③ 진휼청은 흉년에 이재민과 빈민을 구제하기 위해 설치된 국가기관이었다.

④ 향약은 지역주민의 순화, 덕화, 교화를 목적으로 한 자치적 협동조직이다.

⑤ 계는 경제적 대비를 위해 주민 간에 이루어진 자연발생적 조직이었다.

57. 영국에서 발표된 지역사회보호에 관한 보고서 중 다음에 해당하는 것은?

> 1968년 발표된 보고서로 지역사회를 기반으로 한 사회서비스 제공에 초점을 두어 행정개편
> 이 이루어져야 함을 주장하였다. 비공식 서비스의 참여를 통한 지역사회보호의 실현을 역설
> 하였다.

① 하버트 보고서(Harbert Report)
② 그리피스 보고서(Griffiths Report)
③ 시봄 보고서(Seebohm Report)
④ 베버리지 보고서(Beveridge Report)
⑤ 바클레이 보고서(Barclay Report)

58. 지역사회복지 이론에 관한 설명으로 옳지 않은 것을 모두 고른 것은?

> ㄱ. 사회체계이론: 지역사회 문제와 관련된 하위체계의 역할과 기능을 살펴본다.
> ㄴ. 사회구성이론: 다양한 이익집단의 참여에 따라 민주적인 정책결정이 이루어진다.
> ㄷ. 사회자본이론: 공유된 규범, 이해, 가치, 신뢰, 협력 등으로 공동체가 유지된다.
> ㄹ. 사회학습이론: 사회행동모델을 기반으로 지역주민들의 역량강화를 추구한다.

① ㄱ, ㄷ
② ㄴ, ㄹ
③ ㄱ, ㄴ, ㄷ
④ ㄴ, ㄷ, ㄹ
⑤ ㄱ, ㄴ, ㄷ, ㄹ

59. 하드캐슬(Hardcastle)의 권력균형 전략에 관한 설명으로 옳지 않은 것은?
① 호혜성: 상호 간에 자원을 주고받음으로써 균형관계를 맺는 전략이다.
② 재평가: 기존의 관계에서 얻은 자원의 가치가 낮아질 때 고려하는 전략이다.
③ 경쟁: 기존의 종속관계에서 벗어나기 위해 다른 자원을 찾는 전략이다.
④ 강제: 물리적인 힘을 가하여 강제적으로 자원을 장악하는 전략이다.
⑤ 연합: 유관기관 간 협력으로 기존의 종속관계를 전복시키는 전략이다.

60. 웨일과 갬블(M. Weil & D. Gamble)의 지역사회복지 실천모델에 관한 설명으로 옳지 않은 것은?

① 사회운동모델: 저소득집단의 소득 향상에 초점을 두어 지역사회개발을 진행한다.

② 정치·사회행동모델: 사회복지사의 역할은 옹호자, 조직가, 조사자, 조정자 등이다.

③ 프로그램 개발과 지역사회연계모델: 프로그램 개발 과정에 지역주민의 참여를 확대한다.

④ 근린 지역사회조직모델: 주요 관심 영역은 지역주민의 삶의 질 향상에 있다.

⑤ 사회계획모델: 일차적인 구성원은 선출직 공무원, 기관의 책임자 등이다.

61. 테일러와 로버츠(Taylor & Roberts)의 지역사회복지 실천모델에 해당하지 않는 것은?

① 계획모델

② 지역사회개발모델

③ 정치적 역량강화모델

④ 지역사회조직모델

⑤ 지역사회연계모델

62. 지역사회 사정에 관한 설명으로 옳지 않은 것은?

① 지역사회의 사회문화적 특징을 고려하여야 한다.

② 구체적인 쟁점을 중심으로 지역주민의 욕구를 파악한다.

③ 인적·물적 자원을 검토하는 협력 사정을 진행한다.

④ 사정의 결과는 프로그램 기획으로 연결되도록 한다.

⑤ 서베이, 델파이기법 등을 통해 사정을 위한 자료를 수집한다.

63. 지역사회개발모델에서의 사회복지사의 역할로 옳은 것을 모두 고른 것은?

> ㄱ. 사회복지사는 조직가로서 주민들의 조직화를 격려한다.
> ㄴ. 사회복지사는 행동가로서 사회의 구조적 개혁을 추진한다.
> ㄷ. 사회복지사는 사회치료자로서 지역사회의 상황을 진단한다.
> ㄹ. 사회복지사는 안내자로서 지역사회를 있는 그대로 수용한다.

① ㄱ, ㄴ   ② ㄷ, ㄹ

③ ㄱ, ㄴ, ㄹ   ④ ㄴ, ㄷ, ㄹ

⑤ ㄱ, ㄴ, ㄷ, ㄹ

64. 조직화를 위한 전략으로 옳지 않은 것은?

① 지역사회의 갈등이 아닌 합의, 협력을 중심으로 한다.

② 주민들 사이에 신뢰감과 유대감 형성이 중요하다.

③ 주민조직의 질적, 양적 성장을 추구해야 한다.

④ 주민들의 사적 이익에 대한 관심을 조직화에 연결한다.

⑤ 주민 리더의 양성을 통해 주민조직이 지속되도록 한다.

65. 옹호를 위한 전술 중 다음에 해당하는 것은?

> 이 전술의 주요 구성요소는 대상, 메시지, 전달자, 전달형식이다. 전달자는 대상인 표적체계에 대해 잘못된 정보를 바로 잡을 수 있는 추가적인 정보를 제공함으로써 표적체계가 기존의 결정과는 다른 결정을 내릴 수 있도록 한다.

① 정치적 압력　　　　　② 설득

③ 이의신청　　　　　　④ 역량강화

⑤ 청원

66. 사회자본에 관한 설명으로 옳지 않은 것은?

① 지역사회 네트워크는 사회자본의 전제가 된다.

② 한 번 형성되면 유지되는 특성이 있다.

③ 지역사회의 집합적 자산으로서 의미를 가진다.

④ 신뢰는 공동체의 문제를 해결할 수 있는 사회자본이다.

⑤ 사회자본의 교환은 동시성을 전제로 하지 않는다.

67. 시·군·구 지역사회보장계획에 포함되어야 할 사항을 모두 고른 것은?

> ㄱ. 사회보장급여의 사각지대 발굴 및 지원 방안
> ㄴ. 지역사회보장 수요의 측정, 목표 및 추진전략
> ㄷ. 지역사회보장 전달체계의 조직과 운영
> ㄹ. 지역사회보장에 필요한 재원의 규모와 조달 방안

① ㄱ, ㄷ   ② ㄴ, ㄹ

③ ㄱ, ㄴ, ㄷ   ④ ㄴ, ㄷ, ㄹ

⑤ ㄱ, ㄴ, ㄷ, ㄹ

68. 지역사회보장계획에 관한 설명으로 옳은 것은?

① 시·군·구 지역사회보장계획은 시행연도의 전년도 11월 30일까지 시·도지사에게 제출해야 한다.

② 시·군·구 지역사회보장계획은 4년마다 수립되며, 이를 반영하여 시·도 지역사회보장계획은 해마다 수립한다.

③ 시·도 지역사회보장계획은 시·도 사회보장위원회의 심의와 해당 지역 내 시·군·구 의회의 보고를 거친다.

④ 시·군·구 지역사회보장협의체는 위원장 1명을 포함한 10명 이상 40명 이하의 위원으로 구성한다.

⑤ 지역사회보장계획은 사회보장에 관한 기본계획과의 연계를 통해 사회보장의 정책 및 실천에 대한 강제성을 부여한다.

69. 사회복지협의회에서 추진하는 사업으로 옳지 않은 것은?

① 사회복지 관련 기관·단체 간의 연계·협력·조정

② 사회복지에 관한 조사·연구 및 정책건의

③ 지역사회보장계획의 시행결과에 대한 평가

④ 사회복지 소외계층 발굴

⑤ 민간사회복지자원과의 연계·협력

70. 지역사회보장과 관련된 기관에 대한 설명으로 옳지 않은 것은?
   ① 읍·면·동 지역사회보장협의체는 시·군·구의 사회보장 관련 업무를 수행하기 위해 조직된다.
   ② 시·군·구 지역사회보장협의체는 2005년 출범한 지역사회복지협의체가 개편된 것이다.
   ③ 시·군·구 지역사회보장협의체는 시·군·구 조례를 통해 실무분과를 구성할 수 있다.
   ④ 시·도 사회보장위원회는 시·도의 지역사회보장계획 수립·시행 및 평가에 관한 사항을 심의·자문한다.
   ⑤ 지역사회보장균형발전지원센터는 시·도 및 시·군·구의 사회보장 추진 현황 분석 등의 업무를 진행한다.

71. 지방분권화에 관한 설명으로 옳지 않은 것은?
   ① 풀뿌리 민주주의로 불린다.
   ② 우리나라는 1995년부터 전면 실시되었다.
   ③ 지역문제에 대한 자기통치 원리를 담고 있다.
   ④ 지방자치단체의 역할과 책임이 강화된다.
   ⑤ 복지정책의 전국적 통일성이 증대된다.

72. 사회복지관에 대한 설명으로 옳은 것을 모두 고른 것은?

   ┌───┐
   │ ㄱ. 사회복지관 역시 사회복지시설로 3년마다 평가를 받아야 한다. │
   │ ㄴ. 시설운영의 투명성을 확보하기 위해 시설운영위원회를 운영한다. │
   │ ㄷ. 사례발굴 및 사례개입을 통해 지역사회보호 사업을 추진한다. │
   │ ㄹ. 복지 네트워크 구축을 통해 지역복지의 중심적인 역할을 수행한다. │
   └───┘

   ① ㄱ, ㄷ   ② ㄴ, ㄹ
   ③ ㄱ, ㄴ, ㄹ   ④ ㄴ, ㄷ, ㄹ
   ⑤ ㄱ, ㄴ, ㄷ, ㄹ

73. 사회적기업에 관한 설명으로 옳지 않은 것은?

① 보건복지부 장관의 인증으로 설립된다.

② 사회적 가치와 경제적 영리를 모두 추구한다.

③ 일자리 창출 및 사회서비스 확충의 의의를 갖는다.

④ 2007년 제정된 사회적기업 육성법을 따른다.

⑤ 사회적기업 육성 기본계획은 5년마다 수립되고 있다.

74. 지역사회복지 추진체계에 관한 설명으로 옳지 않은 것은?

① 사회복지관은 사례관리, 서비스 제공, 지역조직화 등의 기능을 수행한다.

② 자활기업은 국민기초생활보장법에 따라 자활지원을 위해 설립된다.

③ 협동조합은 조합원의 권익옹호와 지역사회에 공헌하는 사업조직이다.

④ 사회복지공동모금회는 공공기관으로서 전국 단위의 공동모금을 실시한다.

⑤ 자원봉사센터는 간접 서비스 기관으로서 자원봉사 프로그램을 개발·보급한다.

75. 아른스테인(Arnstein)이 제시한 주민참여 단계에 관한 설명으로 옳지 않은 것은?

① 회유: 각종 위원회 등을 통해 주민참여의 범위가 확대된다.

② 조작: 행정기관과 주민이 서로 간의 관계를 확인하는 수준이다.

③ 치료: 행정기관의 일방적인 지도에 그치는 비참여 단계이다.

④ 상담: 공청회, 집회 등을 개최하기는 하지만 형식적인 수준이다.

⑤ 협동: 협상을 통해 주민의 권한이 가장 크게 나타나는 단계이다.

2025년도 제23회 사회복지사1급 국가시험 대비

FINAL 모의고사 3회

교 시	문제형별	시 간	시험과목 및 시험영역
3교시	A	75분	**사회복지정책과 제도** ① 사회복지정책론 ② 사회복지행정론 ③ 사회복지법제론

수험번호		성 명	

【 수험자 유의사항 】

1. 시험문제지는 **단일 형별(A형)**이며, 답안카드 형별 기재란에 표시된 형별(A형)을 확인하시기 바랍니다. 시험문제지의 **총면수, 문제번호 일련순서, 인쇄상태** 등을 확인하시고, 문제지 표지에 수험번호와 성명을 기재하시기 바랍니다.

2. 답은 각 문제마다 요구하는 **가장 적합하거나 가까운 답 1개**만 선택하고, 답안카드 작성 시 시험문제지 **마킹착오**로 인한 불이익은 전적으로 **수험자에게 책임**이 있음을 알려 드립니다.

3. 답안카드는 국가전문자격 공통 표준형으로 문제번호가 1번부터 125번까지 인쇄되어 있습니다. 답안 마킹 시에는 반드시 **시험문제지의 문제번호와 동일한 번호**에 마킹하여야 합니다.

4. **감독위원의 지시에 불응하거나 시험기간 종료 후 답안카드를 제출하지 않을 경우** 불이익이 발생할 수 있음을 알려 드립니다.

5. 시험문제지는 시험 종료 후 가져가시기 바랍니다.

사회복지 전문출판 나눔의집

해당 모의고사는 저작권법에 의하여 보호를 받는 저작물이므로 무단전재와 복제를 금합니다.

사회복지정책과 제도(사회복지정책론)

1. **사회복지정책의 가치에 대한 설명으로 옳은 것은?**
   ① 재분배를 위한 국가의 개입은 적극적 자유를 침해하는 결과를 낳기도 한다.
   ② 적극적 자유는 신자유주의자들이 강조하는 개념이다.
   ③ 공공부조는 대상효율성과 운영효율성을 높이는 데에는 적절하지 않다.
   ④ 사회적 적절성과 비례적 평등의 가치는 형평을 추구한다는 면에서 상충되지 않는다.
   ⑤ 복지국가의 발전은 적극적 자유의 개념을 확장시킬 수 있는 기회가 되기도 했다.

2. **롤스(J. Rawls)의 사회정의론에 대한 설명으로 옳은 것을 모두 고른 것은?**

   > ㄱ. 정의의 제1원칙은 개인의 자유 보장에 관한 원칙으로서, 제2원칙에 항상 우선하는 것이라고 보았다.
   > ㄴ. 제2원칙은 사회적으로 불리한 처지에 있는 사람들의 자유가 현실적으로 제한되지 않도록 하기 위한 것이다.
   > ㄷ. 개인은 최소극대화의 원칙에 따라 자신의 불이익을 최대한 줄일 수 있는 사회질서를 지지하게 된다고 보았다.
   > ㄹ. 무지의 베일에 가려져 있는 원초적 상황은 개인에 대한 자유도, 평등도 허락되지 않는다고 주장했다.

   ① ㄱ, ㄴ, ㄷ   ② ㄱ, ㄷ, ㄹ
   ③ ㄴ, ㄹ   ④ ㄱ, ㄷ
   ⑤ ㄱ, ㄴ, ㄷ, ㄹ

3. **영국 사회복지정책의 역사에 관한 설명으로 옳지 않은 것을 모두 고른 것은?**

   > ㄱ. 1911년에는 건강보험과 실업보험으로 구성된 국민보험법을 도입하였다.
   > ㄴ. 베버리지 보고서를 근거로 하여 1944년 사회보장청이 설치되었다.
   > ㄷ. 왕립 빈민법 위원회의 다수파 보고서는 현행 구빈제도의 완전한 폐지를 통한 운영방식을 주장하였다.
   > ㄹ. 1918년 도입된 노령연금법은 무기여 연금으로서 70세 이상 빈곤노인을 대상으로 하였다.

   ① ㄱ, ㄴ   ② ㄱ, ㄷ
   ③ ㄴ, ㄹ   ④ ㄷ, ㄹ
   ⑤ ㄱ, ㄴ, ㄷ

4. 복지국가 위기론이 등장하게 된 사회경제적 배경으로 볼 수 없는 것은?
   ① 국가의 재정적 위기
   ② 국가의 사회복지서비스에 따른 의존문화의 양산
   ③ 사회보장 제도의 민영화 경향
   ④ 1970년대 석유파동과 환율체계 붕괴로 나타난 스태그플레이션 현상
   ⑤ 신자유주의 이념의 확산

5. 에스핑-앤더슨(G. Esping-Anderson)의 복지국가 유형화에 관한 설명으로 옳은 것은?
   ① 미국, 캐나다, 호주 등은 사회민주주의적 복지국가에 해당한다.
   ② 자유주의적 복지국가에서 적극적 노동시장 정책은 발달하지 않았다.
   ③ 자유주의적 복지국가는 높은 사회보장세로 인한 높은 노동비용 때문에 민간부문의 일자리 창
      출이 어렵다.
   ④ 탈상품화가 낮을수록 복지선진국이라고 할 수 있다.
   ⑤ 조합주의적 복지국가는 최소한의 생활수준 보장을 넘어 평등을 추구한다.

6. 조지와 윌딩(V. George & P. Wilding)의 이데올로기 모형에 관한 설명으로 옳지 않은 것은?
   ① 중도노선은 신우파와 달리 개인주의, 그리고 경쟁적 사기업을 신봉하지 않는다.
   ② 반집합주의는 국가의 개입이 시장경제의 효율성을 저해하고 개인의 자유를 침해한다고 본다.
   ③ 페이비언 사회주의는 복지국가의 확대로 자본주의를 변화시킬 수 있다고 본다.
   ④ 사회민주주의는 노동계급을 대변하는 정치세력이 클수록 복지국가가 발전한다고 본다.
   ⑤ 소극적 집합주의는 실용주의적인 경향을 보이며 국가의 개입을 제한적으로 인정한다.

7. 전통적 복지국가와 구분되는 사회투자국가(social investment state)의 특징으로 옳지 않은 것은?
   ① 기회를 재분배함으로써 결과의 불평등은 받아들일 수 있는 것으로 본다.
   ② 소득보장에 사용되는 소비지출은 되도록 억제하고 자산조사를 통한 표적화된 프로그램을 선
      호한다.
   ③ 전통적인 과세와 지출을 강조하기보다는 사회투자를 강조한다.
   ④ 경제정책을 우위에 둔 경제정책과 사회정책의 통합을 강조한다.
   ⑤ 시민의 권리와 의무보다는 복지제공에 관한 국가의 의무를 강조한다.

8. 사회복지정책의 일반적인 형성과정으로 옳은 것은?

① 문제형성 — 대안마련 — 정책의제(아젠다)형성 — 정책결정 — 집행 — 평가

② 문제형성 — 정책의제(아젠다)형성 — 대안마련 — 정책결정 — 집행 — 평가

③ 정책의제(아젠다)형성 — 문제형성 — 대안마련 — 정책결정 — 집행 — 평가

④ 문제형성 — 정책의제(아젠다)형성 — 대안마련 — 집행 — 정책결정 — 평가

⑤ 문제형성 — 평가 — 정책의제(아젠다)형성 — 대안마련 — 정책결정 — 집행

9. 사회복지정책에 대한 분석적 접근방법에 대한 설명으로 옳지 않은 것은?

① 산출 분석은 정책프로그램이 실행된 결과나 영향을 평가하는 것이다.

② 정책의 계획과 관련된 문제는 과정 분석을 통해 다룬다.

③ 경력단절여성을 위한 프로그램 실시 후 재취업률을 분석하는 것은 성과 분석에 해당한다.

④ 성과 분석은 과정 분석과 산출 분석보다 더 객관적이고 체계적인 분석을 요구한다.

⑤ 기획과정을 통해 얻게 되는 산물로서 프로그램 안이나 법률안에 대한 쟁점을 분석하는 것은 산출 분석에 해당한다.

10. 조세와 사회보험료 부과에 관한 설명으로 옳지 않은 것을 모두 고른 것은?

┌───┐
│ ㄱ. 사회보험료는 조세에 비해 징수에 대한 저항이 적다.   │
│ ㄴ. 사회보험료는 자산소득에 추가로 보험료가 부과된다.   │
│ ㄷ. 사회보험료에는 보험료 부과의 기준이 되는 소득의 상한액이 없어서 고소득층이 불리하다. │
│ ㄹ. 개인소득세는 다양한 조세감면제도를 통하여 저소득층의 부담을 줄여주기도 한다. │
└───┘

① ㄱ, ㄴ, ㄹ   ② ㄷ

③ ㄴ, ㄷ   ④ ㄱ, ㄹ

⑤ ㄱ, ㄴ, ㄷ, ㄹ

11. 사회복지 전달체계에 관한 설명으로 옳은 것을 모두 고른 것은?

┌───┐
│ ㄱ. 지방정부가 제공하는 서비스는 지역 간 불평등으로 인한 사회통합을 저해할 수 있다. │
│ ㄴ. 공급자 간의 경쟁은 클라이언트의 변화하는 욕구에 민감한 서비스 개발에 긍정적인 영향을 준다. │
│ ㄷ. 최근에는 복지혼합이 부상하면서 사회복지 공급자로서 시장의 역할이 강조되고 있다. │
│ ㄹ. 역사적으로 보면 사회복지 발전 초기에는 공공 부문이 가장 중요한 역할을 해왔다. │
└───┘

① ㄱ, ㄴ, ㄷ   ② ㄱ, ㄷ, ㄹ

③ ㄴ, ㄷ, ㄹ   ④ ㄴ, ㄹ

⑤ ㄱ, ㄷ

12. 민영화에 대한 설명으로 옳은 것을 모두 고른 것은?

> ㄱ. 사회적 욕구 충족을 위한 기제를 정부부문에서 민간부문으로 이전하거나 민간영역의 확대를 장려하는 사회적 흐름이다.
> ㄴ. 공공부문의 실패로 인한 서비스 전달의 비효율성과 비효과성에 대한 비판과 함께 등장하였다.
> ㄷ. 사용자가 시장에서 재화나 서비스를 구매할 수 있도록 바우처를 지급하는 방법도 민영화 경향이 반영된 지원 방식이다.
> ㄹ. 민영화는 공공재 제공, 평등추구, 규모의 경제 실현 등의 면에서 어려움을 겪을 가능성이 크다.

① ㄱ, ㄴ
② ㄱ, ㄷ, ㄹ
③ ㄴ, ㄹ
④ ㄱ, ㄴ, ㄷ
⑤ ㄱ, ㄴ, ㄷ, ㄹ

13. 중앙정부와 지방정부 간의 복지재정 이전체계에 관한 설명으로 옳은 것을 모두 고른 것은?

> ㄱ. 범주적 보조금은 재원의 사용목적이 상세히 규정되어 있고 제약조건이 부여되는 특징이 있다.
> ㄴ. 일반 교부세는 국가가 예산의 일부를 지방정부에게 일정한 비율로 배분하는 것이다.
> ㄷ. 포괄 보조금은 예방접종사업과 같이 구체적인 영역보다는 공중보건의 증진과 같은 일반적이고 광범위한 영역을 대상으로 한다.
> ㄹ. 지방정부의 재량권을 작은 것에서 큰 순서로 나열하면 범주적 보조금 < 포괄 보조금 < 일반 교부세이다.

① ㄱ, ㄴ
② ㄱ, ㄷ
③ ㄴ, ㄹ
④ ㄴ, ㄷ, ㄹ
⑤ ㄱ, ㄴ, ㄷ, ㄹ

14. 소득재분배의 유형과 관련된 제도의 연결이 옳지 않은 것을 모두 고른 것은?

> ㄱ. 수직적 재분배: 국민기초생활보장제도
> ㄴ. 수평적 재분배: 국민건강보험
> ㄷ. 단기적 재분배: 국민연금
> ㄹ. 세대 간 재분배: 노인장기요양보험

① ㄱ, ㄷ, ㄹ
② ㄴ, ㄹ
③ ㄷ
④ ㄱ, ㄴ
⑤ ㄱ, ㄴ, ㄷ, ㄹ

15. 사회보장기본법에 근거한 우리나라의 사회보장제도가 아닌 것은?
   ① 고용보험   ② 장애인연금
   ③ 의료급여   ④ 최저임금제
   ⑤ 보육서비스

16. 사회보장제도에 관한 설명으로 옳은 것을 모두 고른 것은?

   > ㄱ. 한국의 사회수당제도는 완전한 보편적 수당이라고 볼 수 없는 특징을 갖고 있다.
   > ㄴ. 사회보험은 비기여·자산조사 형태, 공공부조는 기여·비자산조사 형태이다.
   > ㄷ. 비기여·비자산조사 형태는 제한된 자원에서 급여 수준이 높지 못하다는 한계가 있다.
   > ㄹ. 부담 능력이 있는 국민에 대한 사회서비스에 드는 비용은 그 수익자가 부담함을 원칙으로 한다.

   ① ㄱ, ㄴ, ㄷ   ② ㄱ, ㄷ, ㄹ
   ③ ㄴ, ㄷ   ④ ㄱ, ㄹ
   ⑤ ㄱ, ㄴ, ㄷ, ㄹ

17. 기초연금제도에 관한 설명으로 옳은 것은?
   ① 장애인연금 수급권자 중 기초연금 지급 대상자에게는 장애인연금 기초급여를 지급하지 않는다.
   ② 선정기준액을 정하는 경우 65세 이상인 사람 중 기초연금 수급자가 100분의 80 수준이 되도록 한다.
   ③ 직역연금 수급권자는 기초연금 수급대상에서 제외되지만, 그 배우자는 수급대상에 해당한다.
   ④ 부부가 모두 기초연금을 받는 경우 각각의 기초연금액에서 20%를 증액하여 지급한다.
   ⑤ 지급대상은 65세 이상인 사람으로서 소득인정액이 고용노동부장관이 정하여 고시하는 선정기준액 이하인 사람이다.

18. 확정급여식 연금과 확정기여식 연금에 대한 설명으로 옳은 것을 모두 고른 것은?

   > ㄱ. 확정급여식 연금은 개인 차원에서 예측하거나 통제하기 어려운 물가상승, 경기침체 등의 위험들을 사회 전체적으로 분산시켜 대응할 수 있다.
   > ㄴ. 확정기여식 연금의 급여액은 적립한 기여금과 기여금의 투자수익에 의해서만 결정되기 때문에 사전에 급여액이 얼마나 될지 알 수 없다.
   > ㄷ. 대부분의 국가들에서 공적 연금제도는 확정급여 방식으로 운영되고 있다.
   > ㄹ. 확정기여식 연금은 투자에 수반되는 위험에 대해서는 개인이 전적으로 책임을 지는 형태이다.

   ① ㄱ, ㄴ   ② ㄱ, ㄷ
   ③ ㄴ, ㄹ   ④ ㄴ, ㄷ, ㄹ
   ⑤ ㄱ, ㄴ, ㄷ, ㄹ

19. 국민건강보험제도에 관한 설명으로 옳은 것은?
   ① 요양급여비용의 심사, 심사기준 및 평가기준의 개발은 건강보험심사평가원이 관장한다.
   ② 가입자 및 사용자로부터 징수한 보험료만을 재원으로 한다.
   ③ 요양급여를 비롯한 건강보험의 급여는 모두 현물로 지급된다.
   ④ 의료급여 수급권자와 유공자 등 의료보호 대상자도 건강보험의 적용대상이다.
   ⑤ 우리나라는 총액계약제 방식으로 실시되고 있다.

20. 노인장기요양보험제도에 관한 설명으로 옳지 않은 것은?
   ① 노인요양공동생활가정도 시설급여를 제공할 수 있다.
   ② 노인장기요양보험에서는 재가급여를 시설급여에 우선한다.
   ③ 국민건강보험공단은 장기요양보험료와 건강보험료를 통합회계로 관리하여야 한다.
   ④ 국민기초생활보장법에 따른 의료급여 수급자는 본인부담금을 부담하지 않는다.
   ⑤ 천재지변 등 보건복지가족부령으로 정하는 사유로 인하여 생계가 곤란 한 자는 100분의 60
      을 감경한다.

21. 산업재해보상보험제도에 관한 설명으로 옳지 않은 것은?
   ① 산재보험의 보험료는 사업주가 전액 부담한다.
   ② 근로복지공단이 매월 보험료를 산정·부과하고 건강보험공단이 이를 징수한다.
   ③ 산재보험 급여수급권은 퇴직하여도 소멸되지 않는다.
   ④ 산재보험의 가입대상은 근로자를 사용하는 모든 사업이며, 적용단위는 근로자 개인이다.
   ⑤ 근로자의 고의·자해행위나 범죄행위 또는 그것이 원인이 되어 발생한 부상·질병·장해 또
      는 사망은 업무상의 재해로 보지 않는다.

22. 고용보험제도에 관한 설명으로 옳지 않은 것은?
   ① 예술인 또는 노무제공자의 노무를 제공받는 사업에도 적용하되, 규정된 특례 사항에 한정하여
      각각 적용한다.
   ② 「외국인근로자의 고용 등에 관한 법률」의 적용을 받는 외국인근로자에게는 이 법을 적용한다.
   ③ 고용안정 및 직업능력개발 사업의 보험료는 사업주와 근로자가 각각 50%씩 부담한다.
   ④ 실업의 신고일부터 계산하기 시작하여 7일간은 대기기간으로 보아 구직급여를 지급하지 아니
      한다.
   ⑤ 퇴사 당시 만 나이가 50세 이상인 사람의 구직급여 소정급여일수는 120일~270일이다.

23. 긴급복지지원제도에 관한 설명으로 옳지 않은 것은?

① 긴급복지지원의 생계급여 지원은 최대 6회, 의료급여 지원은 최대 2회이다.

② 선지원 후처리 원칙, 장기지원 원칙을 따른다.

③ 사회복지시설 이용지원은 금전 또는 현물 등의 직접 지원에 해당한다.

④ 가구단위로 산정하여 지원하는 것을 원칙으로 하지만, 개인단위 지원도 가능하다.

⑤ 다른 법률에 의하여 긴급지원의 내용과 동일한 내용의 구호 · 보호나 지원을 받고 있는 경우에는 긴급지원을 하지 아니한다.

24. 국민기초생활보장제도에 관한 설명으로 옳지 않은 것은?

① 주거급여에 관한 사항은 주거급여법에서, 의료급여에 필요한 사항은 국민건강보험법에서 따로 정한다.

② "수급권자"란 「국민기초생활보장법」에 따른 급여를 받을 수 있는 자격을 가진 사람을 말한다.

③ 기준 중위소득은 통계청이 공표하는 통계자료의 가구 경상소득 중간값에 최근 가구소득 평균 증가율, 가구규모에 따른 소득수준의 차이 등을 반영하여 가구규모별로 산정한다.

④ 현재 주거급여 지원대상은 기준 중위소득의 48% 이하인 사람이며, 부양의무자 기준은 폐지되었다.

⑤ 차상위계층은 수급권자에 해당하지 아니하는 계층으로서 소득인정액이 100분의 50 이하인 계층을 말한다.

25. 빈곤과 소득불평등에 관한 설명으로 옳은 것은?

① 10분위 분배율은 그 비율이 낮을수록 소득분배가 평등하다.

② 박탈지표방식은 식료품비의 비중에 의해 빈곤선을 측정하는 방식이다.

③ 5분위 분배율은 소득이 낮은 하위 40% 가구의 소득 합을 소득이 가장 높은 상위 20% 가구의 소득 합으로 나눈 것이다.

④ 지니계수는 0과 1 사이의 값을 가지며 그 값이 0에 가까울수록 불평등도가 높다.

⑤ 특정 집단이 경험하는 사회적 배제는 정태적 사건이 아니라 동태적 과정으로 본다.

26. 사회복지조직의 특징에 관한 설명으로 옳지 않은 것은?
    ① 지역사회의 문제해결에 관심을 두어야 한다.
    ② 조직의 활동은 도덕적 정당성을 갖추어야 한다.
    ③ 평등 가치에 입각해 서비스를 표준화해야 한다.
    ④ 사업 추진에 있어서는 효율성을 고려해야 한다.
    ⑤ 운영의 투명성이라는 사회적 요구에 부합해야 한다.

27. 한국 사회복지행정의 역사에 관한 설명으로 옳지 않은 것은?
    ① 6.25 전쟁 이후에는 외국원조기관에 의한 구호 중심의 사회복지가 이루어졌다.
    ② 1970년 사회복지사업법 제정으로 민간 사회복지기관에 대한 지원 근거가 마련되었다.
    ③ 1980년대 후반부터 공공 전달체계에 사회복지 전담 인력이 배치되기 시작했다.
    ④ 1990년대 후반에 사회복지시설 설치기준이 허가제에서 신고제로 바뀌었다.
    ⑤ 2000년대에는 시설 중심의 사회복지가 강조되면서 지역사회복지계획이 수립되었다.

28. 사회복지 발달에 있어 민영화와 거리가 먼 것은?
    ① 영국의 복지 다원주의 경향
    ② 신보수주의적 보편적 복지
    ③ 한국의 노인장기요양보험제도
    ④ 사회복지시설의 민간 위탁운영
    ⑤ 미국의 '작은 정부' 추진

29. 서비스 질 측정도구인 서브퀄(SERVQUAL)의 요소에 대한 설명으로 옳지 않은 것은?

① 가시성(tangible): 서비스 제공에 따른 가시적인 성과가 나타나야 한다.

② 신뢰성(reliability): 서비스는 계약사항을 준수하며 제공되어야 한다.

③ 확신성(assurance): 제공자는 클라이언트에게 신뢰감을 주어야 한다.

④ 공감성(empathy): 클라이언트에 대한 개별화된 이해를 바탕으로 한다.

⑤ 즉응성(responsiveness): 서비스는 필요한 때에 즉시 제공되어야 한다.

30. 관료제이론의 특징으로 옳지 않은 것은?

① 전문화된 분업체계

② 사적 감정의 배제

③ 수평적 의사소통 강조

④ 실적에 따른 지위 보장

⑤ 합리적 규칙에 따른 효율화

31. 사회복지 관련 조직이론에 관한 설명으로 옳은 것을 모두 고른 것은?

> ㄱ. 상황이론(contingency theory): 상황별 조직구조를 유형화하여 제시한 이론이다.
> ㄴ. 정치경제이론(political economy theory): 정치적, 경제적 자원의 획득을 중요시한다.
> ㄷ. 벤치마킹(Benchmarking): 성공사례를 단순모방하여 실패를 줄이려는 경영기법이다.
> ㄹ. 애드호크러시(Adhocracy): 매트릭스 구조, 태스크포스, 위원회 조직 등이 해당한다.

① ㄱ, ㄷ   ② ㄴ, ㄹ

③ ㄱ, ㄴ, ㄷ   ④ ㄴ, ㄷ, ㄹ

⑤ ㄱ, ㄴ, ㄷ, ㄹ

32. 조직의 구조적 요소에 관한 설명으로 옳지 않은 것은?

① 비일상적 기술을 사용하는 조직은 업무의 공식화가 낮다.

② 분권화 조직에서는 의사결정자들의 조정 장치가 요구된다.

③ 운영위원회 등 참모조직의 활성화는 집권화를 가져올 수 있다.

④ 수평적 분화에서는 통제의 범위를 설정하는 것이 중요하다.

⑤ 조직의 규모가 축소되면 수평적 분화의 가능성이 높아진다.

33. 사회복지 전달체계 구축의 원칙에 대한 설명으로 옳지 않은 것은?

① 서비스의 양과 질은 클라이언트의 문제를 해결하기에 충분해야 한다.

② 인테이크의 단일화는 서비스의 평등성을 확보하기 위한 노력이다.

③ 서비스 간 연계성을 강화함으로써 지속성을 높일 수 있다.

④ 접근성 확보를 위해서는 심리적 거리감을 고려해야 한다.

⑤ 책임성을 증진하기 위해서는 효율성과 효과성을 제고해야 한다.

34. 공공과 민간의 사회복지서비스 역할분담에 관한 설명으로 옳은 것을 모두 고른 것은?

> ㄱ. 민간은 복지제도의 사각지대에 놓인 클라이언트를 포괄할 수 있도록 해야 한다.
>
> ㄴ. 서비스에 대한 민간의 재량권을 강화하기 위해서는 협동대리 모형이 적절하다.
>
> ㄷ. 서비스가 외부효과를 가질 경우에는 공공을 통해 제공되는 것이 바람직하다.
>
> ㄹ. 공공과 민간이 유사한 서비스를 제공하지 않도록 민간 서비스를 적절히 규제한다.

① ㄱ, ㄷ   ② ㄴ, ㄹ

③ ㄱ, ㄴ, ㄷ   ④ ㄱ, ㄷ, ㄹ

⑤ ㄴ, ㄷ, ㄹ

35. 기획 및 의사결정에 관한 설명으로 옳지 않은 것은?

① 장기적 기획은 최고관리층이 조직 전체 차원에서 수립한다.

② 운영기획은 각 부서별 차원에서 목표의 실행에 초점을 두고 진행된다.

③ 직관적 의사결정은 일상적 업무에 대해 관습적으로 이루어진다.

④ 문제해결 의사결정에서는 과학적이고 객관적인 분석 과정이 포함된다.

⑤ 비정규적 의사결정에서는 책임자의 전문 지식이 중요하다.

36. 전략적 기획에 관한 설명으로 옳지 않은 것은?

① 조직의 사명과 가치를 설정한다.

② 장기적 차원에서 진행되는 체계적인 접근이다.

③ 우선순위를 결정하여 전술기획을 수립한다.

④ 내·외부 환경에 관한 SMART 분석을 실시한다.

⑤ 목표달성 및 성과의 극대화를 추구한다.

37. 기획 과정에서 임계경로(critical path) 선정에 관한 설명으로 옳은 것을 모두 고른 것은?

> ㄱ. 프로그램에 필요한 모든 활동의 예상 소요기간이 계산되어야 한다.
> ㄴ. 시작에서 종료까지 가능한 모든 경로 중 가장 긴 기간으로 선정한다.
> ㄷ. 프로그램의 완료를 위해 반드시 확보되어야 하는 기간을 나타낸다.
> ㄹ. 프로그램 평가검토 기법(PERT)은 임계경로의 확보를 기반으로 한다.

① ㄱ, ㄷ   ② ㄴ, ㄹ
③ ㄱ, ㄴ, ㄷ   ④ ㄴ, ㄷ, ㄹ
⑤ ㄱ, ㄴ, ㄷ, ㄹ

38. 변혁적 리더십 이론에 관한 설명으로 옳지 않은 것은?
① 급변하는 환경에서 조직의 생존을 위한 전략으로 제시되었다.
② 리더와 구성원의 관계는 개인적·사회적 가치의 교환으로 이루어진다.
③ 구성원들을 개인적인 배려로 대하며 독립적인 존재로서 인정한다.
④ 장기적인 차원에서 조직의 규범 및 문화를 창출하고 공유되도록 한다.
⑤ 조직의 방향을 제시하여 구성원들의 지지와 신뢰를 확보한다.

39. 리더십 이론에 관한 설명으로 옳은 것은?
① 특성이론은 성공적인 리더가 보이는 행동적 특성에 초점을 두고 행동 유형을 분석하였다.
② 피들러(Fiedler)는 어떤 유형의 조직에서든 관계지향적 리더의 성과가 더 크게 나타난다고 보았다.
③ 하우스(House)는 업무가 구조화되어 있고 직원들의 성취욕구가 높은 상황에 대해 지지적 리더십을 제시하였다.
④ 허시와 블랜차드(Hersey & Blanchard)는 부하가 능력은 있지만 의지는 부족한 상황에 대해 참여형 리더십을 제시하였다.
⑤ 서번트 리더십은 리더가 강한 카리스마를 바탕으로 구성원들을 이끌어야 함을 역설했다.

40. 인적자원개발에 관한 설명으로 옳지 않은 것은?
① 현장훈련(OJT): 관리자 없이 업무수행을 직접 해보면서 스스로 익혀나간다.
② 계속교육: 기관에 종사 중인 사회복지사는 의무적으로 보수교육을 받아야 한다.
③ 오리엔테이션: 신규 직원에 조직을 알림과 동시에 기초훈련의 의미가 있다.
④ 사례발표: 슈퍼비전의 활성화를 위해 슈퍼바이저 간 사례발표를 진행할 수 있다.
⑤ 임시대역(understudy): 상사의 부재를 대비해 대리수행 해보도록 하는 것이다.

41. 동기부여이론의 욕구 유형으로 옳은 것을 모두 고른 것은?

> ㄱ. 알더퍼(Alderfer)의 성취동기이론: 성취욕구, 권력욕구, 친화욕구
> ㄴ. 브룸(Vroom)의 기대이론: 행동욕구, 달성욕구, 만족욕구
> ㄷ. 허즈버그(Herzberg)의 2요인이론: 위생요인, 동기요인
> ㄹ. 매슬로우(Maslow)의 욕구계층이론: 생리적 욕구, 안전 욕구, 사회적 욕구, 자기존중 욕
>   구, 자아실현 욕구

① ㄱ, ㄴ   ② ㄴ, ㄹ

③ ㄷ, ㄹ   ④ ㄱ, ㄴ, ㄷ

⑤ ㄴ, ㄷ, ㄹ

42. 예산모형에 관한 설명으로 옳지 않은 것은?

① 프로그램기획 예산은 단기적인 목표달성을 위한 방식으로 효과성 제고에 유리하다.

② 점증주의 예산은 특정 부문의 예산이 급격히 감액되는 것을 방지할 수 있다.

③ 품목별 예산은 지출을 감독하여 예산의 남용과 부정을 방지하는 데에 역점을 둔다.

④ 성과주의 예산은 업무량에 따라 합리적인 자금배분과 신축적인 예산집행이 가능하다.

⑤ 영기준 예산은 회계연도에 진행될 사업의 우선순위를 토대로 예산을 책정한다.

43. 회계연도 개시 전까지 예산이 성립되지 아니한 때에 예산을 집행할 수 있는 사항을 모두 고른 것은?

> ㄱ. 임·직원의 보수   ㄴ. 4대보험의 사용자부담금
> ㄷ. 시설의 임대료   ㄹ. 국가 보조금의 사용잔액

① ㄱ, ㄷ   ② ㄴ, ㄹ

③ ㄱ, ㄴ, ㄷ   ④ ㄴ, ㄷ, ㄹ

⑤ ㄱ, ㄴ, ㄷ, ㄹ

44. 사회복지조직의 회계관리에 관한 설명으로 옳지 않은 것은?
① 법인의 회계는 법인회계, 해당 법인이 설치·운영하는 시설의 시설회계 및 수익사업회계로 구분하여야 한다.
② 보건복지부장관은 매 회계연도 개시 1개월 전까지 사회복지 법인 및 시설의 예산편성 지침을 정하여야 한다.
③ 법인의 대표이사 및 시설의 장은 예산을 편성하여 각각 법인 이사회의 의결 및 시설운영위원회에의 보고를 거쳐 확정한다.
④ 1회계연도에 속하는 법인 및 시설의 세입·세출의 출납은 회계연도가 끝나는 날까지 완결하여야 한다.
⑤ 법인회계 및 시설회계의 예산은 세출예산이 정한 목적 외에 이를 사용하지 못하는 것을 원칙으로 한다.

45. 사회복지 평가기준과 내용이 옳지 않은 것은?
① 공평성: 자원 배분의 효율성
② 영향: 거시적 차원의 지역사회 변화
③ 효과성: 클라이언트의 변화
④ 서비스 질: 서비스의 전문성
⑤ 노력성: 서비스 제공량

46. 직장인 대상 마음건강 집단 프로그램과 관련해 논리모델(logic model)을 적용했을 때, 옳은 것을 모두 고른 것은?

ㄱ. 투입: 프로그램 실행 비용 2,300만원
ㄴ. 전환: 긴장을 이완하는 스트레칭 교육
ㄷ. 산출: 참여자의 근무 스트레스 점수 감소
ㄹ. 성과: 참여자들의 정서적 불안 완화

① ㄱ, ㄹ
② ㄴ, ㄷ
③ ㄱ, ㄴ, ㄹ
④ ㄴ, ㄷ, ㄹ
⑤ ㄱ, ㄴ, ㄷ, ㄹ

47. 사회복지업법상 시설의 평가에 관한 설명으로 옳지 않은 것은?

① 1999년 첫 실시되었다.

② 평가는 3년마다 실시하여야 한다.

③ 이용자 중심의 평가를 추구한다.

④ 서비스의 질 제고를 위한 수단이 된다.

⑤ 기준미달 시설은 폐쇄명령을 받는다.

48. 사회복지조직 마케팅에서 고려해야 할 사항으로 옳지 않은 것은?

① 서비스의 생산과 소비가 동시에 이루어진다는 점을 고려해야 한다.

② 서비스는 이용자의 상황과 특성에 따라 다르게 제공될 수 있음을 설명해야 한다.

③ 이용자의 접근성을 제고하고 선택권을 보장할 수 있도록 해야 한다.

④ 상품(Product), 가격(Price), 유통(Place), 실천(Practice) 전략을 세워야 한다.

⑤ 다른 기관과 차별성을 두어 시장 포지셔닝이 이루어지도록 해야 한다.

49. 사회복지조직의 혁신을 위한 노력으로 옳지 않은 것은?

① 조직 내에 혁신풍토가 조성될 수 있도록 한다.

② 리더는 구성원의 저항을 이해하고 동기부여한다.

③ 수직적 분화를 통해 조직의 융통성을 촉진한다.

④ 변화하는 환경을 분석하여 대응계획을 수립한다.

⑤ 혁신과정에서 발생할 기회비용을 따져본다.

50. 환경변화 및 환경관리에 관한 설명으로 옳지 않은 것은?

① 민간과 공공을 구분하기 어려운 시설들이 생겨났다.

② 계약, 연합, 권위 등을 통한 타 조직과의 협동이 강조된다.

③ 욕구충족을 넘어 수요충족을 위한 서비스가 중요시되고 있다.

④ 시설의 책임성과 관련하여 성과관리의 중요성이 대두되었다.

⑤ 환경변화가 반드시 조직의 변화로 이어지는 것은 아니다.

51. 우리나라 사회복지법에 관한 설명으로 옳지 않은 것은?

① 상대적으로 보면 장애인복지법은 일반법이고, 장애인고용촉진 및 직업재활법은 특별법이 될 수 있다.

② 사회복지법은 단일 법전 형식이 아니라 개별법 체계로 구성되어 있다.

③ 사회서비스 영역의 법은 실체법적 규정과 절차법적 규정을 함께 두고 있다.

④ 형식적 효력이 동등한 법형식 사이에 법령내용이 상호 모순·저촉하는 경우에는 시간적으로 먼저 제정된 것이 나중에 제정된 것보다 우선하는 효력을 가진다.

⑤ 명령은 국회의 의결을 거치지 않고 대통령 이하의 행정기관이 제정한 법규이다.

52. 헌법 제34조 규정의 일부이다. 빈칸에 들어갈 내용이 순서대로 옳은 것은?

> • 국가는 (ㄱ)·(ㄴ)의 증진에 노력할 의무를 진다.
> • 국가는 (ㄷ)의 복지와 권익의 향상을 위하여 노력하여야 한다.
> • 국가는 노인과 (ㄹ)의 복지향상을 위한 정책을 실시할 의무를 진다.

① ㄱ: 사회보장, ㄴ: 사회복지, ㄷ: 여자, ㄹ: 청소년

② ㄱ: 사회보장, ㄴ: 사회복지, ㄷ: 장애인, ㄹ: 청소년

③ ㄱ: 사회보장, ㄴ: 사회보험, ㄷ: 한부모, ㄹ: 아동

④ ㄱ: 사회보험, ㄴ: 사회복지, ㄷ: 여자, ㄹ: 장애인

⑤ ㄱ: 사회보험, ㄴ: 공공부조, ㄷ: 여자, ㄹ: 청소년

53. 제정연도가 가장 오래된 것과 가장 최근인 것을 순서대로 짝지은 것은?

ㄱ. 아동수당법	ㄴ. 고용보험법
ㄷ. 산업재해보상보험법	ㄹ. 사회보장기본법

① ㄴ, ㄱ

② ㄴ, ㄹ

③ ㄷ, ㄱ

④ ㄷ, ㄴ

⑤ ㄷ, ㄹ

54. 헌법 규정의 사회적 기본권에 관한 설명으로 옳지 않은 것은?

① 모든 국민은 능력에 따라 균등하게 교육을 받을 권리를 가진다.

② 국가는 재해를 예방하고 그 위험으로부터 국민을 보호하기 위하여 노력하여야 한다.

③ 모든 국민은 건강하고 쾌적한 환경에서 생활할 권리를 가진다.

④ 모든 국민은 헌법과 법률이 정한 법관에 의하여 법률에 의한 재판을 받을 권리를 가진다.

⑤ 국가는 근로자의 고용의 증진과 적정임금의 보장에 노력하여야 한다.

55. 사회보장기본법에 관한 내용으로 옳지 않은 것은?

① 보건복지부장관은 관계 중앙행정기관의 장과 협의하여 사회보장 증진을 위하여 사회보장에 관한 기본계획을 5년마다 수립하여야 한다.

② 국가와 지방자치단체는 공공부문과 민간부문의 소득보장제도가 효과적으로 연계되도록 하여야 한다.

③ 국가는 사회보장제도의 안정적인 운영을 위하여 중장기 사회보장 재정추계를 매년 실시하고 이를 공표하여야 한다.

④ 사회보험에 드는 비용은 사용자, 피용자 및 자영업자가 부담하는 것을 원칙으로 하되, 관계 법령에서 정하는 바에 따라 국가가 그 비용의 일부를 부담할 수 있다.

⑤ 사회보장위원회의 사무를 효율적으로 처리하기 위하여 보건복지부에 사무국을 둔다.

56. 사회보장기본법상 사회보장 기본계획에 포함되어야 하는 사항으로 옳은 것을 모두 고른 것은?

ㄱ. 필요한 재원의 규모와 조달방안
ㄴ. 사회보장의 기본목표 및 중장기 추진방향
ㄷ. 사회보장 관련 기금 운용방안
ㄹ. 국내외 사회보장환경의 변화와 전망

① ㄱ, ㄴ, ㄷ   ② ㄴ, ㄷ, ㄹ

③ ㄱ, ㄷ, ㄹ   ④ ㄴ, ㄹ

⑤ ㄱ, ㄴ, ㄷ, ㄹ

57. 사회보장급여의 이용·제공 및 수급권자 발굴에 관한 법률에 관한 내용으로 옳은 것은?
   ① 보장기관의 장은 지원대상자에 대한 발굴조사를 1년마다 정기적으로 실시하여야 한다.
   ② 부정수급자에 대하여는 1년 이하의 징역 또는 1천만원 이하의 벌금에 처한다.
   ③ 보장기관의 장은 사회보장정보시스템을 통한 사회보장정보를 이 법에서 정한 목적 외의 용도로 이용할 때에는 한국사회보장정보원에 신고 후 이용해야 한다.
   ④ 보장기관의 장 및 한국사회보장정보원의 장은 사회보장정보를 3년이 지나면 파기하여야 한다.
   ⑤ 보장기관의 장은 수급자에 대한 사회보장급여의 전부 또는 일부가 필요 없게 된 때에는 사회보장급여의 전부를 반드시 중지해야 한다.

58. 사회복지사업법상 사회복지시설에 관한 내용으로 옳은 것은?
   ① 시장·군수·구청장은 화재로 인한 손해배상책임을 이행하기 위하여 손해보험회사의 책임보험에 가입하거나 한국사회복지공제회의 책임공제에 가입하여야 한다.
   ② 지역특성과 시설분포의 실태를 고려하여 시설을 통합하여 하나의 시설로 설치·운영하거나 하나의 시설에서 둘 이상의 사회복지사업을 통합하여 수행할 수 있다.
   ③ 「노인복지법」에 따른 노인의료복지시설 중 노인요양시설은 수용인원 300명을 초과할 수 없다.
   ④ 시설의 장은 시설의 운영에 관한 사항을 의결하기 위하여 시설에 운영위원회를 두어야 한다.
   ⑤ 시설의 운영자는 그 운영을 일정 기간 중단하거나 다시 시작하거나 시설을 폐지하려는 경우에는 보건복지부장관에게 신고하여야 한다.

59. 사회복지사업법상 사회복지사에 관한 내용으로 옳은 것은?
   ① 정신질환자는 사회복지사가 될 수 없지만 전문의가 사회복지사로서 적합하다고 인정하는 사람은 그러하지 아니하다.
   ② 보건복지부장관은 사회복지사 자격이 취소된 사람에게는 그 취소된 날부터 5년 이내에 자격증을 재교부하지 못한다.
   ③ 보건복지부장관은 사회복지사가 자격증을 대여·양도 또는 위조·변조한 경우에는 그 자격을 1년의 범위에서 정지시킬 수 있다.
   ④ 사회복지법인 또는 사회복지시설에 종사하는 사회복지사는 연간 12시간 이상의 보수교육을 받아야 한다.
   ⑤ 정신건강사회복지사·의료사회복지사·학교사회복지사의 자격은 1급 사회복지사의 자격이 있는 사람 중 관련 기관에서 3년간 실무경험이 있는 사람에게 부여한다.

60. 사회복지사업법상 사회복지사 의무채용 제외시설이 아닌 곳은?

① 「노인복지법」에 따른 노인복지관
② 「장애인복지법」에 따른 장애인 지역사회재활시설 중 수화통역센터
③ 「영유아보육법」에 따른 어린이집
④ 「정신건강증진 및 정신질환자 복지서비스 지원에 관한 법률」에 따른 정신요양시설
⑤ 「성폭력방지 및 피해자보호 등에 관한 법률」에 따른 성폭력피해상담소

61. 국민기초생활보장법상 부양의무자가 있어도 부양을 받을 수 없는 경우가 아닌 것은?

① 부양의무자가 「병역법」에 따라 징집되거나 소집된 경우
② 부양의무자에 대하여 실종선고 절차가 진행 중인 경우
③ 부양의무자가 「해외이주법」에 의한 해외이주자에 해당하는 경우
④ 부양의무자가 직계존속 또는 「장애인연금법」에 따른 중증장애인인 직계비속을 자신의 주거에서 부양하는 경우로서 보건복지부장관이 정하여 고시하는 경우
⑤ 부양의무자가 부양을 기피하거나 거부하는 경우

62. 기초연금법상 기초연금의 지급정지 사유에 해당하는 것을 모두 고른 것은?

> ㄱ. 기초연금 수급자가 금고 이상의 형을 선고받고 교정시설 또는 치료감호시설에 수용되어 있는 경우
> ㄴ. 기초연금 수급권자가 국적을 상실하거나 국외로 이주한 때
> ㄷ. 기초연금 수급자가 행방불명되거나 실종되는 등 대통령령으로 정하는 바에 따라 사망한 것으로 추정되는 경우
> ㄹ. 기초연금 수급자의 국외 체류기간이 60일 이상 지속되는 경우
> ㅁ. 기초연금 수급권자가 사망한 때

① ㄱ, ㄴ, ㄹ   ② ㄴ, ㄷ, ㅁ
③ ㄱ, ㄷ, ㄹ   ④ ㄱ, ㄴ, ㄷ, ㄹ
⑤ ㄱ, ㄴ, ㄷ, ㄹ, ㅁ

63. 장애인연금법에 관한 내용으로 옳지 않은 것은?
  ① 수급권자는 18세 이상의 모든 장애인으로서 소득인정액이 그 장애인의 소득·재산·생활수준과 물가상승률 등을 고려하여 선정기준액 이하인 사람으로 한다.
  ② 보건복지부장관은 수급자에 대한 장애인연금 지급의 적정성을 확인하기 위하여 매년 연간조사계획을 수립하여야 한다.
  ③ 수급권자가 장애 정도의 변경 등으로 중증장애인에 해당하지 아니하게 된 경우에는 수급권이 소멸한다.
  ④ 수급자는 장애인연금을 받을 권리를 다른 사람에게 양도하거나 담보로 제공할 수 없다.
  ⑤ 수급자의 장애인연금을 받을 권리와 장애인연금을 환수할 지방자치단체의 권리는 5년간 행사하지 아니하면 시효의 완성으로 소멸된다.

64. 의료급여법에 관한 내용으로 옳은 것은?
  ① 「재해구호법」에 따른 이재민으로서 보건복지부장관이 의료급여가 필요하다고 인정한 사람은 2종 수급권자이다.
  ② 주거가 일정하지 아니한 수급권자에 대한 의료급여 업무는 그가 최초 주민등록을 실시한 지역을 관할하는 시장·군수·구청장이 한다.
  ③ 「지역보건법」에 따라 설치된 보건소는 제2차 의료급여기관이다.
  ④ 의료급여기관은 의료급여가 끝난 날부터 3년간 보건복지부령으로 정하는 바에 따라 급여비용의 청구에 관한 서류를 보존하여야 한다.
  ⑤ 급여비용심사기관의 이의신청에 대한 결정에 불복이 있는 자는 「국민건강보험법」에 따른 건강보험분쟁조정위원회에 심판청구를 할 수 있다.

65. 국민연금법상 급여에 관한 내용으로 옳지 않은 것은?
  ① 연금액은 지급사유에 따라 기본연금액과 부양가족연금액을 기초로 산정한다.
  ② 급여는 수급권자의 청구에 따라 공단이 지급한다.
  ③ 분할연금은 분할연금을 받을 수 있는 요건을 모두 갖추게 된 때부터 3년 이내에 청구하여야 한다.
  ④ 유족연금 수급권자인 배우자가 재혼한 때에는 그 수급권은 소멸한다.
  ⑤ 수급권자에게 이 법에 따른 2 이상의 급여 수급권이 생기면 수급권자의 선택에 따라 그 중 하나만 지급하고 다른 급여의 지급은 정지된다.

66. 국민건강보험법상 국민건강보험종합계획에 포함되어야 할 사항이 아닌 것은?
① 보험료 부과체계에 관한 사항
② 건강보험에 관한 통계 및 정보의 관리에 관한 사항
③ 취약계층 지원에 관한 사항
④ 건강증진 사업에 관한 사항
⑤ 가입자의 소득 파악 실태에 관한 사항

67. 고용보험법에 관한 내용으로 옳지 않은 것은?
① 고용보험기금은 보험료와 이 법에 따른 징수금·적립금·기금운용 수익금과 그 밖의 수입으로 조성한다.
② 자영업자인 피보험자도 조기재취업 수당을 실업급여로 받을 수 있다.
③ 구직급여의 산정 기초가 되는 임금일액은 수급자격의 인정과 관련된 마지막 이직 당시 「근로기준법」에 따라 산정된 평균임금으로 한다.
④ 구직급여를 지급받으려는 사람은 이직 후 지체없이 직업안정기관에 출석하여 실업을 신고하여야 한다.
⑤ 구직급여는 수급자격자가 실업한 상태에 있는 날 중에서 직업안정기관의 장으로부터 실업의 인정을 받은 날에 대하여 지급한다.

68. 산업재해보상보험법에 관한 내용으로 옳지 않은 것은?
① 유족보상연금 수급자격자 중 유족보상연금을 받을 권리의 순위는 배우자·자녀·부모·손자녀·조부모 및 형제자매의 순서로 한다.
② 업무상 질병의 인정 여부를 심의하기 위하여 시·군·구 소속 기관에 업무상질병판정위원회를 둔다.
③ 진폐에 따른 보험급여의 종류는 요양급여, 간병급여, 장례비, 직업재활급여, 진폐보상연금 및 진폐유족연금으로 한다.
④ 휴업급여는 취업하지 못한 기간이 3일 이내이면 지급하지 아니한다.
⑤ 유족급여는 유족보상연금이나 유족보상일시금으로 하되, 유족보상일시금은 근로자가 사망할 당시 유족보상연금을 받을 수 있는 자격이 있는 사람이 없는 경우에 지급한다.

69. 노인장기요양보험법에 관한 내용으로 옳은 것은?

① 등급판정위원회는 신청인이 신청서를 제출한 날부터 60일 이내에 장기요양등급판정을 완료하여야 한다.

② 장기요양인정의 갱신 신청은 유효기간이 만료되기 전 14일까지 이를 완료하여야 한다.

③ 단기보호는 수급자를 하루 중 일정한 시간 동안 장기요양기관에 보호하여 신체활동 지원 및 심신기능의 유지·향상을 위한 교육·훈련 등을 제공하는 장기요양급여이다.

④ 국가와 지방자치단체는 장기요양요원의 권리를 보호하기 위하여 장기요양요원지원센터를 설치·운영할 수 있다.

⑤ "노인등"이란 60세 이상의 노인 또는 60세 미만의 자로서 치매·뇌혈관성질환 등 대통령령으로 정하는 노인성 질병을 가진 자를 말한다.

70. 노인복지법상 학대에 관한 내용으로 옳지 않은 것은?

① 사법경찰관리는 노인 사망 및 상해사건, 가정폭력 사건 등에 관한 직무를 행하는 경우 노인학대가 있었다고 의심할만한 사유가 있는 때에는 노인복지관에 그 사실을 통보하여야 한다.

② 법원이 노인학대관련범죄자에 대하여 노인관련기간에 취업제한명령을 선고하는 경우 취업제한기간은 10년을 초과하지 못한다.

③ 국가와 지방자치단체는 학대피해노인 전용쉼터의 운영업무를 노인보호전문기관에 위탁할 수 있다.

④ 누구든지 정당한 사유 없이 사고 등의 사유로 인하여 보호자로부터 이탈된 노인을 경찰관서 또는 지방자치단체의 장에게 신고하지 아니하고 보호하여서는 아니 된다.

⑤ 국민건강보험공단 소속 요양직 직원은 그 직무상 65세 이상의 사람에 대한 노인학대를 알게 된 때에는 즉시 노인보호전문기관 또는 수사기관에 신고하여야 한다.

71. 아동복지법에 관한 내용으로 옳은 것은?

① 아동위원은 명예직이므로 아동위원에 대하여는 수당을 지급하지 않는다.

② 아동의 건강한 성장을 도모하고, 범국민적으로 아동학대의 예방과 방지에 관한 관심을 높이기 위하여 매년 10월 19일을 아동학대예방의 날로 지정한다.

③ 시·도지사 및 시장·군수·구청장은 초등학교의 정규교육 이외의 시간 동안 돌봄서비스를 실시하기 위하여 다함께돌봄센터를 설치·운영할 수 있다.

④ 지방자치단체는 학대받은 아동의 치료, 아동학대의 재발 방지 등 사례관리 및 아동학대예방을 담당하는 아동보호전문기관을 시·도 및 시·군·구에 2개소 이상 두어야 한다.

⑤ 국가 또는 지방자치단체 외의 자는 관할 시장·군수·구청장에게 허가를 받고 아동복지시설을 설치할 수 있다.

72. 장애인복지법에서 명시하고 있는 사항으로 옳은 것을 모두 고른 것은?

> ㄱ. 여성장애인의 권익보호
> ㄴ. 장애인이 사용하는 자동차 등에 대한 지원
> ㄷ. 장애인복지 전문인력 양성
> ㄹ. 장애인 및 보호자 등에 대한 의견수렴과 참여 보장

① ㄱ, ㄴ, ㄹ   ② ㄴ, ㄷ
③ ㄱ, ㄷ   ④ ㄱ, ㄴ, ㄷ
⑤ ㄱ, ㄴ, ㄷ, ㄹ

73. 한부모가족지원법에 관한 내용으로 옳은 것은?
① "청소년 한부모"란 24세 이하의 모 또는 부를 말한다.
② 한부모가족에 대한 국민의 이해와 관심을 제고하기 위하여 매년 9월 10일을 한부모가족의 날로 한다.
③ 보건복지부장관은 한부모가족 지원을 위한 정책수립에 활용하기 위하여 3년마다 한부모가족에 대한 실태조사를 실시하고 그 결과를 공표하여야 한다.
④ 특별자치시장·특별자치도지사·시장·군수·구청장은 매년 3회 이상 관할구역 지원대상자의 가족상황, 생활실태 등을 조사하여야 한다.
⑤ 지원대상자 또는 그 친족이나 그 밖의 이해관계인은 복지 급여를 보건복지부장관에게 신청할 수 있다.

74. 성폭력방지 및 피해자보호 등에 관한 법률에 관한 내용으로 옳지 않은 것은?
① 자립지원 공동생활시설의 입소기간은 2년이며, 여성가족부령으로 정하는 바에 따라 2년의 범위에서 한 차례 연장할 수 있다.
② 보호시설에 입소한 피해자등이 「국민기초생활보장법」등 다른 법령에 따라 보호를 받고 있는 경우에도 이 법에 따른 보호비용을 지원한다.
③ 「양성평등기본법」에 따른 사용자는 성교육 및 성폭력 예방교육을 실시하는 등 직장 내 성폭력 예방을 위한 노력을 하여야 한다.
④ 국가는 피해자에 대하여 법률상담과 소송대리 등의 지원을 할 수 있다.
⑤ 보호시설의 장은 입소한 사람이 보호시설의 입소기간에 따른 보호기간이 끝난 경우 퇴소를 명할 수 있다.

75. 헌법재판소는 2001년 제기된 국민연금제도의 가입대상을 18세 이상 60세 미만의 국민으로 제한하는 법률조항이 헌법상의 평등원칙 위배, 인간다운 생활을 할 권리를 침해한다는 심판청구를 기각하였다. 이에 관한 설명으로 옳지 않은 것은?

① 우리나라 국민의 일반적 퇴직연령은 60세 전후이며 60세 이상 국민 중 경제활동에 참가하는 국민 비율이 20~30%에 불과하여 국민연금제도를 합리적으로 운영하기 위한 것으로 정당하다고 판단하였다.

② 60세 미만의 국민에 비하여 60세 이상을 불합리하게 차별대우하여 헌법상의 평등원칙을 침해한다고 볼 수 없다.

③ 인간다운 생활을 보장하기 위한 헌법적 의무는 사회보험에 의한 소득보장제도로 판단할 수 있다.

④ 60세 이상의 국민에게 제도 가입을 허용하더라도 최소가입연한을 충족하기가 쉽지 않아 노후의 소득보장이라는 제도의 입법취지에 부합하지 않는다.

⑤ 일정기간 이상 기여를 하고 그에 대한 권리로서 연금수급권이 보장되는 공적연금체계에서는 제도 시행초기에 이미 고령인 노인세대를 제도에서 제외시키는 것은 불가피하다.

2025년도 제23회
사회복지사1급 국가시험 대비

강의로 완성하는
FINAL
모의고사

해답과
오답노트

강의로 완성하는
FINAL
모의고사

1회

1교시 사회복지기초

인간행동과 사회환경

1	④	2	③	3	②	4	⑤	5	③
6	①	7	①	8	④	9	④	10	②
11	⑤	12	③	13	⑤	14	②	15	①
16	②	17	⑤	18	①	19	④	20	①
21	⑤	22	③	23	③	24	④	25	①

1
답·해설 답 ④ ⇨ 기본개념 **1장** & 기출회독 키워드 **001**

④ 상부에서 하부로, 중심부위에서 말초부위로 진행된다.

2
답·해설 답 ③ ⇨ 기본개념 **1장** & 기출회독 키워드 **002**

③ 동일한 발달단계에 위치해 있더라도 발달속도가 동일한 것은 아니다.

3
답·해설 답 ② ⇨ 기본개념 **2장** & 기출회독 키워드 **004**

② 원초아는 쾌락원리, 자아는 현실원리, 초자아는 도덕원리에 따라 작동된다.

4
답·해설 답 ⑤ ⇨ 기본개념 **2장** & 기출회독 키워드 **005**

에릭슨의 발달단계 위기와 성취 덕목
- 영아기: 신뢰감 대 불신감 → 희망
- 초기아동기: 자율성 대 수치심(의심) → 의지
- 학령전기: 주도성 대 죄의식 → 목적
- 학령기: 근면성 대 열등감 → 유능성
- 청소년기: 자아정체감 대 정체감 혼란 → 성실
- 성인초기: 친밀성 대 고립(소외) → 사랑
- 성인기: 생산성 대 침체 → 배려, 돌봄
- 노년기: 자아통합 대 절망 → 지혜

5
답·해설 답 ③ ⇨ 기본개념 **2장** & 기출회독 키워드 **006**

③ 아들러의 우월성 추구는 타인과의 비교나 경쟁과 관련된 의미가 아니라, 자신의 열등감을 극복하고 자신이 선택한 목표와 가치를 추구하며 사회에서 유능한 존재가 되고자 하는 본질적으로 내재된 열망이다.

6
답·해설 답 ① ⇨ 기본개념 **2장** & 기출회독 키워드 **007**
오답노트

② 페르소나(persona)는 자아의 가면이다.

③ 프로이트와 달리 융은 중년기를 강조하였다.

④ 융은 성인기 발달에 관심을 두면서 중년기 개성화 과정을 설명하였으며, 자아의 기본적인 태도는 태어날 때부터 결정된다고 보면서 외향형과 내향형으로 구분하였다.

⑤ 자아의 정신기능 중 합리적 기능을 사고형과 감정형으로, 비합리적 기능을 감각형과 직관형으로 구분하였다.

7
답·해설 답 ① ⇨ 기본개념 **3장** & 기출회독 키워드 **008**
오답노트

ㄴ. 조합적 사고는 하나의 문제를 해결하기 위해 여러 가지 대안책을 논리적으로 구성할 수 있는 사고 능력을 의미한다. 형식적 조작기에 형성된다.

ㄹ. 대상영속성은 어떤 대상이 눈에 보이지 않아도 계속 존재함을 이해하는 것으로 감각운동기에 발달하기 시작하여 전조작기에 확립된다.

8
답·해설 답 ④ ⇨ 기본개념 **3장** & 기출회독 키워드 **011**

④ 아동의 인지능력이 발달함에 따라 도덕성도 단계적으로 발달해간다고 보았다.

9
답·해설 답 ④ ⇨ 기본개념 **3장** & 기출회독 키워드 **009**

④ 스키너는 모든 인간행동은 법칙적으로 결정되고 예측할 수 있기 때문에 통제가 가능하다고 보았다.

10
답·해설 답 ② ⇨ 기본개념 **3장** & 기출회독 키워드 **009**

② 부적 강화는 혐오하는 자극을 제거하여 행동의 빈도를 증가시키는 것이다.

11

답·해설 답 ⑤　➡ 기본개념 3장 & 기출회독 키워드 010

오답노트

①② 융의 이론과 관련된 개념이다.
③④ 피아제의 이론과 관련된 개념이다.

12

답·해설 답 ③　➡ 기본개념 3장 & 기출회독 키워드 010

오답노트

ㄷ. 피아제의 이론은 인지발달이론으로 불리며, 반두라의 이론은 사회학습이론으로 불린다.

13

답·해설 답 ⑤　➡ 기본개념 4장 & 기출회독 키워드 012

⑤ 매슬로우는 인간은 선천적으로 자기실현을 이루고자 하는 경향이 있지만, 소수의 사람만 자기실현에 도달할 뿐이라고 보았다.

14

답·해설 답 ②　➡ 기본개념 4장 & 기출회독 키워드 013

완전히 기능하는 사람의 특징

· 자기의 잠재력을 인식하고 능력과 자질을 발휘하며, 자신에 대해 완벽히 이해하고 경험을 풍부하게 하는 방향으로 나아가는 사람이다.
· 완전히 기능한다는 것은 자기실현을 위한 노력으로서 진정한 자기 자신이 된다는 의미이다.
· 경험에 대해 개방적이고, 실존적인 삶을 살며, 자신의 유기체에 대해 신뢰한다.
· 창조성이 있으며, 자기가 선택한 인생을 자유스럽게 살아가는 특징을 보인다.
· 의미 있는 타인으로부터 무조건적인 긍정적 관심을 경험한 사람이다.

15

답·해설 답 ①　➡ 기본개념 5장 & 기출회독 키워드 015

① 인간과 환경을 하나의 체계 내에 존재한다고 보고 둘 사이의 상호교류를 살펴본다.

16

답·해설 답 ②　➡ 기본개념 5장 & 기출회독 키워드 015

ㄴ. 중간체계는 미시체계 간에 일어나는 상호작용이다. 외체계는 부모의 직업 변화, 교사가 속한 학교의 운영 정책 변화, 지역사회의 교통체계 변화 등과 같이 개인에게 직접적으로 영향을 주지는 않지만 개인에게 영향을 미치게 되는 사회적 구조인 환경요소를 말한다.
ㄷ. 거시체계는 사회, 문화, 이념 등을 포함한다. 다른 체계에 비해 안정적인 속성이 강하지만 변화하지 않는 것은 아니다.

17

답·해설 답 ⑤　➡ 기본개념 8장 & 기출회독 키워드 019

⑤ 풍진은 임신 초기(임신 4개월 이전)가 더욱 위험한 것으로 알려져 있다. 임신 초기에 감염된 선천적 풍진 증후군(CRS)은 심장기형, 청각장애, 시각장애, 뇌발달 이상 등 심각한 선천적 결함을 초래하게 된다.

18

답·해설 답 ①　➡ 기본개념 8장 & 기출회독 키워드 020

오답노트

② 보존개념이 확립되는 시기는 구체적 조작기(7~11세)에 해당한다.
③ 성역할 발달과 관련하여 대체로 만 2세가 되면 옷이나 장신구 등에서 남성용과 여성용을 구분하기 시작해 2세 6개월경에 성역할 고정관념이 형성되기 시작하며 3세경에는 성역할 고정관념에 따라 장남감을 선택하는 것으로 알려져 있다.
④ 애착 유형 중 회피애착 유형의 영아는 양육자가 자리를 비우든 돌아오든 별로 반응을 보이지 않는다.
⑤ 영아초기에는 기쁨, 슬픔, 놀람, 공포 등의 일차정서가 나타나고, 첫 돌을 지나면서 수치, 부러움, 죄책감 등의 이차정서가 나타난다.

19

답·해설 답 ④　➡ 기본개념 8장 & 기출회독 키워드 021

④ 대상영속성은 어떤 대상이 눈앞에 보이지 않아도 그것이 계속 존재한다고 믿는 것으로, 생후 8~10개월이 지나면서 본격적으로 발달한다.

20

답·해설 답 ①　➡ 기본개념 9장 & 기출회독 키워드 022

① 아동기는 초등학교 입학부터 졸업까지의 시기이기 때문에 생활의 중심이 집에서 학교로 옮겨가게 된다. 그렇다고 해서 가족을 통한 사회화 기능이 종료되는 것은 아니다. 가족이 갖는 기능과 양육자인 부모의 역할은 여전히 중요하며 아동의 사회화와 성격형성에 큰 영향을 미친다.

21

답·해설 답 ⑤　➡ 기본개념 10장 & 기출회독 키워드 023

ㄱ. 에릭슨은 청소년기를 정체감이 확립되기 이전의 실험 기간이라고 보아 심리사회적 유예기라고 하였다.
ㄴ. 청소년기는 피아제가 제시한 발달단계 중 마지막 단계인 형식적 조작기에 해당한다.
ㄷ. 2~4세경의 유아들에게서 강한 고집이나 자기주장 등이 나타나기도 하는데 이를 두고 제1반항기라고 한다. 청소년기에는 부모, 교사, 더 나아가 사회구조 등에 대한 반대, 무시 등의 태도를 보이기도 하는데 이를 두고 제2반항기라고 한다.
ㄹ. 청소년기에는 부모로부터 독립하고자 하면서도 친구 등에 의존하는 경향을 보이는데 이를 두고 심리적 이유기라고 한다.

22

답·해설 **답** ③ ⇨ 기본개념 10장 & 기출회독 키워드 023

③ 엘킨드는 청소년기의 자기중심성으로 상상 속 관중과 개인적 우화를 제시한 바 있는데, 문제의 사례는 상상 속 관중에 해당한다. 세상 사람들이 모두 나에게 관심이 있고 주목한다고 착각하는 것이 상상 속 관중인데, 나와 함께 있는 엄마에게까지도 상상 속 관중을 만들어낸 것이다. 이러한 자기중심성은 청소년기를 거치면서 사실 모든 사람들이 나에게 집중하지 않는다는 것을 깨닫게 되면서 점차 사라진다.

23

답·해설 **답** ③ ⇨ 기본개념 11장 & 기출회독 키워드 024

③ 청년기는 직업을 찾아나가는 시기로 아직 경제적으로 안정된 시기는 아니다.

24

답·해설 **답** ④ ⇨ 기본개념 12장 & 기출회독 키워드 025

④ 여성은 에스트로겐, 남성은 테스토스테론의 분비가 감소한다.

25

답·해설 **답** ① ⇨ 기본개념 13장 & 기출회독 키워드 026

① 노년기에는 대체로 내향성이 증가하는 것으로 알려져 있다.

사회복지조사론

26	③	27	①	28	②	29	③	30	⑤
31	④	32	③	33	④	34	④	35	⑤
36	⑤	37	⑤	38	①	39	②	40	①
41	①	42	③	43	③	44	⑤	45	④
46	②	47	⑤	48	②	49	③	50	⑤

26

답·해설 **답** ③ ⇨ 기본개념 1장 & 기출회독 키워드 027

과학이 결정론적이라는 것은 어떤 현상의 원인을 A라고 단정 짓는 단정적 결정론이 아니라 개연성을 가지고 A가 원인일 확률이 높다고 보는 확률적 결정론을 의미한다.

27

답·해설 **답** ① ⇨ 기본개념 1장 & 기출회독 키워드 031
오답노트

ㄹ. 사회복지조사는 주로 인간의 욕구 충족과 현실 문제 해결을 위한 프로그램 수행 등에 필요한 지식 산출이라는 측면에서 응용조사의 성격이 강하다.

28

답·해설 **답** ② ⇨ 기본개념 2장 & 기출회독 키워드 032
오답노트

① 경향조사는 시간의 흐름에 따라 나타나는 일반적인 대상집단의 변화를 조사하는 것이다.
③ 종단조사 중 변화에 대한 가장 포괄적인 자료를 제공하는 것은 패널조사이다.
④ 동년배조사는 시간의 변화에 따른 특정 동류집단의 변화를 조사하는 것이다.
⑤ 종단조사 중 패널조사만이 동일인을 반복적으로 조사한다.

29

답·해설 **답** ③ ⇨ 기본개념 2장 & 기출회독 키워드 032

탐색적 연구는 기존에 연구되지 않았던 새로운 주제에 대해 연구하는 경우, 연구문제에 대한 사전 지식이 부족한 경우, 연구문제를 형성하거나 연구가설을 수립하기 위한 경우 등에 실시한다.

30

답·해설 **답** ⑤ ⇨ 기본개념 3장 & 기출회독 키워드 036

검증하고자 하는 관계의 방향성이 반드시 제시되어야 하는 것은 아니다. 검증하고자 하는 관계의 방향을 제시하는 가설을 방향성 가설이라고 하며, 검증하고자 하는 관

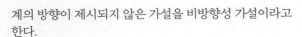

계의 방향이 제시되지 않은 가설을 비방향성 가설이라고
한다.

31

답·해설 **답** ④　　⇨ 기본개념 3장 & 기출회독 키워드 035
오답노트

ㄱ. 명목적 정의라고도 하며, 개념화의 과정을 거치는 것
　은 개념적 정의이다.

ㄷ. 빈곤 가구를 물질적인 박탈 상태에 있는 가구로 정의
　하는 것은 개념적 정의이다.

32

답·해설 **답** ③　　⇨ 기본개념 4장 & 기출회독 키워드 038
오답노트

① 내적 타당도의 핵심이 인과관계라면, 외적 타당도의
　핵심은 일반화이다.

② 내적 타당도는 어느 한 쪽의 변수가 다른 쪽 변수의 원
　인이 되는지를 확신할 수 있는 정도를 말한다.

④ 역사, 성숙효과, 검사효과 등은 실험 실행과정에 직접
　관련되는 내적 타당도 저해요인이다.

⑤ 표본의 대표성이 떨어지면 외적 타당도도 낮아질 수
　밖에 없다.

33

답·해설 **답** ④　　⇨ 기본개념 4장 & 기출회독 키워드 038

외적 타당도의 저해요인으로는 표본의 대표성, 연구환
경과 절차, 실험조사에 대한 반응성, 가실험효과 등이 있
다. 개입의 확산 또는 모방, 선택과의 상호작용, 통계적
회귀, 실험대상자 상실은 모두 내적 타당도 저해요인에
해당한다.

34

답·해설 **답** ④　　⇨ 기본개념 5장 & 기출회독 키워드 040

독립변수의 조작에 의한 변화관찰이 가장 제한적인 것은
전실험설계이다.

35

답·해설 **답** ⑤　　⇨ 기본개념 5장 & 기출회독 키워드 041

실험조사설계의 기본 요소에는 '종속변수의 비교, 독립변
수의 조작, 외생변수의 통제, 실험대상의 무작위화'가 있다.

36

답·해설 **답** ⑤　　⇨ 기본개념 6장 & 기출회독 키워드 042

단일사례설계는 개입의 효과성에 대한 즉각적인 피드백
을 얻을 수 있다.

37

답·해설 **답** ⑤　　⇨ 기본개념 7장 & 기출회독 키워드 044
오답노트

ㄷ. 몸무게, 교육연수(년), 소득(원)은 비율척도에 해당한다.
ㄹ. 섭씨온도, IQ(지능지수)는 등간척도에 해당한다.

38

답·해설 **답** ①　　⇨ 기본개념 7장 & 기출회독 키워드 045

측정한 값과 대상의 진정한 값과의 일치 정도를 의미하는
것은 측정의 타당도이다. 측정의 신뢰도는 같은 대상에
대해 반복적으로 측정할 때 어느 정도 동일한 측정값을
산출하는지의 정도를 말한다.

39

답·해설 **답** ②　　⇨ 기본개념 7장 & 기출회독 키워드 045
오답노트

ㄱ. 응답자가 무관심하거나 잘 모르는 내용은 측정하지
　않는 것이 좋다.

40

답·해설 **답** ①　　⇨ 기본개념 7장 & 기출회독 키워드 044

등간척도는 등간격(서열범주 간 간격이 같음)이므로 산
술적 계산(±)에 사용될 수 있다.

41

답·해설 **답** ①　　⇨ 기본개념 8장 & 기출회독 키워드 047

리커트 척도에 해당한다. 서열척도이며, 하나의 개념을
측정하기 위해 여러 문항들을 이용하는 척도이다.

42

답·해설 **답** ①　　⇨ 기본개념 9장 & 기출회독 키워드 048

주어진 사례는 재직기간을 기준으로 범주를 구분하고 각
범주로부터 할당된 수의 표본을 임의적으로 추출하였으
므로 할당 표본추출에 해당한다. 할당 표본추출은 층화
표본추출과 유사하지만 할당된 표본의 수를 무작위 표집
이 아닌 임의표집한다는 점에서 층화 표본추출과 다르다.

43

답·해설 **답** ③　　⇨ 기본개념 9장 & 기출회독 키워드 048

ㄱ. 비확률표집방법은 확률표집방법에 비해 표집절차가
　복잡하지 않으며 비용이 적게 든다.

ㄷ. 비확률표집방법은 어떤 사람이 선택될 확률이 알려지
　지 않기 때문에 표본이 모집단을 대표하고 있다고 말
　할 수 없고, 따라서 연구의 일반화에도 제한점이 있다.
　즉, 외적 타당도가 떨어진다.

ㄹ. 확률표집방법에는 단순무작위표집, 체계적 표집, 층
　화표집, 집락표집이 있다. 유의표집은 비확률표집방
　법에 해당한다.

44

답·해설 **답** ⑤　　⇨ 기본개념 9장 & 기출회독 키워드 048
오답노트

① 표집틀은 표본을 추출하기 위한 모집단의 목록이다.

② 표집단위는 표본이 추출되는 각 단계에서 표본으로
　추출되는 요소들의 단위이다.

③ 관찰단위는 자료를 직접 수집하는 요소 또는 요소의
　총합체를 말하는 것으로 자료수집 단위라고도 한다.

④ 대부분은 분석단위와 관찰단위가 일치하지만 항상 그런 것은 아니다.

45
답·해설 답 ④ ⇨ 기본개념 10장 & 기출회독 키워드 050

처음부터 민감한 질문이 나오면 설문 자체에 거부감을 갖기 쉽다. 또한 개방형 질문은 깊은 생각과 시간을 필요로 하기 때문에 다른 질문에 응답할 시간이 없게 할 수 있고 응답하기 어렵다는 생각을 심어주어 질문 전체를 거부할 가능성이 있으므로 뒤쪽에 배치한다.

46
답·해설 답 ② ⇨ 기본개념 10장 & 기출회독 키워드 051
오답노트

ㄴ. 면접조사는 면접자가 응답자의 비언어적 행위나 표정 등을 통해 추가적인 정보를 얻을 수 있다.
ㄹ. 면접조사는 우편설문조사에 비해 응답률이 높다.

47
답·해설 답 ⑤ ⇨ 기본개념 11장 & 기출회독 키워드 052
오답노트

ㄹ. 내용분석법은 양적인 분석방법뿐 아니라 질적인 분석방법도 함께 사용한다. 내용분석법에서는 메시지의 잠재적인 내용에 대한 분석도 이뤄지기 때문에 양적인 정보만을 기술하고 분석하는 것은 진정한 의미의 내용분석이라 보기 어렵고, 자료의 질적인 내용에 대한 분석방법도 함께 사용하는 경향이 있다.

48
답·해설 답 ② ⇨ 기본개념 12장 & 기출회독 키워드 054

델파이조사는 익명 집단이 서로 대면하지 않고 상호작용한다. 익명이므로 참가자의 영향력을 줄일 수 있다는 장점이 있다.

49
답·해설 답 ③ ⇨ 기본개념 13장 & 기출회독 키워드 056

질적 연구는 귀납적 방법을 주로 활용하지만 연역적 방법을 배제하는 것은 아니다.

50
답·해설 답 ⑤ ⇨ 기본개념 13장 & 기출회독 키워드 057

단순시계열 설계는 유사실험설계의 유형 중 하나로서 실험설계에 해당한다.

2교시 사회복지실천

사회복지실천론

1	②	2	④	3	⑤	4	⑤	5	②
6	⑤	7	②	8	③	9	①	10	④
11	②	12	④	13	③	14	③	15	①
16	④	17	②	18	②	19	①	20	①
21	④	22	④	23	①	24	②	25	③

1

답·해설 답 ② ⇨ 기본개념 1장 & 기출회독 키워드 059

• 미시적 실천: 일반적으로 클라이언트를 직접 만나 이루어지는 활동을 말한다.
• 중시적 실천: 클라이언트에게 직접적인 영향을 미치는 학교, 직장, 이웃 등 동료 간 관계의 체계를 변화시키는 것을 말하며, 집단을 통한 실천을 포함한다.
• 거시적 실천: 클라이언트의 삶에 영향을 미치는 지역사회나 전체 사회, 혹은 국가의 복지체계를 대상으로 하는 활동으로, 사회적 정책 개발 및 제안, 취약집단 옹호, 지역사회 자원 개발 등이 이에 해당한다.

2

답·해설 답 ④ ⇨ 기본개념 2장 & 기출회독 키워드 063
오답노트

① 권력의 불균형: 클라이언트가 사회복지사에게 의존함으로써 발생하는 갈등
② 결과의 모호성: 결정의 결과가 불투명하여 그 결정이 최선인지에 대한 확신이 없을 때 나타나는 갈등
③ 가치상충: 두 개 또는 그 이상의 가치가 상충함에 따라 나타나는 갈등
⑤ 클라이언트체계의 다중성: 클라이언트가 여러 명인 경우 누구를 최우선적으로 고려할 것인지에 관한 갈등

3

답·해설 답 ⑤ ⇨ 기본개념 2장 & 기출회독 키워드 064
윤리원칙의 우선순위
1. 생명보호의 원칙

2. 평등과 불평등의 원칙
3. 자기결정의 원칙(자율과 자유의 원칙)
4. 최소손실의 원칙(최소해악의 원칙)
5. 삶의 질 향상의 원칙
6. 비밀보장의 원칙(사생활보호의 원칙)
7. 정보공개의 원칙(성실성의 원칙)

4

답·해설 답 ⑤ ⇨ 기본개념 2장 & 기출회독 키워드 062

ㄱ. 기본적 윤리기준에서 전문가로서의 실천 중 경제적 이득에 대한 실천에 해당한다.
ㄴ. 기본적 윤리기준에서 전문성 개발을 위한 노력 중 직무 능력 개발에 해당한다.
ㄷ. 기본적 윤리기준에서 전문가로서의 실천 중 품위와 자질 유지에 해당한다.
ㄹ. 기본적 윤리기준에서 전문가로서의 자세 중 인간 존엄성 존중에 해당한다.

5

답·해설 답 ② ⇨ 기본개념 3장 & 기출회독 키워드 066

② 자선조직협회 활동은 지역사회복지, 사회복지조사, 개별사회사업의 발전에 영향을 주었다. 집단사회사업의 초석이 된 것은 인보관 운동이다.

6

답·해설 답 ⑤ ⇨ 기본개념 3장 & 기출회독 키워드 066
밀포드 회의에서의 사회복지실천 공통요소
1. 사회에서 받아들여지는 규범적 행동으로부터 벗어난 행동에 관한 지식
2. 인간관계 규범의 활용도
3. 클라이언트 사회력의 중요성
4. 클라이언트 치료를 위한 방법론
5. 사회치료에 지역사회 자원 활용
6. 개별사회복지실천이 요구하는 과학적 지식과 경험 적용
7. 개별사회복지실천의 목적, 윤리, 의무를 결정하는 철학적 배경 이해
8. 이상 모든 것을 사회치료에 융합

7

답·해설 답 ② ⇨ 기본개념 4장 & 기출회독 키워드 069

② 도움을 필요로 하는 클라이언트와 자원 및 서비스를 연결하는 역할은 중개자에 해당한다.

8

답·해설 답 ③　⇨ 기본개념 4장 & 기출회독 키워드 068

오답노트

① 노인주거복지시설은 생활시설이다.
② 청소년자립지원관은 생활시설이다.
④ 아동양육시설은 생활시설이다.
⑤ 장애인 거주시설은 생활시설이다.

9

답·해설 답 ①　⇨ 기본개념 5장 & 기출회독 키워드 070

① 통합적 접근에서는 특정 이론을 배제하지 않으며 다양한 이론을 필요에 따라 선택적으로 활용하는 것을 지향한다.

10

답·해설 답 ④　⇨ 기본개념 5장 & 기출회독 키워드 071

④ 무의식이나 과거 분석에 초점을 두는 것은 병리관점에 해당한다. 강점관점에서는 현재와 미래에 초점을 둔다.

11

답·해설 답 ②　⇨ 기본개념 5장 & 기출회독 키워드 072

핀커스와 미나한의 4체계모델
· 변화매개체계: 사회복지사, 사회복지조직 등
· 클라이언트체계: 서비스나 도움을 필요로 하는 사람
· 표적체계: 실제 변화시킬 필요가 있는 사람
· 행동체계: 변화매개인이 변화노력 과정에서 상호작용하게 되는 이웃, 가족, 전문가들

12

답·해설 답 ④　⇨ 기본개념 5장 & 기출회독 키워드 076

펄만의 문제해결과정 4P
문제해결과정은 '문제(Problem)를 가지고 있는 사람(Person)이 어떤 장소(Place)에 자신의 문제를 가지고 도움을 얻기 위해 찾아오게 되며, 사회복지사는 이때 클라이언트와 문제해결 기능에 관여하게 되고, 나아가 문제해결에 필요한 자원을 보완해주는 과정(Process)'이다.

13

답·해설 답 ③　⇨ 기본개념 6장 & 기출회독 키워드 077

오답노트

① 클라이언트의 자기결정권이 보장되어야 한다.
② 사례관리는 단기개입을 추구하지 않는다. 오히려 3개월 이상의 장기 서비스가 요구되는 클라이언트가 주요 대상이 된다.
④ 사례관리는 공식적, 비공식적 서비스를 모두 활용한다.
⑤ 사례관리를 통해 분절화된 다양한 서비스를 연계하여 통합적으로 제공할 수 있다.

14

답·해설 답 ③　⇨ 기본개념 6장 & 기출회독 키워드 078

① 발굴은 사례관리가 필요한 클라이언트를 확인하고 만나는 과정이며, ③ 이후 서비스 제공의 필요성이 확인된 클라이언트를 대상으로 사정을 실시한다. ② 사정을 바탕으로 계획을 수립하고, ④ 계획에 따라 개입하며, ⑤ 개입 과정이 계획대로 진행되고 있는지를 점검한다.

15

답·해설 답 ①　⇨ 기본개념 7장 & 기출회독 키워드 080

① 비스텍은 개별화의 원칙을 통해 개별 클라이언트는 각자의 특성에 따라 원조해야 한다는 원칙을 제시하였다.

16

답·해설 답 ③　⇨ 기본개념 7장 & 기출회독 키워드 081

오답노트

ㄹ. 사회복지사는 자신의 전문성을 기반으로 전문적 권위와 권한을 갖게 된다.

17

답·해설 답 ②　⇨ 기본개념 7장 & 기출회독 키워드 083

② 역전이는 사회복지사가 클라이언트와의 관계에서 개인적으로 겪었던 다른 누군가를 떠올리면서 그 사람에 대한 감정을 클라이언트에게 대입하는 것이다. 클라이언트가 사회복지사에 대해 드러내는 감정은 역전이가 아닌 전이이다.

18

답·해설 답 ③　⇨ 기본개념 8장 & 기출회독 키워드 084

오답노트

① 폐쇄형 질문
② 유도형 질문
④ 왜?로 시작하는 질문
⑤ 중첩형 질문

19

답·해설 답 ①　⇨ 기본개념 8장 & 기출회독 키워드 085

① 사적인 질문을 할 때에는 답변이 가능한 선에서 짧게 대답하고 클라이언트에게 초점이 유지될 수 있도록 한다.

20

답·해설 답 ①　⇨ 기본개념 9장 & 기출회독 키워드 086

오답노트

ㄴ. 계획수립은 사정단계 이후에 진행된다.
ㄹ. 문제규명(문제형성)은 사정단계에 해당한다.

21

답·해설 답 ④　⇨ 기본개념 11장 & 기출회독 키워드 090

④ 표적문제가 너무 많으면 계획된 시간 안에 해결하기 어려우므로 주어진 시간 안에 다룰 수 있을지를 고려하여 표적문제의 수를 정하게 된다. 대체로 2~3가지를 표적문제로 선정한다.

22

답·해설 **답 ④**   ⇨ 기본개념 **12장** & 기출회독 키워드 **092**

오답노트

①②③⑤는 모두 정서적, 인지적 차원에 개입하는 기술이다.

23

답·해설 **답 ①**   ⇨ 기본개념 **12장** & 기출회독 키워드 **093**

① 클라이언트의 시간과 비용을 최대한 투입하는 것보다 최소한 투입하는 것이 경제성, 효율성을 제고할 수 있다.

24

답·해설 **답 ②**   ⇨ 기본개념 **13장** & 기출회독 키워드 **094**

② 사후관리가 종결 후에 진행된다고 해서 사적 관계가 되는 것은 아니다. 사후관리 역시 공식적인 과정이며 공식적인 관계가 유지될 수 있도록 해야 한다.

25

답·해설 **답 ③**   ⇨ 기본개념 **13장** & 기출회독 키워드 **094**

ㄴ. 문제형성은 사정과정에 해당한다.
계획과정에서 ㄱ. 목표 설정을 한 후에 ㄹ. 계약을 진행한다.
ㄷ. 성과에 대한 분석은 종결 이후 평가과정이다.

사회복지실천기술론

26	③	27	④	28	①	29	②	30	③
31	⑤	32	④	33	⑤	34	①	35	②
36	①	37	②	38	④	39	①	40	②
41	⑤	42	①	43	②	44	④	45	②
46	⑤	47	④	48	③	49	⑤	50	③

26

답·해설 **답 ③**   ⇨ 기본개념 **1장** & 기출회독 키워드 **096**

③ 패러다임 – 관점 – 이론 – 모델 – 실천지혜의 순으로 갈수록 구체성이 높아진다.

27

답·해설 **답 ④**   ⇨ 기본개념 **2장** & 기출회독 키워드 **097**

④ 정신역동모델은 생애 초기경험이 현재에 영향을 미친다고 보아 과거의 경험 및 그에 따른 무의식을 분석하고 해석하기 때문에 단기개입으로 이루어지기 어렵다.

28

답·해설 **답 ①**   ⇨ 기본개념 **3장** & 기출회독 키워드 **100**

오답노트

② 정신분석이론 역시 심리사회모델의 이론적 기반 중 하나이다.
③ 사회구성주의적 관점을 기반으로 한 것은 아니다.
④ 현재 행동을 이해하기 위해 과거의 경험을 탐색한다. 다만 과거 경험이 결정적 요인이라고 단정하지는 않는다.
⑤ 심리사회모델은 상황 속 인간 관점에서 환경적 요소를 고려한다.

29

답·해설 **답 ②**   ⇨ 기본개념 **3장** & 기출회독 키워드 **099**

사례는 클라이언트가 현재 느끼는 감정, 태도와 관련된 과거의 경험을 살펴본 것으로 발달적 고찰에 해당한다.

30

답·해설 **답 ③**   ⇨ 기본개념 **4장** & 기출회독 키워드 **101**

③ 클라이언트의 주관적 경험과 인식을 강조한다.

31

답·해설 **답 ⑤**   ⇨ 기본개념 **4장** & 기출회독 키워드 **102**

오답노트

① 엘리스는 인간은 비합리적으로 사고하는 경향이 있으며 자신의 비합리적 사고를 바꿀 수 있는 힘도 가지고

있다고 보았다.
② 과도한 불안은 실제 일어날 문제를 확대하고 과장하여 생각함에 따라 나타난다.
③ 개입의 목적은 비합리적 신념을 밝혀 재구조화하는 것이다.
④ 인지매개가설은 벡(Beck)이 제시한 개념이다.

32
답·해설 답 ④ ⇨ 기본개념 5장 & 기출회독 키워드 105
③ 과제중심모델에서는 초기단계에 예비사정을 진행하고 실행단계에 돌입하면서 재사정을 실시한다.

33
답·해설 답 ⑤ ⇨ 기본개념 6장 & 기출회독 키워드 106
⑤ 역량강화모델은 강점 관점을 기반으로 하기 때문에 문제의 원인을 분석하는 데에 집중하지 않는다. 문제의 원인을 탐색하고 치료하는 것보다 문제를 해결해나가는 힘을 가짐으로써 클라이언트가 자신의 삶을 스스로 통제해나갈 수 있도록 역량을 강화시키고자 한다.

34
답·해설 답 ① ⇨ 기본개념 6장 & 기출회독 키워드 107
오답노트
ㄷ. 같은 상황에서 누구는 성공적으로 위기를 극복할 수 있지만, 반면 다른 누구는 그렇지 못할 수도 있다.(위기의 고유성)
ㄹ. 모든 위기에는 혼란이 따르게 되며 위기에 처했던 사람이 다시 위기를 경험할 수도 있다.(위기의 보편성)

35
답·해설 답 ② ⇨ 기본개념 7장 & 기출회독 키워드 108
② 가족의 돌봄·보호 기능이 약화됨에 따라 아동, 노인, 장애인 등 국가의 복지적 지원이 요구되고 있다.

36
답·해설 답 ① ⇨ 기본개념 8장 & 기출회독 키워드 109
오답노트
② 사회적 관계망표는 클라이언트에게 영향을 미치는 사회적 관계망을 가족원을 포함하여 확인한다.
③ 생활력도표는 한 사람의 생애 과정에서 나타난 주요 사건들을 표시하는 것으로 가족원마다 따로 작성한다.
④ 가계도는 다세대 가족치료에서 사정 및 치료 과정에서 사용된다.
⑤ 가족조각에서는 비언어적 표현을 통해 표현되지 못한 정서를 노출한다.

37
답·해설 답 ② ⇨ 기본개념 8장 & 기출회독 키워드 110
② 방임형 가족체계는 외부와의 교류에 제한이 없어 외부의 도움을 받을 수 있지만 지나치게 가족 경계선이 없어 방어력을 갖지 못한다.

38
답·해설 답 ④ ⇨ 기본개념 9장 & 기출회독 키워드 111
사례에서는 어머니, 아버지, A씨 사이에 형성된 삼각관계를 해소하기 위한 탈삼각화가 진행되어야 한다.

39
답·해설 답 ① ⇨ 기본개념 9장 & 기출회독 키워드 112
오답노트
ㄴ. 분화 촉진하기는 다세대 가족치료의 기법이다.
ㄷ. 순환적 질문은 전략적 가족치료의 기법이다.

40
답·해설 답 ② ⇨ 기본개념 9장 & 기출회독 키워드 113
② 비난형: 자신과 상황은 존중하지만 타인을 무시한다.

41
답·해설 답 ⑤ ⇨ 기본개념 9장 & 기출회독 키워드 115
오답노트
① 강점에 초점
② 단기개입 추구
③ 성공한 경험을 확인하여 해결책으로 활용
④ 미래지향적 접근

42
답·해설 답 ① ⇨ 기본개념 9장 & 기출회독 키워드 115
오답노트
② 예외질문: 문제가 발생하지 않은 상황을 살펴보는 질문이다.
③ 극복질문: 문제에 어떻게 대처해왔는지를 확인한다.
④ 기적질문: 문제가 해결되었을 때를 상상해보도록 하는 질문이다.
⑤ 희망질문: 클라이언트의 희망을 유발하기 위해 사용한다.

43
답·해설 답 ② ⇨ 기본개념 10장 & 기출회독 키워드 117
오답노트
ㄱ. 자조집단에서 사회복지사는 집단에 자문을 제공하거나 필요한 자원을 연결하는 등의 최소한의 역할을 수행할 뿐이다.
ㄹ. 목표달성에 따라 해산하는 것은 과업집단의 특징이다.

44
답·해설 답 ④ ⇨ 기본개념 10장 & 기출회독 키워드 118
④ 집단과정에서 집단규칙이 자연스럽게 만들어지는 경우도 있기 때문에 모두 명시적으로 작성할 수는 없다. 다만 규칙에 대해 성원 간에 이견이 있거나 갈등이 발생한 경우, 규칙으로 인해 불이익을 받는 성원이 있는 경우 등에는 공식적으로 대화하여 규칙을 확인하는 것이 필요하다.

45

답·해설 답 ② ⇨ 기본개념 10장 & 기출회독 키워드 120

② 사회복지사는 특정 성원이 지나치게 주도하거나 독점하는 경우 혹은 특정 행동을 강화하고자 하는 경우 등에 선별적으로 반응할 필요도 있다.

46

답·해설 답 ⑤ ⇨ 기본개념 11장 & 기출회독 키워드 121

집단을 준비하는 단계에서는 집단의 목적, 성격 등을 고려하여 어떤 참여자들로 선정할 것인지, 몇 명으로 구성할 것인지, 어떤 방식 및 절차로 모집할 것인지, 어떤 장소에서 어떤 활동을 어떤 방식으로 진행할 것인지 등을 결정하여 참여자 모집공고를 올린다.

47

답·해설 답 ④ ⇨ 기본개념 11장 & 기출회독 키워드 122

④ 집단 사회복지실천에서도 사정은 어느 단계든 이루어질 수 있다.

48

답·해설 답 ③ ⇨ 기본개념 12장 & 기출회독 키워드 126
오답노트

① 녹음이나 녹화는 기록보관의 보충적인 역할로 사용되며 반드시 클라이언트의 동의를 구해야 하고, 단독기록 유형으로 인정하지 않는다.
② SOAP기록은 문제중심의 의료기록으로 개발된 것이어서 생태체계적 관점이나 강점관점과는 맞지 않는다.
④ 요약기록은 전체 과정을 고려하면서 주요 내용을 간추려 기록하는 방식이므로 클라이언트의 언어적 표현이나 비언어적 표현 등이 사실적으로 전달되지 않는 단점을 가지고 있다.
⑤ 이야기체 기록은 직접인용의 대화체 기록이 아니라 다른 누군가에게 이야기 하듯이 풀어쓰는 간접인용 방식의 서술이며 단독기록 양식이라고 할 수 없다.

49

답·해설 답 ⑤ ⇨ 기본개념 12장 & 기출회독 키워드 127

기록의 목적 및 용도로는 책임성, 정보제공, 서비스 평가, 클라이언트에 대한 이해증진, 지도·감독의 활성화, 서비스 질 관리 및 기금 조성 등을 위한 근거자료, 타 전문직과의 의사소통, 효과적인 사례관리, 실천활동에 대한 자료화 등을 꼽을 수 있다.

50

답·해설 답 ③ ⇨ 기본개념 13장 & 기출회독 키워드 128

사례는 '개입 전 조사(A) → 5주간 개입(B) → 개입 중단 후 표적행동 관찰(A)'의 과정으로 진행된 ABA설계이다.

지역사회복지론

51	①	52	③	53	②	54	③	55	④
56	⑤	57	⑤	58	②	59	②	60	①
61	③	62	④	63	⑤	64	③	65	②
66	①	67	④	68	⑤	69	⑤	70	④
71	③	72	②	73	④	74	①	75	③

51

답·해설 답 ① ⇨ 기본개념 1장 & 기출회독 키워드 129

① 지역사회 내 권력은 적절히 분산되는 것이 좋다.

52

답·해설 답 ③ ⇨ 기본개념 1장 & 기출회독 키워드 129

지역사회를 바라보는 이론적 관점
• 상실이론: 도시화로 인해 전통적인 공동체는 쇠퇴하여 지역사회는 더 이상 존재하지 않는다고 본다.
• 보존이론: 상실이론에 대한 반론으로 제기된 관점이다. 도시에도 전통적 농촌사회와 같이 혈연, 이웃, 친구 등을 통해 사회적 지지가 이루어진다고 본다.
• 개방이론: 기존의 지역성이라는 한정된 범주를 넘어 기능적 의미를 포괄하는 관점으로, 사회적 지지망의 관점에서 비공식적 연계를 강조한다.

53

답·해설 답 ② ⇨ 기본개념 2장 & 기출회독 키워드 130

② 지역사회복지실천에서 개별화의 원칙은 지역사회마다 다른 특성을 고려해야 한다는 것이며, 지역사회복지실천에서 일차적인 클라이언트는 지역사회 그 자체이다.

54

답·해설 답 ③ ⇨ 기본개념 2장 & 기출회독 키워드 133
오답노트

ㄷ. 지역복지는 주민의 생활권역을 기초로 하며, 이때 생활권역이라함은 생활의 장임과 동시에 사회참여의 장으로서 물리적 의미뿐 아니라 심리적 거리 모두 포함하는 개념이다. 따라서 지리적 지역사회에 한정한다는 설명은 옳지 않다.

55

답·해설 답 ④ ⇨ 기본개념 3장 & 기출회독 키워드 136

④ 빈곤조사를 바탕으로 자선사업 및 모금활동을 체계화한 것은 자선조직협회의 주요 사업이었다.

56

답·해설 **답 ⑤** ⇨ 기본개념 3장 & 기출회독 키워드 134

오답노트

① 2007년 제1기 지역사회복지계획이 수립되었다.
② 사회복지공동모금회는 민간기관이다.
③ 1999년 제1기 사회복지 시설평가를 실시하였다.
④ 2010년 개설된 사회복지통합관리망 행복e음은 전자
바우처 사업을 위한 시스템은 아니며, 지자체의 복지
업무를 통합적으로 처리하기 위한 전자시스템으로 개
통한 것이다.

57

답·해설 **답 ⑤** ⇨ 기본개념 4장 & 기출회독 키워드 138

⑤ 갈등이론은 사회의 안정은 일시적으로 나타날 뿐이라
고 본다.

58

답·해설 **답 ②** ⇨ 기본개념 4장 & 기출회독 키워드 138

사회구성주의는 가치나 규범, 신념, 태도 등은 다양한 문
화적 집단에 따라 다르게 구성된다고 보면서 다문화적 이
해를 강조한다.

59

답·해설 **답 ②** ⇨ 기본개념 5장 & 기출회독 키워드 139

오답노트

① 지역사회개발모델은 다양한 집단의 참여를 강조한다.
③ 대화, 토의, 합의 등이 지역사회개발모델의 주요 전술
이다.
④ 자조정신을 바탕으로 하지만 사회행동을 전개하기 위
한 것은 아니다.
⑤ '지배집단을 분쇄하기 위해 규합한다'는 것은 사회행
동모델의 전략이다. 지역사회개발모델의 전략은 '함
께 모여서 이야기하자'는 것이다.

60

답·해설 **답 ①** ⇨ 기본개념 5장 & 기출회독 키워드 140

오답노트

② 근린 지역사회조직모델: 지리적 의미의 지역사회 내
에서 지역사회개발을 통한 지역주민의 삶의 질 향상
을 강조한다.
③ 프로그램 개발과 지역사회연계모델: 프로그램 개발에
있어 지역사회와 연계되어야 함을 강조한다.
④ 연대활동모델: 지역사회의 문제는 어느 한 집단의 노
력만으로 해결하기 어렵다는 점에서 다양한 집단의
집합적 노력을 강조한다.
⑤ 지역사회의 사회·경제개발모델: 지역사회의 전반적
인 개발을 위해서 사회적 개발과 경제적 개발이 동시
에 진행되어야 함을 강조한다.

61

답·해설 **답 ③** ⇨ 기본개념 6장 & 기출회독 키워드 142

③ 명목집단기법은 한 자리에 모이지만 무기명으로 의견

을 제출하여 투표를 통해 결정하는 방식으로 누가 어
떤 의견을 냈는지를 알 수 없다.

62

답·해설 **답 ④** ⇨ 기본개념 6장 & 기출회독 키워드 144

오답노트

① 욕구변화 점검은 실행 단계에 해당한다.
② 목표설정은 계획 단계의 과업이다.
③ 예산을 수립하는 계획 단계이며, 수립된 예산을 사용
하는 것은 실행 단계이다.
⑤ 평가를 어떻게 진행할지에 관한 계획은 계획 단계에
서 수립한다.

63

답·해설 **답 ⑤** ⇨ 기본개념 7장 & 기출회독 키워드 146

모두 옳은 내용이다. 조력가로서의 역할로 불만의 집약,
조직화 격려, 좋은 인간관계의 조성, 공동목표 강조, 공동
노력을 통한 해결 지원 등을 꼽을 수 있다.

64

답·해설 **답 ③** ⇨ 기본개념 8장 & 기출회독 키워드 148

오답노트

ㄱ. 네트워크에의 참여는 강제적이거나 의무적이지 않아
야 한다.
ㄹ. 다른 네트워크의 참여를 제한할 수는 없으며, 다른 네
트워크를 통해 더 많은 사회자본이 창출될 수 있다는
점에서 다양한 네트워크의 구성과 참여가 필요하기
도 하다.

65

답·해설 **답 ②** ⇨ 기본개념 8장 & 기출회독 키워드 149

② 인적 자원을 동원한 사례에 해당한다.

66

답·해설 **답 ①** ⇨ 기본개념 9장 & 기출회독 키워드 151

오답노트

② 역량강화는 치료가 아닌 파워의 획득을 강조한다.
③ 역량강화는 생태체계 관점을 기반으로 개인, 환경, 개
인과 환경의 상호작용 모두에 관심을 둔다. 따라서 개
인의 심리적 문제도 개입영역이다.
④ 역량강화에서 클라이언트는 권리를 가진 소비자이다.
⑤ 역량강화의 궁극적인 목적은 지역주민의 삶의 질 향
상이다.

67

답·해설 **답 ④** ⇨ 기본개념 9장 & 기출회독 키워드 150

④ 옹호는 사회행동모델의 성격을 갖는다.

68

답·해설 **답 ⑤** ⇨ 기본개념 10장 & 기출회독 키워드 152

· 시·군·구 계획: 지역주민 등 의견 청취 → 시·군·구
계획 수립 → 지역사회보장협의체 심의 및 시·군·구

의회 보고 → 시·도지사에 제출
- 시·도 계획: 시·군·구 계획을 반영하여 시·도 계획 수립 → 시·도 사회보장위원회 심의 및 시·도 의회 보고 → 보건복지부장관에 제출 → 보건복지부장관은 사회보장위원회에 보고

69

답·해설 **답 ⑤** ⇨ 기본개념 **10장** & 기출회독 키워드 **153**

⑤ 지역의 사회보장을 증진하고, 사회보장과 관련된 서비스를 제공하는 관계 기관·법인·단체·시설과 연계·협력을 강화하기 위하여 해당 시·군·구에 지역사회보장협의체를 둔다.

70

답·해설 **답 ④** ⇨ 기본개념 **10장** & 기출회독 키워드 **154**

④ 지역사회보장계획은 지역사회보장협의체에서 담당한다.

71

답·해설 **답 ③** ⇨ 기본개념 **11장** & 기출회독 키워드 **155**

③ 중앙정부는 전체 국민의 복지증진에 초점을 두고 보편적, 일반적 서비스를 제공하고자 하는 경향이 있기 때문에 지역의 다양성, 특수성이나 지역주민의 욕구를 적극적으로 반영하기가 쉽지 않다.

72

답·해설 **답 ②** ⇨ 기본개념 **12장** & 기출회독 키워드 **157**

② 국가나 지방자치단체가 직접 설치·운영할 수 있으며 사회복지법인이나 비영리법인에 위탁하여 운영할 수 있다. 지방자치단체 외의 자는 시·군·구에 신고함으로써 설치·운영할 수 있다.

73

답·해설 **답 ④** ⇨ 기본개념 **12장** & 기출회독 키워드 **159**

④ 사회복지공동모금회는 민간재원을 모금하는 기관이다. 민간재원은 사용자 부담금, 후원금, 기부금 등이며, 공공재원은 조세, 사회보험료 등을 말한다.

74

답·해설 **답 ①** ⇨ 기본개념 **13장** & 기출회독 키워드 **161**

아른스테인의 주민참여 8단계
1. 조작: 행정기관과 주민이 서로 간의 관계를 확인하는 정도에 그침
2. 치료: 주민의 불만을 일정한 사업에 분출시켜 행정의 일방적인 지도에 그침
3. 정보제공: 행정기관이 주민에게 일방적으로 정보를 제공하는 정도에 그침
4. 상담: 공청회나 집회 등의 방법으로 참여를 유도하지만 형식적인 수준임
5. 회유: 각종 위원회 등을 통해 주민의 참여가 확대되지만 결정권한은 행정기관에 있음
6. 협동관계: 행정기관이 최종결정권을 가지고 있지만 협

상이 가능함
7. 권한위임: 주민들이 특정한 계획에 관해서 우월한 결정권을 행사하고 집행단계에 있어서 도 강력한 권한을 행사함
8. 주민통제: 입안, 결정, 집행, 평가 단계까지 주민이 통제하는 단계

75

답·해설 **답 ③** ⇨ 기본개념 **13장** & 기출회독 키워드 **162**

③ 지역사회복지운동은 의도적이고 조직적인 활동이다.

3교시 사회복지정책과 제도

사회복지정책론

1	①	2	④	3	③	4	⑤	5	②
6	③	7	①	8	⑤	9	④	10	④
11	②	12	⑤	13	④	14	③	15	⑤
16	①	17	④	18	②	19	④	20	③
21	⑤	22	②	23	④	24	②	25	②

1

답·해설 답 ① ⇨ 기본개념 1장 & 기출회독 키워드 164

오답노트

ㄹ. 빈곤함정(빈곤의 덫)은 사회복지 급여에 의존하여 근로의욕을 잃고 빈곤에 머무르는 현상을 말한다. 즉, 최저생계비 이하에 머물렀을 때 받을 수 있는 혜택을 계속 유지하기 위해 일하지 않는 사람들이 존재함을 의미한다. 이는 사회복지정책의 역기능 중 하나이다.

2

답·해설 답 ④ ⇨ 기본개념 1장 & 기출회독 키워드 165

국가 차원의 사회복지정책은 소득재분배를 통해 불평등을 완화하고 소득의 양극화 문제를 해결하는 방향으로 나아가야 한다.

3

답·해설 답 ③ ⇨ 기본개념 2장 & 기출회독 키워드 168

현금급여의 확대가 아닌 서비스 영역의 확대에 초점을 둔다.

4

답·해설 답 ⑤ ⇨ 기본개념 2장 & 기출회독 키워드 166

개정 빈민법은 원칙적으로 원내구제를 실시하였다. 즉, 노약자, 병자 등 예외적인 경우에만 원외구제를 허용하고 원칙적으로 원내구제를 실시하였다.

5

답·해설 답 ② ⇨ 기본개념 3장 & 기출회독 키워드 171

해당 내용은 사회민주주의에 관한 설명이다.

6

답·해설 답 ③ ⇨ 기본개념 3장 & 기출회독 키워드 171

노인돌봄의 문제와 관련하여 시장을 통해 전적으로 해결하게 하는 정책은 사회적 위험을 증대시킬 수 있다. 따라서 돌봄서비스의 제도화가 요구된다고 할 수 있다.

7

답·해설 답 ① ⇨ 기본개념 3장 & 기출회독 키워드 171

신우파에 관한 설명이다. 시장이 최선의 체계이며, 정부의 개입을 반대한다. 복지국가는 개인의 자유를 침해한다고 본다.

8

답·해설 답 ⑤ ⇨ 기본개념 4장 & 기출회독 키워드 172

효율성 평가는 '동일한 정책 산출물에 대해 비용을 최소화하였는가' 또는 '동일한 비용으로 산출을 극대화하였는가'에 대한 평가이다. 투입과 산출의 비율로 표현하며, 주로 비용편익 분석을 사용한다.

9

답·해설 답 ④ ⇨ 기본개념 5장 & 기출회독 키워드 175

자산조사는 가장 선별적인 자격조건으로, 주로 공공부조 제도에서 자격기준으로 적용한다.

10

답·해설 답 ④ ⇨ 기본개념 5장 & 기출회독 키워드 176

오답노트

① 현금급여는 선택의 자유와 소비자 주권을 높일 수 있다.
② 운영효율성은 현물급여가 가장 낮지만, 목표효율성은 현물급여가 가장 높다.
③ 바우처는 현물급여에 비해 소비자의 선택권이 높다.
⑤ 우리나라는 2007년부터 전자바우처 방식의 사회서비스를 도입했다.

11

답·해설 답 ② ⇨ 기본개념 5장 & 기출회독 키워드 178

민간부문에서 제공하는 서비스는 서비스 제공 기관, 서비스의 종류, 시기 등에 대해 이용자가 직접 비교, 분석하여 선택할 수 있다는 점에서 선택권이 보장된다는 장점이 있다.

12

답·해설 **답 ⑤** ⇨ 기본개념 5장 & 기출회독 키워드 178

모두 옳은 내용이다. 복지혼합은 1980년대 초반 영국의 대처정부와 미국의 레이건 정부로 대표되는 신보수주의의 등장으로 국가의 복지에 대한 비판이 이루어지면서 등장한 개념이다.

13

답·해설 **답 ④** ⇨ 기본개념 5장 & 기출회독 키워드 177

누진적인 개인소득세 구조에서 소득이 높을수록 조세감면의 액수가 커지기 때문에 고소득층이 유리하다. 또한 많은 수의 저소득층은 소득이 낮아 과세대상에서 제외되어 이러한 복지성 조세감면 혜택은 누리지 못하고, 소득이 높을수록 공제대상 지출이 높기 때문에 고소득층이 유리하다.

14

답·해설 **답 ③** ⇨ 기본개념 6장 & 기출회독 키워드 179

「사회보장기본법」에 의하면 사회보험은 국가의 책임으로 시행하고, 공공부조와 사회서비스는 국가와 지방자치단체의 책임으로 시행하는 것을 원칙으로 한다. 다만, 국가와 지방자치단체의 재정 형편 등을 고려하여 이를 협의·조정할 수 있다.

15

답·해설 **답 ⑤** ⇨ 기본개념 6장 & 기출회독 키워드 179

「사회보장기본법」 제27조(민간의 참여)에서는 사회보장에 대한 민간부문의 참여를 유도하고 있다.

16

답·해설 **답 ①** ⇨ 기본개념 6장 & 기출회독 키워드 179
오답노트

ㄴ. 사회보험은 사회적 적절성이 강조되는 반면, 민간보험은 개인적 형평성을 강조한다.
ㄹ. 사회보험과 민간보험 모두 자산조사를 실시하지 않는다.

17

답·해설 **답 ④** ⇨ 기본개념 7장 & 기출회독 키워드 180

무기여 연금은 일반적으로 일반조세에 의해 재정을 충당하기 때문에 급여수준이 낮은 편이다.

18

답·해설 **답 ②** ⇨ 기본개념 7장 & 기출회독 키워드 181

유족연금은 배우자(사실혼 포함), 요건을 충족하는 자녀·부모·손자녀·조부모 순위 중 최우선 순위자에게 지급한다.

19

답·해설 **답 ④** ⇨ 기본개념 8장 & 기출회독 키워드 183

직장가입자의 보험료는 사용자와 근로자가 각각 50%씩 부담한다.

20

답·해설 **답 ③** ⇨ 기본개념 8장 & 기출회독 키워드 184

장기요양급여에는 재가급여, 시설급여, 특별현금급여가 있으며, 단기보호 및 주·야간보호는 재가급여에 해당한다.

21

답·해설 **답 ⑤** ⇨ 기본개념 9장 & 기출회독 키워드 185

업무상 사고
· 근로자가 근로계약에 따른 업무나 그에 따르는 행위를 하던 중 발생한 사고
· 사업주가 제공한 시설물 등을 이용하던 중 그 시설물 등의 결함이나 관리소홀로 발생한 사고
· 사업주가 주관하거나 사업주의 지시에 따라 참여한 행사나 행사준비 중에 발생한 사고
· 휴게시간 중 사업주의 지배관리하에 있다고 볼 수 있는 행위로 발생한 사고
· 그 밖에 업무와 관련하여 발생한 사고

22

답·해설 **답 ②** ⇨ 기본개념 10장 & 기출회독 키워드 186

고용노동부장관은 보험사업에 필요한 재원을 충당하기 위해 고용보험기금을 설치한다.

23

답·해설 **답 ④** ⇨ 기본개념 11장 & 기출회독 키워드 188

공공부조는 다른 제도에 비해 상대적으로 수직적 소득재분배 효과가 크게 나타난다는 장점이 있다.

24

답·해설 **답 ②** ⇨ 기본개념 11장 & 기출회독 키워드 187
오답노트

ㄴ. 빈곤갭은 빈곤층의 소득과 일반인구의 소득을 비교하여 그 소득 격차를 파악한다. 보통 GNP나 GDP 대비 빈곤층의 소득을 비교하여 비율로 나타내는 것이 일반적이다.
ㄹ. 빈곤율은 빈곤층의 규모를 파악할 수 있지만, 빈곤갭은 빈곤층의 규모를 파악할 수는 없다.

25

답·해설 **답 ②** ⇨ 기본개념 11장 & 기출회독 키워드 188

국민기초생활보장제도는 자산조사를 기반으로 한다. 따라서 현재의 근로소득뿐만 아니라 부동산이나 은행이자 등의 자산 등을 포함한다.

사회복지행정론

26	③	27	②	28	④	29	①	30	②
31	①	32	⑤	33	②	34	③	35	⑤
36	⑤	37	④	38	②	39	④	40	③
41	①	42	③	43	⑤	44	②	45	③
46	①	47	④	48	①	49	③	50	②

26
답·해설 답 ③ ⇨ 기본개념 1장 & 기출회독 키워드 189

③ 투입 대비 산출을 비교, 평가하는 것은 효율성이다.

27
답·해설 답 ② ⇨ 기본개념 1장 & 기출회독 키워드 190

POSDCoRBE
· 기획: 목표설정, 서비스 설계 등
· 조직: 조직의 구조 설정 및 과업 할당
· 인사: 직원의 임면, 교육 · 훈련 등
· 지시: 관리자의 관리 · 감독
· 조정: 조직 내 의사소통 망 구성
· 보고: 직원, 이사회, 지역사회 등에 활동 내역을 고지
· 재정: 예결산 등 회계활동
· 평가: 서비스 및 활동에 대한 평가

28
답·해설 답 ④ ⇨ 기본개념 2장 & 기출회독 키워드 191

ㄷ. 사회복지 시설평가 제도 마련: 1997년 사회복지사업
법 개정으로 도입
ㄴ. 사회복지전담공무원 직위 전환: 2000년
ㄹ. 사회복지사무소 시범사업 실시: 2004~2006년
ㄱ. 희망복지지원단 개소: 2012년

29
답·해설 답 ① ⇨ 기본개념 3장 & 기출회독 키워드 193
오답노트

ㄴ. 총체적 품질관리는 단기적인 목표달성도 중요하지만
그보다는 지속적인 관리 및 개선을 통한 장기적인 성
장에 더 초점을 둔다.
ㄹ. 총체적 품질관리는 고객만족을 기반으로 하기 때문에
품질에 대한 판정자는 클라이언트가 된다.

30
답·해설 답 ② ⇨ 기본개념 3장 & 기출회독 키워드 194
오답노트

① 목표관리이론: 명확한 목표설정에 따라 그 달성을 위해

활동의 효율성을 극대화하려는 총체적 관리체계이다.
③ 전략적 관리론: 역동적인 환경변화에 맞춰 조직에 새로
운 노선을 제시하고자 하는 변혁적인 관리이론이다.
④ 과학적 관리론: 시간과 동작 분석, 생산과 관리 구분,
경제적 보상, 차별적 성과급 등을 강조한 이론이다.
⑤ 상황이론: 상황에 따라 효과적인 관리방법은 다르다
고 설명한 이론이다.

31
답·해설 답 ① ⇨ 기본개념 4장 & 기출회독 키워드 200

① 비영리조직은 1980년대 민영화 이전에도 존재했다.
다만 민영화에 따라 비영리조직에 대한 정부보조가
증가하면서 비영리조직이 더 확산되었다.

32
답·해설 답 ⑤ ⇨ 기본개념 4장 & 기출회독 키워드 199

⑤ 업무의 개발이나 기술의 도입 등에 따라 한 번 사용되
어 다시 회수할 수 없는 비용을 매몰비용이라고 한다.
신규사업을 진행할 때는 그 이전의 사업에 투입된 시
간과 노력 등도 매몰비용이 되기 때문에 조직이 변화
에만 초점을 두고 신규사업에 몰두하면 매몰비용이
커질 위험이 있다. 다만, 관료제 조직은 변화추구적인
특성을 갖지는 않기 때문에 해당 문제에서는 옳지 않
은 문장이다.

33
답·해설 답 ② ⇨ 기본개념 5장 & 기출회독 키워드 201

서비스가 불필요한 사람에게 제공되는 과활용 및 서비스
가 필요한 사람에게 제공되지 못하는 저활용 문제를 고려
하는 것이 활용성이다.

34
답·해설 답 ③ ⇨ 기본개념 5장 & 기출회독 키워드 201

③ 서비스의 누락 및 중복을 막기 위해 서비스의 통합성
을 확보해야 한다. 전문성은 전문적인 서비스가 전문
가에 의해 제공되어야 함을 의미한다.

35
답·해설 답 ⑤ ⇨ 기본개념 5장 & 기출회독 키워드 202

모두 옳은 설명이다. 전달체계는 구조 · 기능 차원에서 행
정체계와 집행체계로 구분된다. 행정체계는 서비스를 기
획하고 운영을 지원 · 관리하는 기능을 수행하며, 집행체
계는 실제 서비스를 제공하면서 일부 행정기능을 수행한
다. 행정체계와 집행체계의 구분은 고정적인 것은 아니
며, 실제 서비스의 운영방식에 따라 달라진다. 대부분의
사회복지 서비스 및 급여는 보건복지부 및 시 · 군 · 구가
행정체계, 읍 · 면 · 동이 집행체계가 된다.

36
답·해설 답 ⑤ ⇨ 기본개념 6장 & 기출회독 키워드 204

⑤ 기획은 목표달성을 위한 준비과정으로 과정지향적이다.

37

답·해설 답 ④ ⇨ 기본개념 6장 & 기출회독 키워드 203

오답노트

ㄱ. 간트 차트는 각 활동에 소요되는 기간을 막대 그래프로 표시하는 형식으로, 활동 간의 연관성을 명확히 알 수는 없다.

38

답·해설 답 ② ⇨ 기본개념 7장 & 기출회독 키워드 206

오답노트

ㄱ. 관리격자모형에서는 생산에 대한 관심과 인간에 대한 관심에 따라 5가지 리더 유형을 제시하였으며, 그 중 팀형 리더가 가장 높은 생산성을 보인다고 설명하였다.

ㄷ. 경로-목표이론은 상황론적 접근에 속한다. 상황론적 접근이기 때문에 리더의 유형을 4가지로 제시하였을 뿐 어느 유형이 더 성공적인지를 설명하지는 않았다.

39

답·해설 답 ④ ⇨ 기본개념 7장 & 기출회독 키워드 -

④ 조직문화는 조직의 분위기에 영향을 미칠 뿐만 아니라 실제 업무방식에도 영향을 준다. 조직문화가 변화추구적이라면 새로운 기술을 도입하거나 조직구성을 조정하거나 새로운 사업을 추진하는 데에 더 적극적일 수 있기 때문에 업무수행에서의 변화가 더 빈번할 수 있다.

40

답·해설 답 ③ ⇨ 기본개념 8장 & 기출회독 키워드 209

알더퍼2(Alderfer)의 ERG이론

· E(존재욕구): 급여, 육체적 작업에 대한 욕구, 물질적 욕구 등 존재 확보에 필요한 욕구
· R(관계욕구): 소속감, 인간관계 등 사회적 욕구
· G(성장욕구): 잠재력 개발 등 자존감 및 자기실현 욕구

41

답·해설 답 ① ⇨ 기본개념 8장 & 기출회독 키워드 208

⑤ 조직구성은 인사관리가 아닌 조직 과정에 해당한다.

42

답·해설 답 ③ ⇨ 기본개념 8장 & 기출회독 키워드 210

③ 슈퍼비전은 조직의 행정체계 내에서 이루어지는 공식적인 활동이다.

43

답·해설 답 ⑤ ⇨ 기본개념 9장 & 기출회독 키워드 211

오답노트

① 단위원가와 업무량을 계산하는 것은 성과주의 예산이다.
② 계획과 예산을 연결하는 것은 PPBS의 특징이다.
③ 품목별 예산은 통제기능, 성과주의 예산은 관리기능 중심이다.
④ 사업의 우선순위을 고려하여 예산을 배정하는 것은 영기준 예산이다.

44

답·해설 답 ② ⇨ 기본개념 9장 & 기출회독 키워드 212

② 강제의 원칙은 강제성을 띠는 명시적인 규정을 마련해야 한다는 것을 의미한다. 예산집행에 관한 규칙에는 예외 사항을 고려하고 예외 사항에 대한 규칙 역시 마련해야 한다.

45

답·해설 답 ③ ⇨ 기본개념 9장 & 기출회독 키워드 212

③ 법인의 대표이사 및 시설의 장은 예산을 편성하여 각각 법인 이사회의 의결 및 시설운영위원회에의 보고를 거쳐 확정한다. 확정된 예산은 관할 시·군·구청장에 제출하여야 한다. 보건복지부장관의 승인이 필요한 것은 아니다.

46

답·해설 답 ① ⇨ 기본개념 10장 & 기출회독 키워드 213

① 비용효과 분석은 효율성 평가를 위한 방식 중 하나이다.

효율성 평가방법

· 비용-편익 분석은 투입된 비용뿐만 아니라 그에 따른 효과도 금전적 가치로 환산하여 분석에 활용하는 것이다.
· 비용-효과 분석은 투입된 비용은 금전적 가치로 살펴보되 효과는 금전적 가치로 환산하지 않고 그대로 분석에 활용하는 것이다.

47

답·해설 답 ④ ⇨ 기본개념 10장 & 기출회독 키워드 215

브래드쇼의 욕구유형

· 규범적 욕구: 전문가 혹은 정부의 판단에 따른 욕구
· 인지적(감촉적) 욕구: 개인이 느끼는 욕구로 주로 사회조사를 통해 파악
· 표출적(표현적) 욕구: 클라이언트가 적극적으로 서비스를 찾아나섰는가를 기준으로 하는 욕구
· 상대적(비교적) 욕구: 다른 사람이 받는 서비스 혹은 다른 지역의 서비스와 비교하여 느끼게 되는 욕구

48

답·해설 답 ① ⇨ 기본개념 11장 & 기출회독 키워드 216

서비스 최저기준 적용 사항

· 시설 이용자의 인권
· 시설의 환경
· 시설의 운영
· 시설의 안전관리
· 시설의 인력관리
· 지역사회 연계
· 서비스의 과정 및 결과
· 그 밖에 서비스 최저기준 유지에 필요한 사항

49

답·해설 답 ③ ⇨ 기본개념 12장 & 기출회독 키워드 220

③ 공익연계마케팅은 기업과 연계하여 고객들이 A기업

의 물품을 구입할 경우 A기업이 그 수입의 일정비율을 B복지기관에 기부하는 방식이다.

50

답·해설 답 ② ⇨ 기본개념 13장 & 기출회독 키워드 222

② 보건복지부, 시·군·구청, 동사무소, 경찰 등은 사회복지조직에 대해 일방적인 영향을 미치는 것은 아니며, 합법성과 권위 제공자, 재정자원 제공자, 클라이언트 제공자 등 과업환경으로서 상호영향을 미친다. 사회복지에 있어 민·관 협력은 지역사회 중심의 사회복지를 위해 꾸준히 강조되고 있다.

사회복지법제론

51	⑤	52	①	53	②	54	④	55	③
56	③	57	①	58	②	59	③	60	①
61	⑤	62	①	63	④	64	②	65	③
66	④	67	①	68	①	69	②	70	①
71	③	72	④	73	⑤	74	①	75	①

51

답·해설 답 ⑤ ⇨ 기본개념 1장 & 기출회독 키워드 224

우리나라의 법원은 성문법주의를 채택하고 있다. 성문법에는 헌법, 법률, 명령(시행령, 시행규칙), 자치법규(조례, 규칙), 국제조약 및 국제법규 등이 해당한다.

52

답·해설 답 ① ⇨ 기본개념 1장 & 기출회독 키워드 224

헌법이 최고 상위에 있고 차례로 '법률-명령-조례-규칙'의 순으로 되어 있다.

53

답·해설 답 ② ⇨ 기본개념 2장 & 기출회독 키워드 227

① 노인장기요양보험법: 2007년 제정
② 사회보장급여의 이용·제공 및 수급권자 발굴에 관한 법률: 2014년 제정
③ 장애인연금법: 2010년 제정
④ 다문화가족지원법: 2008년 제정
⑤ 국민건강보험법: 1999년 제정

54

답·해설 답 ④ ⇨ 기본개념 5장 & 기출회독 키워드 228

국가는 관계 법령에서 정하는 바에 따라 최저보장수준과 최저임금을 매년 공표하여야 한다.

55

답·해설 답 ③ ⇨ 기본개념 5장 & 기출회독 키워드 228

국가와 지방자치단체는 사회보장제도의 정책 결정 및 시행 과정에 공익의 대표자 및 이해관계인 등을 참여시켜 이를 민주적으로 결정하고 시행하여야 한다.

56

답·해설 답 ③ ⇨ 기본개념 6장 & 기출회독 키워드 229

"지원대상자"란 사회보장급여를 필요로 하는 사람을 말한다. 사회보장급여를 받고 있는 사람을 말하는 것은 "수급자"이다.

57

답·해설 답 ①　⇨ 기본개념 6장 & 기출회독 키워드 229

오답노트

ㄴ. 사회복지전담공무원은 「사회복지사업법」에 따른 사회복지사의 자격을 가진 사람으로 하지만, 반드시 사회복지사 1급을 소지해야 하는 것은 아니다.

ㄹ. 국가는 사회복지전담공무원의 보수 등에 드는 비용의 전부 또는 일부를 보조할 수 있다.

58

답·해설 답 ②　⇨ 기본개념 7장 & 기출회독 키워드 230

오답노트

① 사회복지법인을 설립하려는 자는 대통령령으로 정하는 바에 따라 시·도지사의 허가를 받아야 한다.

③ 법인은 대표이사를 포함한 이사 7명 이상과 감사 2명 이상을 두어야 한다.

④ 법인이 정관을 변경하려는 경우에는 시·도지사의 인가를 받아야 한다.

⑤ 이사 또는 감사 중에 결원이 생겼을 때에는 2개월 이내에 보충하여야 한다.

59

답·해설 답 ③　⇨ 기본개념 7장 & 기출회독 키워드 230

국가는 국민의 사회복지에 대한 이해를 증진하고 사회복지사업 종사자의 활동을 장려하기 위하여 매년 9월 7일을 사회복지의 날로 한다.

60

답·해설 답 ①　⇨ 기본개념 7장 & 기출회독 키워드 230

국가 또는 지방자치단체 외의 자가 시설을 설치·운영하려는 경우에는 시장·군수·구청장에게 신고하여야 한다.

61

답·해설 답 ⑤　⇨ 기본개념 8장 & 기출회독 키워드 231

국민이 건강하고 문화적인 생활을 유지하기 위하여 필요한 최소한의 비용으로서 보건복지부장관이 계측하는 금액은 "최저생계비"이다. "소득인정액"이란 보장기관이 급여의 결정 및 실시 등에 사용하기 위하여 산출한 개별가구의 소득평가액과 재산의 소득환산액을 합산한 금액을 말한다.

62

답·해설 답 ①　⇨ 기본개념 8장 & 기출회독 키워드 232

• 보건복지부장관은 선정기준액을 정하는 경우 65세 이상인 사람 중 기초연금 수급자가 100분의 (ㄱ) <u>70</u> 수준이 되도록 한다.

• 본인과 그 배우자가 모두 기초연금 수급권자인 경우에는 각각의 기초연금액에서 기초연금액의 100분의 (ㄴ) <u>20</u>에 해당하는 금액을 감액한다.

• 환수금을 환수할 권리와 기초연금 수급권자의 권리는 (ㄷ) <u>5년간</u> 행사하지 아니하면 시효의 완성으로 소멸한다.

• 국가는 지방자치단체의 노인인구 비율 및 재정 여건 등을 고려하여 기초연금의 지급에 드는 비용 중 100분의 40 이상 100분의 (ㄹ) <u>90</u> 이하의 범위에서 대통령령으로 정하는 비율에 해당하는 비용을 부담한다.

63

답·해설 답 ④　⇨ 기본개념 8장 & 기출회독 키워드 234

이 법에서 "위기상황"이란 본인 또는 본인과 생계 및 주거를 같이 하고 있는 가구구성원이 다음의 어느 하나에 해당하는 사유로 인하여 생계유지 등이 어렵게 된 것을 말한다.

• 주소득자가 사망, 가출, 행방불명, 구금시설에 수용되는 등의 사유로 소득을 상실한 경우

• 중한 질병 또는 부상을 당한 경우

• 가구구성원으로부터 방임 또는 유기되거나 학대 등을 당한 경우

• 가정폭력을 당하여 가구구성원과 함께 원만한 가정생활을 하기 곤란하거나 가구구성원으로부터 성폭력을 당한 경우

• 화재 또는 자연재해 등으로 인하여 거주하는 주택 또는 건물에서 생활하기 곤란하게 된 경우

• 주소득자 또는 부소득자의 휴업, 폐업 또는 사업장의 화재 등으로 인하여 실질적인 영업이 곤란하게 된 경우

• 주소득자 또는 부소득자의 실직으로 소득을 상실한 경우

• 보건복지부령으로 정하는 기준에 따라 지방자치단체의 조례로 정한 사유가 발생한 경우

• 그 밖에 보건복지부장관이 정하여 고시하는 사유가 발생한 경우

64

답·해설 답 ②　⇨ 기본개념 8장 & 기출회독 키워드 233

수급권자의 질병·부상·출산 등에 대한 의료급여의 내용은 '진찰·검사, 약제(藥劑)·치료재료의 지급, 처치·수술과 그 밖의 치료, 예방·재활, 입원, 간호, 이송과 그 밖의 의료목적 달성을 위한 조치'가 있다.

65

답·해설 답 ③　⇨ 기본개념 9장 & 기출회독 키워드 235

국민연금법에 따른 급여의 종류로는 '노령연금, 장애연금, 유족연금, 반환일시금'이 있다.

오답노트

ㄴ. 장애인연금은 공공부조제도이다.

ㅁ. 상병보상연금은 산업재해보상보험법상의 급여이다.

66

답·해설 답 ④　⇨ 기본개념 9장 & 기출회독 키워드 236

요양급여의 적정성 평가는 건강보험심사평가원이 관장하는 업무에 해당한다.

67

답·해설 **답 ⑤** ⇨ 기본개념 9장 & 기출회독 키워드 237

오답노트

① "일용근로자"란 1개월 미만 동안 고용되는 사람을 말한다.
② 고용보험은 고용노동부장관이 관장한다.
③ 국가는 매년 보험사업에 드는 비용의 일부를 일반회계에서 부담하여야 한다.
④ 「사립학교교직원 연금법」의 적용을 받는 사람에게는 이 법을 적용하지 아니한다.

68

답·해설 **답 ①** ⇨ 기본개념 9장 & 기출회독 키워드 238

"업무상의 재해"란 업무상의 사유에 따른 근로자의 부상·질병·장해 또는 사망을 말한다.

69

답·해설 **답 ②** ⇨ 기본개념 9장 & 기출회독 키워드 239

오답노트

① 보건복지부장관은 노인등에 대한 장기요양급여를 원활하게 제공하기 위하여 5년 단위로 장기요양기본계획을 수립·시행하여야 한다.
③ 보건복지부장관은 장기요양사업의 실태를 파악하기 위하여 3년마다 장기요양인정에 관한 사항 등에 관한 조사를 정기적으로 실시하고 그 결과를 공표하여야 한다.
④ 장기요양보험료와 건강보험료는 구분하여 고지하여야 한다.
⑤ 장기요양급여는 노인등이 가족과 함께 생활하면서 가정에서 장기요양을 받는 재가급여를 우선적으로 제공하여야 한다.

70

답·해설 **답 ①** ⇨ 기본개념 10장 & 기출회독 키워드 240

노인복지시설의 종류에는 '노인주거복지시설, 노인의료복지시설, 노인여가복지시설, 재가노인복지시설, 노인보호전문기관, 노인일자리지원기관, 학대피해노인 전용쉼터'가 있다.

71

답·해설 **답 ③** ⇨ 기본개념 10장 & 기출회독 키워드 241

오답노트

① 보건복지부장관은 아동정책의 효율적인 추진을 위하여 5년마다 아동정책기본계획을 수립하여야 한다.
② 아동의 권리증진과 건강한 출생 및 성장을 위하여 종합적인 아동정책을 수립하고 관계 부처의 의견을 조정하며 그 정책의 이행을 감독하고 평가하기 위하여 국무총리 소속으로 아동정책조정위원회를 둔다.
④ 아동복지에 관한 업무를 담당하기 위하여 시·도 및 시·군·구에 각각 아동복지전담공무원을 둘 수 있다.
⑤ "아동"이란 18세 미만인 사람을 말한다.

72

답·해설 **답 ④** ⇨ 기본개념 10장 & 기출회독 키워드 242

사회적 장애는 장애인의 정의의 내용에 해당하지 않는다. 즉, "장애인"이란 신체적·정신적 장애로 오랫동안 일상생활이나 사회생활에서 상당한 제약을 받는 자를 말한다.

73

답·해설 **답 ⑤** ⇨ 기본개념 10장 & 기출회독 키워드 243

오답노트

① 양육지원시설은 6세 미만 자녀를 동반한 한부모가족에게 자녀를 양육할 수 있도록 주거 등을 지원하는 시설이다.
② 자립지원시설은 한부모가족지원법상의 한부모가족복지시설이 아니다.
③ 출산지원시설은 한부모가족지원법상의 모(母) 혼인 관계에 있지 아니한 자로서 출산 전 임신부, 혼인 관계에 있지 아니한 자로서 출산 후 해당 아동을 양육하지 아니하는 모의 임신·출산 및 그 출산 아동(3세 미만에 한정)의 양육을 위하여 주거 등을 지원하는 시설이다.
④ 일시지원시설은 배우자(사실혼 관계에 있는 사람을 포함)가 있으나 배우자의 물리적·정신적 학대로 아동의 건전한 양육이나 모 또는 부의 건강에 지장을 초래할 우려가 있을 경우 일시적 또는 일정 기간 동안 모와 아동, 부와 아동, 모 또는 부에게 주거 등을 지원하는 시설이다.

74

답·해설 **답 ①** ⇨ 기본개념 10장 & 기출회독 키워드 245

사회복지공동모금회는 정관을 작성하여 보건복지부장관의 인가를 받아 등기함으로써 설립된다.

75

답·해설 **답 ①** ⇨ 기본개념 10장 & 기출회독 키워드 247

범죄 예방 및 선도에 관한 활동도 이 법의 적용을 받는 자원봉사활동의 범위에 해당한다.

자원봉사활동의 범위

사회복지 및 보건 증진에 관한 활동, 지역사회 개발·발전에 관한 활동, 환경보전 및 자연보호에 관한 활동, 사회적 취약계층의 권익 증진 및 청소년의 육성·보호에 관한 활동, 교육 및 상담에 관한 활동, 인권 옹호 및 평화 구현에 관한 활동, 범죄 예방 및 선도에 관한 활동, 교통질서 및 기초질서 계도에 관한 활동, 재난 관리 및 재해 구호에 관한 활동, 문화·관광·예술 및 체육 진흥에 관한 활동, 부패 방지 및 소비자 보호에 관한 활동, 공명선거에 관한 활동, 국제협력 및 국외봉사활동, 공공행정 분야의 사무 지원에 관한 활동, 그 밖에 공익사업의 수행 또는 주민복리의 증진에 필요한 활동

강의로 완성하는
FINAL
모의고사

2회

1교시 사회복지기초

인간행동과 사회환경

1	①	2	④	3	②	4	③	5	⑤
6	④	7	③	8	⑤	9	①	10	②
11	①	12	③	13	①	14	②	15	④
16	⑤	17	③	18	②	19	③	20	⑤
21	①	22	④	23	③	24	②	25	④

1
답·해설 **답 ①** ⇨ 기본개념 1장 & 기출회독 키워드 001
오답노트

ㄴ. 연령이 증가할수록 발달에 있어 개인차가 커지기 때문에 예측이 어려워진다.
ㄷ. 발달은 전체활동에서 특수활동으로 이루어진다.

2
답·해설 **답 ④** ⇨ 기본개념 1장 & 기출회독 키워드 002

④ 인간발달이론은 클라이언트의 문제를 다양한 관점에서 접근해보는 데에 도움을 준다. 사회복지실천에서는 개별화를 강조하기 때문에 문제를 정형화한다는 것은 적절하지 않다.

3
답·해설 **답 ②** ⇨ 기본개념 2장 & 기출회독 키워드 004
오답노트

① 프로이트는 인간을 본능의 지배를 받는 수동적 존재로 보았다.
③ 프로이트가 제시한 발달단계는 심리사회적 발달단계가 아닌 심리성적 발달단계이다.
④ 남근기의 남아는 거세불안을 경험한다.
⑤ 생식기에는 이성에 대한 관심이 높아진다.

4
답·해설 **답 ③** ⇨ 기본개념 2장 & 기출회독 키워드 005

③ 에릭슨은 발달과정에서 자아에 영향을 주는 환경적 요인을 중요하게 생각했다.

5
답·해설 **답 ⑤** ⇨ 기본개념 2장 & 기출회독 키워드 006

⑤ 아들러는 사회적 관심과 활동수준에 따라 생활양식을 유형화하였다.

6
답·해설 **답 ④** ⇨ 기본개념 2장 & 기출회독 키워드 007
오답노트

① 인간의 행동은 의식과 무의식 수준에서 서로 상반되는 두 가지 힘에 의해 동기화된다.
② 인간의 성격은 과거사건 및 미래에 대한 열망에 의해 형성된다.
③ 남성이 억압시킨 여성성을 아니마(anima), 여성이 억압시킨 남성성을 아니무스(animus)라고 한다. 콤플렉스의 유형은 아니다.
⑤ 개성화 과정이 곧 자기실현의 과정이다.

7
답·해설 **답 ③** ⇨ 기본개념 3장 & 기출회독 키워드 008

③ 전조작기에 보존개념이 발달하기 시작하며 구체적 조작기에 확립된다.

8
답·해설 **답 ⑤** ⇨ 기본개념 3장 & 기출회독 키워드 008

⑤ 자율적 도덕성은 구체적 조작기의 도덕적 수준이다. 규칙은 절대적인 것이 아니라 상호 간의 합의에 따라 결정하고 수정할 수 있다고 생각한다. 행위의 결과보다 의도를 고려하여 판단한다.

9
답·해설 **답 ①** ⇨ 기본개념 3장 & 기출회독 키워드 009

사례는 평균적으로 5분에 1개의 스티커를 준다는 규칙이 있으면서도 반드시 5분마다 준다는 규칙이 있는 것은 아니기 때문에 스티커를 주는 간격이 고정되어 있지 않다. 따라서 강화를 제공하는 간격이 변화하는 가변간격 강화계획에 해당한다.

10
답·해설 **답 ②** ⇨ 기본개념 3장 & 기출회독 키워드 010
오답노트

① 반두라는 인간의 행동은 개인, 행동, 환경의 상호작용으로 발달한다고 보았다.

③ 인간의 행동이 보상과 처벌에 따라 형성된다는 것은 스키너의 이론이다.
④ 욕구에 주목한 학자는 매슬로우이다.
⑤ 반두라는 인간의 주관성 및 능동성을 인정하며 스스로 자신의 인지 능력을 토대로 합리적으로 행동할 수 있다고 보았다. 따라서 외적 자극이 없이도 스스로 행동할 수 있다는 입장이다.

11
답·해설 답 ① ⇨ 기본개념 4장 & 기출회독 키워드 012
오답노트

ㄴ. 스키너는 인간의 행동은 환경적 자극에 따라 동기화되고 행동의 결과에 따라 결정된다고 보았다.
ㄹ. 피아제(J. Piaget) 이론을 통해 인간이 환경적 자극에 반응하여 나타나는 인지발달단계를 살펴볼 수 있다.

12
답·해설 답 ③ ⇨ 기본개념 4장 & 기출회독 키워드 013
오답노트

① ABC패러다임은 선행요인, 행동, 결과를 나타내는 것으로, 스키너 이론에서 인간행동에 대한 기본가정이다.
② 우월성 추구는 아들러 이론에 해당한다.
④ 중년기 개성화 과정은 융 이론에 해당한다.
⑤ 심리성적 발달과정은 프로이트 이론에 해당한다.

13
답·해설 답 ① ⇨ 기본개념 5장 & 기출회독 키워드 014

① 엔트로피는 체계 간 상호작용의 감소로 유용한 에너지가 감소하는 상태이며, 넥엔트로피는 체계 간 상호작용으로 외부의 에너지를 유입함에 따라 체계 내에 있던 유용하지 않은 에너지가 감소하는 것이다.

오답노트

② 시너지는 체계의 구성요소 사이에 상호작용이 증가하면서 유용한 에너지가 증가하는 것을 말하며, 개방체계에서 나타난다.
③ 위계가 개방성 정도와 관련된 개념은 아니다. 위계는 체계의 서열을 의미하는 것으로 상위체계와 하위체계의 구분이다.
④ 균형은 폐쇄체계의 현상이다. 외부와 관계하지 않은 채 현상유지에 초점을 두어 변화가 거의 없다.
⑤ 피드백은 체계가 가지고 있는 순환적 특성을 반영하는 개념이다.

14
답·해설 답 ② ⇨ 기본개념 5장 & 기출회독 키워드 014

② 체계는 크게 폐쇄체계와 개방체계로 구분되지만 완전한 폐쇄체계와 완전한 개방체계는 현실적으로 존재하지 않으며, 대부분의 체계는 어느 정도의 개방성을 가지고 있어 개방체계와 폐쇄체계의 연속선상에 위치한다.

15
답·해설 답 ④ ⇨ 기본개념 5장 & 기출회독 키워드 015

브론펜브레너의 생태체계 구성
· 미시체계: 개인 혹은 인간이 속한 가장 직접적인 사회적·물리적 환경
· 중간체계: 두 가지 이상의 미시체계들 간의 관계 혹은 특정한 시점에서 미시체계들 간의 상호작용
· 외부체계: 개인과 직접 상호작용하지는 않으나 미시체계에 영향을 주는 사회적 환경
· 거시체계: 개인이 속한 사회의 이념, 문화, 가치 등
· 시간체계: 개인의 전 생애에 걸쳐 일어나는 변화와 역사적인 환경

16
답·해설 답 ⑤ ⇨ 기본개념 5장 & 기출회독 키워드 015

⑤ 생태체계이론은 구체적인 방법과 기술 제시에는 한계가 있다.

17
답·해설 답 ③ ⇨ 기본개념 7장 & 기출회독 키워드 018

③ 다른 문화와의 교류를 통해 변동이 일어난다.

18
답·해설 답 ② ⇨ 기본개념 8장 & 기출회독 키워드 019

② 손톱, 발톱, 피부표피 등의 발달은 외배엽에 해당한다. 중배엽은 뼈, 근육, 배설기관, 피부진피, 혈관 및 림프 등 순환계로, 내배엽은 호흡기 및 소화기관 계통으로 발달한다.

19
답·해설 답 ③ ⇨ 기본개념 8장 & 기출회독 키워드 020
오답노트

ㄷ. 아들러는 생활양식의 형성에 있어 가족 내에서의 경험이 중요하다고 설명하기는 했지만, 발달단계를 제시하지는 않았다.

20
답·해설 답 ⑤ ⇨ 기본개념 8장 & 기출회독 키워드 021

⑤ 유아기에는 기계적인 암기로 숫자를 학습하기 때문에 어느 숫자가 더 크고 더 작은지 등을 스스로 이해하는 것은 어렵다. 시간개념은 대체로 8~9세경에 갖게 된다.

21
답·해설 답 ① ⇨ 기본개념 9장 & 기출회독 키워드 022

① 조합기술의 획득으로 사칙연산이 가능해진다. 보존개념이 확립되면서 분류화, 서열화 등이 가능해진다.

22
답·해설 답 ④ ⇨ 기본개념 10장 & 기출회독 키워드 023

마르시아는 '위기'와 '전념'을 기준으로 자아정체감을 4가지 범주로 구분했다. 위기는 자아정체감을 탐색하는 과정

이며, 전념은 능동적으로 의사결정을 내린 상태를 말한다. 성취와 유예는 적응, 유실과 혼란은 부적응으로 보았다.
- 정체감 성취: 위기를 극복하여 스스로 의사결정을 내릴 수 있는 상태이다.
- 정체감 유예: 위기상태가 진행 중이어서 아직 의사결정을 내리지 못한 상태이다. 대다수는 정체감 성취로 옮겨가지만, 정체감 혼란으로 옮겨갈 수도 있다.
- 정체감 유실: 부모나 사회적으로 제시되는 가치관을 그대로 따르기 때문에 위기를 경험하지 않은 채로 의사결정을 한 상태이다.
- 정체감 혼란: 기존의 가치관을 그대로 따르는 것도 아니고 정체감 확립을 위한 노력도 하지 않는 상태이다.

23

답·해설 **답 ③** ⇨ 기본개념 12장 & 기출회독 키워드 025
오답노트
① 유동성 지능은 타고난 기능으로서 뇌세포 노화에 따라 점차 감소하지만, 결정성 지능은 학습경험에 의한 지능으로 꾸준한 연습과 반복이 있다면 개선할 수 있고 계속 발달할 수 있다.
② 신체적 능력의 감소와 더불어 인지적 능력이 감소된다는 견해도 있지만, 인지적 능력은 감소되지 않으며 오히려 특정 측면의 인지적 능력은 강화된다는 견해도 있다.
④ 삶의 경험으로 인해 문제해결 능력이 높아질 수 있다.
⑤ 자아통합은 노년기의 발달과업이다.

24

답·해설 **답 ②** ⇨ 기본개념 13장 & 기출회독 키워드 026
큐블러-로스(Küler-Ross)의 비애과정
- 부인: 사실로 받아들이지 않는다. 흔히 의사의 오진이라고 생각한다.
- 분노: 왜 하필 자신에게 이런 일이 일어났느냐며 가족이나 의료진에게 분노를 터뜨린다.
- 협상: 상실의 전부 또는 일부를 다시 회복하여 어떤 불가사의한 힘과 협상하고자 한다.
- 우울: 이별할 수밖에 없다는 데서 오는 우울증이 나타난다.
- 수용: 사실을 받아들인다.

25

답·해설 **답 ④** ⇨ 기본개념 11장 & 기출회독 키워드 024
④ 에릭슨의 이론에서 청년기는 친밀성 대 고립이라는 위기를 겪으며 사랑을 성취한다고 제시하였다. 지혜의 성취는 노년기에 해당한다.

사회복지조사론

26	②	27	⑤	28	③	29	④	30	①
31	⑤	32	①	33	⑤	34	⑤	35	③
36	①	37	③	38	②	39	③	40	③
41	④	42	⑤	43	②	44	③	45	①
46	④	47	②	48	⑤	49	①	50	②

26

답·해설 **답 ②** ⇨ 기본개념 1장 & 기출회독 키워드 030
오답노트
① 연역법은 일반적 사실이나 법칙으로부터 특수한 사실이나 법칙을 추론해내는 접근방법이다.
③ 귀납법은 주로 질적 연구방법에서 활용한다.
④ 연역법의 대표적인 예는 삼단논법이다.
⑤ 귀납법은 인과의 오류를 범할 수 있다.

27

답·해설 **답 ⑤** ⇨ 기본개념 1장 & 기출회독 키워드 028
자발적으로 참여하는 사람만 연구에 포함시킬 경우 연구결과를 일반화하는 데 문제가 있을 수 있다. 즉, 외적 타당도에 문제가 있을 수 있다.

28

답·해설 **답 ③** ⇨ 기본개념 2장 & 기출회독 키워드 032
인구주택총조사, 실태조사, 여론조사 등은 대표적인 기술적 조사이다. 기술적 조사는 현상의 모양이나 분포, 크기, 비율 등 단순 통계적인 것에 대한 조사이다. 발생빈도와 비율을 파악할 때 사용한다.

29

답·해설 **답 ④** ⇨ 기본개념 2장 & 기출회독 키워드 033
사회복지조사의 과학적 수행과정은 '조사문제 형성 → 가설형성 → 조사설계 → 자료수집 → 자료분석 및 해석 → 보고서 작성'의 순서로 진행된다.

30

답·해설 **답 ①** ⇨ 기본개념 3장 & 기출회독 키워드 037
신입 사회복지사와 동료 사회복지사 간의 관계가 직장만족도를 통해(매개로 하여) 장기근속에 영향을 미치므로 (ㄱ) 신입 사회복지사와 동료 사회복지사 간의 관계는 독립변수, (ㄴ) 직장만족도는 매개변수, (ㄷ) 장기근속은 종속변수이다.

31

답·해설 **답 ⑤** ⇨ 기본개념 3장 & 기출회독 키워드 036

ㄴ. 영가설은 연구가설을 부정하거나 기각하기 위해 설정하는 가설이므로 연구자가 거짓으로 증명되기를 기대하는 가설이다.

ㄷ. 변수 간의 차이가 없거나 관계가 없다는 내용으로 서술된다.

ㄹ. 과학적 가설, 작업가설, 실험가설이라고 불리는 것은 연구가설이다.

32

답·해설 **답 ①** ⇨ 기본개념 4장 & 기출회독 키워드 038

오답노트

ㄷ. ㄹ. 외적 타당도를 높이기 위해서는 표본의 대표성을 높이거나, 가실험효과(플라시보효과)를 제거하기 위해 가실험 통제집단 설계 등의 방법을 사용할 수 있다.

33

답·해설 **답 ⑤** ⇨ 기본개념 4장 & 기출회독 키워드 038

집단들 간에 통제되지 않은 교류와 상호작용, 모방으로 인해 집단 간 차이에 대한 설명이 불분명해지는 경우를 의미한다. 실험집단에서 실시한 프로그램이나 특정한 자극들에 의해서 실험집단의 사람들이 효과를 얻게 되고, 그 효과들이 다른 집단의 사람들(통제집단)에게 전파되어 두 집단 간의 차이가 약해져서 비교가 어려워질 수 있다.

34

답·해설 **답 ⑤** ⇨ 기본개념 5장 & 기출회독 키워드 040

통제집단 후 비교 설계는 통제집단 사후검사 설계라고 한다. 통제집단 사전사후검사 설계에서 사전검사를 실시하지 않는 방법이다. 연구대상에 대한 무작위 할당을 통해 실험집단과 통제집단을 동질화시킬 수 있다고 가정하며(ㄱ), 사전조사를 실시하지 않기 때문에 검사 요인 등이 배제되어 비교적 내적 타당도가 높다(ㄴ). 적은 수의 검사 횟수와 집단구성을 통해서도 내적·외적 타당도를 저해하는 요인을 통제할 수 있어 우수한 설계이다(ㄷ).

오답노트

ㄹ. 검사와 실험처치의 상호작용은 사전검사로 인해 유발되므로 사전조사를 실시하지 않는 통제집단 후 비교 설계에서는 검사와 실험처치의 상호작용이 나타나지 않는다.

35

답·해설 **답 ③** ⇨ 기본개념 5장 & 기출회독 키워드 040

주어진 사례는 복수시계열 설계이다. 복수시계열 설계는 통제집단을 사용함으로써 내적 타당도 저해요인을 크게 감소시킬 수 있으나 무작위 할당이 이루어지지 않으므로 실험집단과 통제집단이 이질적일 가능성이 크다.

오답노트

① 복수시계열 설계는 유사실험설계에 해당한다.
② 1회 사례연구와 같은 설계가 탐색적 목적으로 수행되

는 경우에 유용하다.

④ 일반적으로 인과관계 추정을 위한 가장 전형적인 방법은 통제집단 사전사후검사 설계라고 할 수 있다.

⑤ 2개 이상의 독립변수가 상호작용하여 종속변수와 갖게 되는 인과관계를 검증하기 위한 설계는 요인 설계이다.

36

답·해설 **답 ①** ⇨ 기본개념 6장 & 기출회독 키워드 043

오답노트

ㄹ. ABAB설계는 우연한 외부사건의 영향을 잘 통제할 수 있다. 즉, 개입이 도입되는 시점에 우연히 발생한 외부적 사건이 표적문제에 영향을 주었을 가능성에 대해 검증할 수 있다.

37

답·해설 **답 ①** ⇨ 기본개념 7장 & 기출회독 키워드 045

신뢰도는 측정값의 일관성을 의미하며, 타당도는 측정한 값과 대상의 진정한 값의 일치 정도를 의미한다. 노인복지관에서 노인들의 몸무게를 측정한 결과, 항상 5kg이 더 가볍게 일관적으로 측정되었으므로 신뢰도는 높다고 할 수 있지만, 노인들의 실제 몸무게와는 5kg의 차이가 나는 것이므로 타당도는 낮다고 할 수 있다.

38

답·해설 **답 ②** ⇨ 기본개념 7장 & 기출회독 키워드 044

"서비스 횟수"라는 변수는 비율변수에 해당한다. 비율변수는 서열 간 간격이 동일하고 절대량의 크기를 나타낸다.

39

답·해설 **답 ③** ⇨ 기본개념 7장 & 기출회독 키워드 046

오답노트

ㄱ. 측정항목 수를 가능한 범위 안에서 늘려야 한다.

40

답·해설 **답 ③** ⇨ 기본개념 7장 & 기출회독 키워드 045

내용타당도란 측정도구에 포함된 설문문항들이나 관찰 내용들이 측정하려고 하는 속성이나 개념을 얼마나 대표성 있게 포함하고 있는가에 대해 논리적으로 판단하는 것이다.

41

답·해설 **답 ④** ⇨ 기본개념 8장 & 기출회독 키워드 047

써스톤 척도는 어떤 사실에 대하여 가장 긍정적인 태도와 가장 부정적인 태도를 나타내는 양극단을 등간적으로 구분하여, 여기에 수치를 부여함으로써 등간척도를 구성하는 방법이다. 거트만 척도가 문항들의 서열성을 두어 척도 구성을 했다면, 써스톤 척도는 서열 문항들 간에 등간성까지 갖춘 척도이다.

42

답·해설 **답 ⑤** ⇨ 기본개념 9장 & 기출회독 키워드 048

편의표집법은 모집단에 대한 정보가 전혀 없는 경우, 모집단의 구성요소들 간의 차이가 없다고 판단될 때 표본선정의 편리성에 기준을 두고 조사자 임의대로 확보하기 쉽고 편리한 표집단위를 표본으로 추출하는 방법이다. 모든 표본추출법 중 비용과 시간 면에서 가장 효율적이다. 그러나 표본의 대표성 문제와 표집의 편의 문제가 발생할 수 있다.

43

답·해설 답 ② ⇨ 기본개념 9장 & 기출회독 키워드 049

연구하고자 하는 변수의 수가 증가할수록 표본의 크기는 더욱 커져야 한다. 각 변수에 일정 수의 표본이 있어야 그 변수가 통계적으로 유의미하게 분석되고 분석결과를 신뢰할 수 있다.

44

답·해설 답 ③ ⇨ 기본개념 9장 & 기출회독 키워드 048

사례에서 2번, 7번, 12번, 17번, 22번, … 등을 차례로 표집하고 있기 때문에 표집간격은 5임을 알 수 있다. 이 표집간격(k)은 모집단 수(N)를 표본 수(n)로 나눈 것이다 (k=N/n). 따라서 5=1,500/n이므로 표본 수는 300이 된다.

45

답·해설 답 ① ⇨ 기본개념 10장 & 기출회독 키워드 051
오답노트

② 우편설문법은 대인면접법에 비해 대리응답의 가능성이 높다.
③ 대인면접법은 우편설문법에 비해 많은 비용이 소요된다.
④ 대인면접법은 우편설문법에 비해 질문과정에서 유연성이 높다.
⑤ 우편설문법은 대인면접법에 비해 응답자가 시간적 여유를 갖고 응답할 수 있다.

46

답·해설 답 ④ ⇨ 기본개념 10장 & 기출회독 키워드 050

평정형 질문은 강도를 달리하는 응답범주들 중 하나를 선택하는 것이다.

47

답·해설 답 ② ⇨ 기본개념 11장 & 기출회독 키워드 053

관찰법은 자연스러운 상황에서 장기간에 걸친 자료수집이 가능하다.

48

답·해설 답 ⑤ ⇨ 기본개념 12장 & 기출회독 키워드 054

주요 정보제공자 조사는 직접적인 자료수집방법에 해당한다.

49

답·해설 답 ① ⇨ 기본개념 13장 & 기출회독 키워드 056

질적 연구는 주로 서술적이고 탐색적인 연구에 활용되며,

조사대상자의 삶의 현장에서 이루어지는 구체적인 일상의 삶에 대한 심층적인 이해와 파악을 추구한다.
오답노트

ㄹ. 이론을 바탕으로 하여 가설을 검증하고 관계를 분석하는 등의 연구는 양적 연구방법을 사용하여 연구하기에 적절한 주제이다.

50

답·해설 답 ② ⇨ 기본개념 13장 & 기출회독 키워드 057

문화기술지는 어떤 문화 속에서 생활하는 사람들의 관점에서 문화를 연구하는 것이다. 연구자가 오랜 기간 대상자와 함께 생활하면서 관찰대상자의 관점에서 특정 집단의 문화를 이해하는 방법이며, 자료수집과정에서 일어나는 연구자와 연구대상자 간의 상호작용과 이것이 미치는 영향에 관심을 둔다.

2교시 사회복지실천

사회복지실천론

1	②	2	②	3	⑤	4	③	5	③
6	④	7	②	8	①	9	②	10	④
11	⑤	12	⑤	13	①	14	①	15	⑤
16	③	17	③	18	③	19	③	20	④
21	⑤	22	④	23	①	24	③	25	③

1
답·해설 **답 ②** ⇨ 기본개념 1장 & 기출회독 키워드 060

② 사회복지실천에 있어 클라이언트가 가진 문제의 원인이 개인에게만 있다고 보지 않는다. 개인을 환경에 적응시키는 것보다 개인, 환경 및 개인과 환경 간 상호작용의 차원을 두루 살펴보며 개입한다.

2
답·해설 **답 ②** ⇨ 기본개념 1장 & 기출회독 키워드 058

그린우드가 제시한 5가지 전문적 속성
· 체계적인 이론: 전문직만의 체계화된 지식기반과 기술
· 전문적인 권위: 클라이언트와의 관계에서 사회복지사에게 부여된 권위와 신뢰
· 사회적 승인(인가): 사회적으로 전문직에게 부여된 권한과 특권
· 윤리강령: 전문직의 특권이 오용되는 것을 방지하고 규제하기 위한 윤리강령
· 전문직 문화: 전문적 가치와 규범의 공유

3
답·해설 **답 ⑤** ⇨ 기본개념 2장 & 기출회독 키워드 062

①②는 핵심가치인 인간 존엄성에 관한 윤리원칙이다. 기본적 윤리기준에서 전문가로서의 자세에 관한 규정은 핵심가치인 인간 존엄성 및 사회정의에 관한 내용을 담고 있는데, ③④는 인간존엄성 존중에 관한 사항이며, ⑤는 사회정의 실현에 관한 사항이다.

4
답·해설 **답 ③** ⇨ 기본개념 2장 & 기출회독 키워드 065

사회복지 전문직의 가치(레비)
· 사람우선 가치: 인간에 대한 바람직한 개념에 관한 가치로, 인간이 가진 타고난 가치 및 존엄성 존중, 개별성에 대한 인정, 상호책임성과 소속의 욕구, 일반적인 욕구 존중 등이 해당한다.
· 결과우선 가치: 목표로 하는 결과에 관한 가치로, 성장 및 발전의 기회 제공, 서비스 제공에 따른 결과 성취, 문제의 예방 및 해결에 대한 사회적 책임 등이 해당한다.
· 수단우선 가치: 서비스를 수행하는 방법, 클라이언트를 대하는 방법과 관련된 가치이다. 실천에 있어 클라이언트의 자기결정권을 인정하고 비심판적 태도를 가져야 한다는 것 등이 해당한다.

5
답·해설 **답 ③** ⇨ 기본개념 2장 & 기출회독 키워드 065

③ 인권은 기본적인 요건이 없어도 인간이라면 누구나 마땅히 누려야 할 권리라는 의미에서 보편적 권리이다.

6
답·해설 **답 ④** ⇨ 기본개념 3장 & 기출회독 키워드 066

④ 1950년대에는 개별사회복지실천, 집단사회복지실천, 지역사회조직 등 3대 방법론의 분화로 인한 한계를 인식하면서 통합적 방법론이 전개되었다.

7
답·해설 **답 ②** ⇨ 기본개념 3장 & 기출회독 키워드 066
오답노트

①③④⑤는 진단주의 학파의 특징이다.

8
답·해설 **답 ①** ⇨ 기본개념 4장 & 기출회독 키워드 068

① 어린이집은 2차 현장이다.

9
답·해설 **답 ②** ⇨ 기본개념 5장 & 기출회독 키워드 075

② 동화주의는 클라이언트가 우리 문화를 빨리 배우고 적응하여 주류 사회 안에 편입될 수 있도록 하자는 관점으로, 우리 문화와 클라이언트의 고유 문화를 동등하게 보지 않고 두 문화의 공존을 인정하지 않는다는 점에서 비판이 제기된다.

10
답·해설 답 ④ ⇨ 기본개념 5장 & 기출회독 키워드 071

④ 클라이언트를 수혜자가 아닌 소비자로 규정한다.

11
답·해설 답 ⑤ ⇨ 기본개념 5장 & 기출회독 키워드 070

⑤ 통합적 접근방법은 인간중심과 환경중심 중 어느 하나를 선택하여 접근하는 이분화된 접근방법이 아니라 개인과 환경을 모두 중시하는 접근방법을 취한다.

12
답·해설 답 ⑤ ⇨ 기본개념 6장 & 기출회독 키워드 077

사례관리의 목적 및 목표는 학자마다 조금씩 다르게 제시되고 있지만 사례관리의 등장배경 및 주요 특징을 고려하면 제시된 내용 모두 사례관리의 목적 및 목표로 설명할 수 있다.

13
답·해설 답 ① ⇨ 기본개념 6장 & 기출회독 키워드 077

① 사례관리는 병리관점을 따르지 않는다.

14
답·해설 답 ① ⇨ 기본개념 6장 & 기출회독 키워드 079

① 사례관리자는 소속된 기관에서 적합한 서비스가 없을 때 외부 기관 및 전문가와 협업할 수 있는 팀을 구성해야 한다.

15
답·해설 답 ⑤ ⇨ 기본개념 7장 & 기출회독 키워드 080
오답노트

ㄱ. 개별화의 원칙은 개별적인 인간으로 대우받고 싶은 욕구를 반영한 것이다. 문제에 대해 공감적 반응을 얻고 싶은 욕구는 통제된 정서적 관여의 원칙과 관련된다.

16
답·해설 답 ② ⇨ 기본개념 7장 & 기출회독 키워드 081

② 사회복지사가 자신의 감정, 의도 등을 숨기는 것은 진실성에 위배된다. 사회복지사는 자신의 감정이나 의도 등을 솔직하게 드러내며 모순된 메시지를 전달하지 않도록 해야 한다.

17
답·해설 답 ③ ⇨ 기본개념 7장 & 기출회독 키워드 082

③ 사회복지사는 전문적 지식과 경험을 바탕으로 기관에 의해 위임된 권한에 따라 일정한 권위를 갖게 된다. 한편, 원조관계에 있어 통제적 관계라는 것은 사회복지사가 권위자로서 역할을 한다는 것이 아니라 사회복지사가 개입에 있어 객관성을 유지하면서 자신의 감정이나 반응 등을 통제해야 함을 의미한다.

18
답·해설 답 ④ ⇨ 기본개념 8장 & 기출회독 키워드 084

④ 초기 상담에서는 특히 클라이언트의 문제가 명확히 정의되지 않았기 때문에 처음 제시했던 문제와는 다른 주제나 이야기의 흐름에서 벗어난 주제를 꺼낼 수 있는데 반복적으로 언급하는 이야기가 진짜 문제일 수 있기 때문에 주의깊게 듣는 것이 필요하다.

19
답·해설 답 ③ ⇨ 기본개념 8장 & 기출회독 키워드 084

③ 클라이언트의 말, 행동, 감정 등에 대한 해석은 사회복지사가 어디에 초점을 두느냐에 따라 다른 해석이 될 수 있다. 따라서 초기 과정에 무리하게 해석을 진행해서는 안 된다.

20
답·해설 답 ④ ⇨ 기본개념 9장 & 기출회독 키워드 086

④ 개입목표 설정은 클라이언트에 대한 사정이 종료된 후 계획을 수립하는 단계에서 이루어진다.

21
답·해설 답 ⑤ ⇨ 기본개념 9장 & 기출회독 키워드 087

모두 자료의 출처가 된다. 클라이언트가 작성한 초기면접지, 면담 내용, 비언어적 행동에 대한 관찰, 다른 사람과의 상호작용 관찰, 심리검사 및 사정도구, 면담과정에 클라이언트에 대해 느낀 사회복지사의 주관적 경험 등등 자료의 출처는 다양하다.

22
답·해설 답 ④ ⇨ 기본개념 10장 & 기출회독 키워드 088

④ 가계도는 3세대 이상에서 전개되는 가족 간의 관계 및 반복적인 문제나 특징 등을 도식화하여 그린 것으로 환경체계를 살펴보지는 않는다.

23
답·해설 답 ① ⇨ 기본개념 10장 & 기출회독 키워드 089

① 사정은 클라이언트를 이해하기 위한 보조적인 수단이다. 사회복지사는 클라이언트를 완전히 이해할 수 없다는 근본적인 한계를 인식하고 인정하는 것도 필요하다.

24
답·해설 답 ② ⇨ 기본개념 12장 & 기출회독 키워드 092
오답노트

① 재보증: 클라이언트가 자신의 능력에 대한 불안감을 제거하여 정서적 안정을 주기 위해 실시한다.
③ 일반화: 클라이언트의 문제는 누구나 겪을 수 있는 보편적인 것임을 말해줌으로써 소외감과 일탈감에서 벗어날 수 있도록 실시한다.
④ 모델링은 클라이언트가 타인이 하는 바람직한 행동을 보고 모방함으로써 행동의 변화를 가져오는 개입 기

술이다.
⑤ 재명명: 클라이언트가 문제 상황을 지나치게 부정적인 관점에서 볼 때 긍정적인 관점을 제시해주는 기법이다.

25
답·해설 답 ③ ▷기본개념 13장 & 기출회독 키워드 094
오답노트

ㄱ. 심리검사 분석은 사정단계에 해당한다.
ㄴ. 클라이언트의 사회적 지지체계 개발은 개입단계에 해당한다.

사회복지실천기술론

26	①	27	⑤	28	④	29	④	30	②
31	⑤	32	②	33	①	34	③	35	②
36	⑤	37	④	38	①	39	③	40	②
41	①	42	②	43	④	44	④	45	③
46	⑤	47	④	48	③	49	②	50	①

26
답·해설 답 ① ▷기본개념 1장 & 기출회독 키워드 095

① 명료화 기술은 클라이언트의 진술이나 표현이 혼란스럽거나 추상적일 때 사회복지사가 구체화하여 전달함으로써 클라이언트가 다시 한번 자신의 생각이나 상황 등을 정리하면서 분명하고 객관적인 인식을 갖게 돕는 기술이다. 환원은 클라이언트가 한 말의 진의를 살펴 사회복지사가 이해한 바를 사회복지사의 언어로 다시 표현하여 말해주는 기술이다.

27
답·해설 답 ⑤ ▷기본개념 2장 & 기출회독 키워드 098

⑤ 자유연상은 클라이언트가 떠오르는 말을 자유롭게 이야기하도록 하는 것이기 때문에 클라이언트의 이야기가 중구난방으로 흐르더라도 끼어들지 않는 것이 중요하다. 따라서 특정 주제가 계속되도록 이끄는 초점화 기술은 적합하지 않다.

28
답·해설 답 ④ ▷기본개념 3장 & 기출회독 키워드 099

ㄴ. 클라이언트의 행동기술에 대한 제안은 직접적 영향주기, ㄷ. 클라이언트의 불안감에 대한 재보증은 지지하기, ㄹ. 클라이언트의 인적, 물적 자원 확보는 간접적 개입인 환경조정하기에 해당한다.

오답노트
ㄱ. 인지왜곡에 대한 수정은 인지행동모델에 해당한다.

29
답·해설 답 ④ ▷기본개념 4장 & 기출회독 키워드 101
오답노트

① 현재중심적 접근이다.
② 직접적인 접근이다.
③ 구조화된 접근이다.
⑤ 단기개입을 추구한다.

30
답·해설 답 ② ▷기본개념 4장 & 기출회독 키워드 102

② 제시된 내용은 모델링에 해당한다. 체계적 둔감법은 다른 사람의 행동을 따라해보는 방식은 아니며 클라이언트가 불안이나 위협을 느끼는 상황에 대해 작은 자극부터 큰 자극까지 적용해보면서 이완상태와 연결하는 방법이다.

31
답·해설 **답 ⑤** ⇨ 기본개념 4장 & 기출회독 키워드 103

⑤ 행동수정모델에서는 심리 내적 동기나 욕구 등에 초점을 두지는 않는다. 단순하게 접근할 수 있는 문제에 대해 불필요하게 복잡한 원인론을 대입할 필요가 없다고 본다(간결주의적 입장).

32
답·해설 **답 ②** ⇨ 기본개념 5장 & 기출회독 키워드 104
오답노트

ㄱ. 정신역동모델은 해석을 통해 클라이언트의 통찰력을 향상시킬 수 있다고 본다.
ㄷ. 역량강화모델에서 클라이언트는 개입의 주체이자, 소비자이며, 사회복지사와의 협력적 파트너이다.

33
답·해설 **답 ①** ⇨ 기본개념 6장 & 기출회독 키워드 106
오답노트

ㄷ. ㄹ. ㅂ. 발견단계의 과업에 해당한다.

34
답·해설 **답 ③** ⇨ 기본개념 6장 & 기출회독 키워드 107

③ 위기발달은 '사회적 위험 → 취약단계 → 위기촉진요인 발생 → 실제 위기단계 → 재통합'의 단계로 이루어지며, 개입은 '실제 위기단계'에서 진행된다.

35
답·해설 **답 ②** ⇨ 기본개념 7장 & 기출회독 키워드 108

② 한 가족원이 새로운 행동을 했을 때 부적 환류는 그 행동을 저지, 중단, 감소시킴으로써 기존의 평형상태가 유지될 수 있도록 작동한다.

36
답·해설 **답 ⑤** ⇨ 기본개념 8장 & 기출회독 키워드 109

⑤ 가족조각을 통해 가족원들 사이의 친밀도나 결속력을 알 수는 있지만 구체적으로 수치화된 접촉 빈도를 파악할 수 있는 것은 아니다.

37
답·해설 **답 ④** ⇨ 기본개념 9장 & 기출회독 키워드 111

④ 세대 간 정서적 융합이 심할수록 정서적 단절의 가능성은 높아진다.

38
답·해설 **답 ①** ⇨ 기본개념 9장 & 기출회독 키워드 112

① 구조적 가족치료에서 사회복지사는 의도적으로 한 쪽편을 들어 가족의 역기능적인 균형을 깨뜨리기도 한다.

39
답·해설 **답 ③** ⇨ 기본개념 9장 & 기출회독 키워드 113

어머니는 아첨형 의사소통을, 아버지는 초이성형 의사소통을 가지고 있기 때문에 일치형 의사소통이 이루어질 수 있도록 경험적 가족치료모델을 적용해볼 수 있다.

40
답·해설 **답 ②** ⇨ 기본개념 9장 & 기출회독 키워드 114

② 문제에 대한 부정적인 시각에 대해 긍정적인 시각을 제공해주는 것은 재명명 기법에 해당하는 것으로, 재명명 기법은 역설적 지시는 아니다.

41
답·해설 **답 ①** ⇨ 기본개념 9장 & 기출회독 키워드 115

① 해결중심모델은 클라이언트가 문제 삼지 않는 것은 건드리지 않는 것을 원칙으로 한다.

42
답·해설 **답 ③** ⇨ 기본개념 9장 & 기출회독 키워드 113

③ 하위체계 간 경계 만들기는 구조적 가족치료의 주요 기법이다. 경험적 가족치료는 성장 경험의 제공, 적절한 의사소통 방법 개발, 행동에 대한 책임 등을 개입목표로 한다.

43
답·해설 **답 ②** ⇨ 기본개념 10장 & 기출회독 키워드 117

② 성장집단보다는 사회화집단에 대한 설명이다. 성장집단은 집단성원들의 자기인식 증진, 사고 변화를 목적으로 한다.

44
답·해설 **답 ④** ⇨ 기본개념 10장 & 기출회독 키워드 118

④ 집단응집력이 강하다고 해서 갈등이 발생하지 않는 것은 아니다. 다만, 갈등을 효율적으로 해결하는 데에 유리하다.

45
답·해설 **답 ③** ⇨ 기본개념 10장 & 기출회독 키워드 119

③ 카타르시스(감정의 정화)는 그동안 억눌렸던 감정을 집단과정에서 표현함에 따라 자신의 문제에 대한 감정을 나누고 객관적으로 해결해나갈 수 있게 됨을 의미한다.

오답노트

① 보편성: 집단과정에서 자신의 문제가 대단히 특별한 것이 아니라 누구나 일반적으로 겪을 수 있는 일임을 느낌으로써 마음의 안정을 찾을 수 있다.
② 1차 가족집단의 교정적 재현: 가족과의 관계에서 갖게 된 적대감, 분노, 경쟁심 등이 집단과정에서도 동일하게 나타날 경우 이를 탐색하고 새롭게 교정할 기회가

될 수 있다.
④ 이타심: 집단과정에서 다른 사람에게 도움이 되는 경험을 통해 자존감이 향상될 수 있다.
⑤ 대인관계 학습: 집단과정에서의 상호작용을 통해 자신의 대인관계 방식에 대한 통찰력을 갖게 된다.

46

답·해설 **답 ⑤** ⇨ 기본개념 **11장** & 기출회독 키워드 **121**

⑤ 집단의 크기를 결정하여 모집을 시작하기 때문에 성원들의 의견을 고려해야 하는 것은 아니다.

47

답·해설 **답 ④** ⇨ 기본개념 **11장** & 기출회독 키워드 **122**
오답노트

ㄱ. 소시오그램은 집단 성원들이 서로에 대해 가지고 있는 감정이나 태도 등과 관련하여 상호 간에 친밀감, 거부, 무관심 등의 관계를 도식화하는 사정도구이다. 대인관계 기술의 변화 양상을 알 수는 없다.

48

답·해설 **답 ③** ⇨ 기본개념 **11장** & 기출회독 키워드 **125**

③ 모니터링은 실행과정에서 진행하는 중간평가이다.

49

답·해설 **답 ②** ⇨ 기본개념 **12장** & 기출회독 키워드 **126**

② 과정기록은 목표 및 개입활동 등 특정 내용을 축약하여 작성하는 것이 아니라 사회복지사와 클라이언트 사이에 있었던 모든 상호작용을 기록한다.

50

답·해설 **답 ①** ⇨ 기본개념 **13장** & 기출회독 키워드 **128**
오답노트

② 단일사례설계는 가설을 세우지 않는다.
③ 단일사례설계는 실험집단과 통제집단이 동일하다.
④ 기초선 측정 없이 개입을 먼저 진행할 수 있다(BAB설계).
⑤ 개입과 개입철회를 반복할 수 있다(ABAB설계). 개입과 개입철회를 반복함으로써 개입의 효과성에 대한 인과관계를 명확히 할 수 있다.

지역사회복지론

51	①	52	②	53	⑤	54	③	55	③
56	④	57	②	58	①	59	③	60	④
61	①	62	⑤	63	①	64	④	65	④
66	③	67	②	68	⑤	69	④	70	②
71	⑤	72	③	73	⑤	74	③	75	④

51

답·해설 **답 ①** ⇨ 기본개념 **1장** & 기출회독 키워드 **129**

① 길버트와 스펙트가 제시한 다섯 가지 지역사회의 기능은 생산·분배·소비, 사회화, 사회통제, 사회통합, 상부상조 등이다.

52

답·해설 **답 ②** ⇨ 기본개념 **1장** & 기출회독 키워드 **129**

② 지역사회는 다양한 구성원들이 의견을 나누며 갈등의 장이 되기도 한다. 좋은 지역사회는 다양한 이익집단들을 포용하며 의사결정 과정을 통해 갈등을 줄여나갈 수 있는 지역사회이다.

53

답·해설 **답 ⑤** ⇨ 기본개념 **2장** & 기출회독 키워드 **132**

⑤ 정상화는 특별한 욕구나 장애를 가진 사람도 지역사회와 분리된 시설이나 병원이 아닌 일상적인 삶을 유지할 수 있도록 해야 한다는 것으로 1959년 덴마크의 정신지체인법에서 처음 등장하였다.

54

답·해설 **답 ③** ⇨ 기본개념 **2장** & 기출회독 키워드 **130**
오답노트

① 클라이언트는 지역사회 그 자체이다.
② 공동의 목표를 수립하는 것이 필요하지만, 지역사회 내에 존재하는 다양성을 존중해야 한다는 점에서 소수의 문제와 의견도 중요하다.
④ 지역주민들의 공감을 얻을 수 있는 풀뿌리 지도자를 발굴하고 양성하는 것도 필요하다.
⑤ 지역사회복지실천은 상호학습을 추구하며, 실천가와 지역주민 모두 동등한 파트너이면서 교육자인 동시에 학습자가 된다.

55

답·해설 **답 ③** ⇨ 기본개념 **3장** & 기출회독 키워드 **134**

③ 1970년대 농촌의 생활환경개선운동으로 시작된 새마을운동은 소득증대사업으로 확대되었으며, 도시에서

는 의식개선운동으로 전개되기도 하였다. 1981년(5공화국)부터 민간주도로 전환되었다.

56
답·해설 답 ④　➡ 기본개념 3장 & 기출회독 키워드 137
오답노트
① 1884년 영국 런던에 토인비홀이 설립된 것이 최초의 인보관이다. 미국에서는 이 영향을 받아 1886년 뉴욕에 네이버후드 길드가 설립되었다.
② 1869년 영국의 자선조직협회는 사회진화론, 적자생존의 논리 등을 바탕으로 하였다. 급진주의, 계몽주의를 바탕으로 한 것은 인보관운동이다.
③ 한국 최초의 사회복지관으로 평가되는 태화여자관은 1921년에 건립되었다.
⑤ 1980년대 미국은 신보수주의에 따라 사회복지 부문에서도 민영화가 진행되었다.

57
답·해설 답 ②　➡ 기본개념 4장 & 기출회독 키워드 138
② 기능주의적 관점은 지역사회의 안정, 적응, 조화, 균형을 강조한다.

58
답·해설 답 ①　➡ 기본개념 4장 & 기출회독 키워드 138
① 다원주의이론: 다양한 집단 간에 경쟁, 갈등, 협력 등이 일어나며 사회는 다양한 집단의 이해관계를 종합하여 민주적으로 운영된다.

59
답·해설 답 ③　➡ 기본개념 5장 & 기출회독 키워드 139
오답노트
ㄷ. 사회행동모델은 과업중심 목표와 과정중심 목표를 모두 추구한다.

60
답·해설 답 ④　➡ 기본개념 5장 & 기출회독 키워드 –
④ 포플의 지역사회보호모델은 노인, 장애인, 아동 등 지역주민의 복지를 위한 사회관계망과 자발적 서비스를 증진시키는 데에 목적을 둔다. 자조개념을 바탕으로 지역주민이 주체적인 보호 제공자로서의 역할을 담당한다.
오답노트
① 웨일과 갬블의 지역사회의 사회·경제개발모델은 사회적 개발과 경제적 개발을 함께 강조하는 모델이다.
② 로스만의 지역개발 및 사회행동 모델은 지역사회개발모델과 사회행동모델이 혼합적으로 이루어지는 것을 의미한다.
③ 로스만의 사회계획모델은 기관에서 문제를 분석하고 계획을 수립하여 진행되는 모델이다.
⑤ 테일러와 로버츠의 프로그램 개발 및 조정 모델은 공공기관 중심의 모델이다.

61
답·해설 답 ①　➡ 기본개념 6장 & 기출회독 키워드 142
②③④⑤는 문제확인 단계에 해당하며, ①은 사정단계에 해당한다.

62
답·해설 답 ⑤　➡ 기본개념 6장 & 기출회독 키워드 143
오답노트
① 문제확인은 사정보다 먼저 실시한다.
② 초기 단계에서는 개방적인 태도를 가지고, 관련자들과 폭넓은 대화를 실시해야 한다.
③ 문제확인 단계는 구체적인 목표로 연결되는 단계는 아니다. 한편 목표는 확장될 수도 있고 축소될 수도 있다.
④ 문제확인 단계에서 예산의 수립 및 확보가 실시되는 것은 아니다.

63
답·해설 답 ①　➡ 기본개념 9장 & 기출회독 키워드 151
① 지역사회 옹호는 옹호의 한 가지 유형이다.

64
답·해설 답 ④　➡ 기본개념 8장 & 기출회독 키워드 147
④ 효과적인 조직화를 위해서는 정서적 활동이 포함되어야 한다. 조직에 참여하는 주민들 사이에 신뢰감과 유대감이 형성되어야 주민조직이 지속될 수 있다.

65
답·해설 답 ④　➡ 기본개념 8장 & 기출회독 키워드 148
④ 주민의 권리보장을 위한 사회행동의 진행은 옹호 기술에 해당한다.

66
답·해설 답 ③　➡ 기본개념 8장 & 기출회독 키워드 149
③ 자원동원은 개별 접촉으로 이루어질 수 있다.

67
답·해설 답 ②　➡ 기본개념 7장 & 기출회독 키워드 146
ㄴ. 지역의 군수를 만나 주민들의 권익을 대변한 것은 옹호자로서의 역할이다.
ㄹ. 주민모임의 결성을 돕고 의견교환이 이루어질 수 있도록 한 것은 조력가로서의 역할이다.
오답노트
ㄱ. 중재자로서의 역할은 갈등 상황에 개입하는 것으로 사례에서는 갈등 상황이 없다.
ㄷ. 중개자로서의 역할은 클라이언트와 자원을 연결하는 것으로 사례에서는 나타나지는 않는다.

68
답·해설 답 ⑤　➡ 기본개념 10장 & 기출회독 키워드 152
⑤ 시·군·구 지역사회보장계획은 4년마다 수립하며, 해마다 연차별 시행계획을 수립한다.

69

답·해설 **답 ④** ⇨ 기본개념 10장 & 기출회독 키워드 153

④ 시·도 사회보장위원회의 심의·자문 사항에 해당한다.

70

답·해설 **답 ②** ⇨ 기본개념 11장 & 기출회독 키워드 156

② 민·관 협력은 꾸준히 강조되고 있다.

71

답·해설 **답 ⑤** ⇨ 기본개념 12장 & 기출회독 키워드 157

사회복지관의 우선 사업대상
- 국민기초생활보장 수급자, 차상위계층
- 장애인, 노인, 한부모가정, 다문화가정
- 직업 및 취업 알선이 필요한 주민
- 보호와 교육이 필요한 유아·아동 및 청소년
- 그 밖에 사회복지관의 사회복지서비스를 우선 제공할 필요가 있다고 인정되는 주민

72

답·해설 **답 ③** ⇨ 기본개념 12장 & 기출회독 키워드 157

사회복지관의 기능 및 사업에 관한 사항은 사회복지사업법을 통해 규정되고 있다. 크게 사례관리 기능, 서비스 제공 기능, 지역조직화 기능 등 세 가지 기능으로 구분되며, 문제에 제시된 내용은 서비스 제공 기능을 위한 세부사업인 지역사회보호에 해당한다.

73

답·해설 **답 ⑤** ⇨ 기본개념 12장 & 기출회독 키워드 158

⑤ 사회적협동조합은 비영리법인으로 설립한다.

74

답·해설 **답 ③** ⇨ 기본개념 12장 & 기출회독 키워드 159

③ 기부자가 특정 지역, 특정 대상자, 사용용도 등을 지정할 수 있다.

75

답·해설 **답 ④** ⇨ 기본개념 13장 & 기출회독 키워드 162

④ 지역사회복지운동의 주체는 지역주민 전체이다. 지역사회의 일부 집단에 한정되지 않는다.

3교시 사회복지정책과 제도

사회복지정책론

1	③	2	①	3	④	4	④	5	⑤
6	③	7	②	8	②	9	⑤	10	①
11	⑤	12	①	13	④	14	⑤	15	①
16	②	17	②	18	②	19	⑤	20	④
21	①	22	①	23	④	24	⑤	25	①

1

답·해설 **답 ③** ⇨ 기본개념 1장 & 기출회독 키워드 163

ㄴ. 보험수리 원칙은 납부한 금액에 비례하여 급여를 주어야 한다는 원칙이다.
ㄹ. 열등처우의 원칙은 사회복지 급여액이 일해서 벌어들이는 최저임금액보다 커서는 안 된다는 원칙이다.

오답노트

ㄱ. 드림스타트 프로그램은 빈곤의 대물림을 방지하고 공평한 출발 기회를 보장하기 위해 실시되는 것으로써 기회의 평등 가치가 반영된 정책이다.
ㄷ. 기업의 신입사원 채용이나 학교 입학 등에 있어서 인종이나 성별에 따른 차별을 시정하기 위한 조치를 말한다. 일반적으로 기회의 평등 가치를 반영한 정책이다.

2

답·해설 **답 ①** ⇨ 기본개념 1장 & 기출회독 키워드 164

일부 경제학자나 신자유주의자들은 사회복지가 분배를 강조하기 때문에 경제성장을 저해한다고 주장하기도 하지만, 항상 경제에 부정적 영향을 미치는 것은 아니며, 자동안정화 기능과 자본축적 기능을 통해 경제성장에 긍정적 영향을 미치기도 한다.

3

답·해설 **답 ④** ⇨ 기본개념 2장 & 기출회독 키워드 166

베버리지 보고서에서는 사회보험 운영의 기본원칙으로서 정액보험료(균일 기여), 정액급여(균일 급여)의 원칙을 제시하였다. 즉, 사회경제적 수준과 인구학적 차이에 관계없이 동일한 액수의 보험료를 부담하고, 동일한 액수

의 급여를 제공받는 것이다.

4

답·해설 **답 ④** ⇨ 기본개념 2장 & 기출회독 키워드 167

뉴딜정책은 자유방임주의가 아닌 적극적인 국가개입을 주장하였다.

5

답·해설 **답 ⑤** ⇨ 기본개념 3장 & 기출회독 키워드 169

서로 지리상으로 인접한 국가나 긴밀한 관계에 있는 국가 간에 정책이 확산되어 간다는 이론은 근대화론(확산이론)이다. 종속이론은 제3세계의 저발전과 빈곤은 국가 내부의 문제라기보다는 중심부 국가들과의 불균등 교환이나 착취 관계에 기인한 것으로 보고 종속관계의 단절을 주장하는 이론이다.

6

답·해설 **답 ③** ⇨ 기본개념 3장 & 기출회독 키워드 170
오답노트

① 복지의 재분배적 기능이 강하게 나타난다.
② 탈상품화 정도가 높게 나타난다. 탈상품화는 노동자가 노동시장에서 일을 할 수 없는 상황에 처했을 때 국가에 의해 제공되는 급여가 어느 정도 수준인지를 기준으로 한다.
④ 민간부문의 역할을 강조하고, 공공부조제도와 같이 저소득층의 지원에 주로 초점을 두는 것은 자유주의적 복지국가의 특징이다.
⑤ 조합주의적(보수주의적) 복지국가에 대한 설명이다. 주로 사회보험을 강조하며, 가부장제가 강하게 나타나는 남성생계부양자 모형에 속한다. 기존의 계층구조가 유지되는 보수적인 특징이 있다.

7

답·해설 **답 ②** ⇨ 기본개념 3장 & 기출회독 키워드 171
오답노트

ㄱ. 사회복지지출은 사회복지정책 목표의 달성을 위한 수단이면서 소비수요 증대를 통한 완전고용 및 경제성장 달성을 위한 수단으로서의 의미도 있다.

8

답·해설 **답 ②** ⇨ 기본개념 4장 & 기출회독 키워드 173

쓰레기통모형은 정책결정이 일정한 규칙에 따라 이루어지는 것이 아니라 쓰레기통처럼 불규칙하게 정책결정이

이루어진다고 본다.

9

답·해설 **답 ⑤** ⇨ 기본개념 **5장** & 기출회독 키워드 **175**

기초연금제도는 조세를 기반으로 한 무기여연금이다.

10

답·해설 **답 ①** ⇨ 기본개념 **5장** & 기출회독 키워드 **177**

오답노트

② 소득재분배 효과가 가장 높게 나타나는 공공부문의
   재원은 누진세가 부과되는 조세이다.
③ 고용보험 및 산재보험 외의 다른 보험에 있어서도 직
   장가입자의 경우 고용주가 일부 보험료를 부담하도록
   하고 있다.
④ 모든 근로소득에 동률로 부과하는 반면, 자산소득에
   대한 보험료는 추가되지 않기 때문에 상대적으로 저
   소득층이 보험료 납부에 대한 부담을 더 많이 느낄 수
   있다.
⑤ 장애인연금, 기초연금 등은 공공부조제도로 별도의
   보험료를 납부하지 않는다. 우리나라의 사회보험제도
   로는 국민연금, 국민건강보험, 노인장기요양보험, 산
   재보험, 고용보험이 실시되고 있다.

11

답·해설 **답 ⑤** ⇨ 기본개념 **5장** & 기출회독 키워드 **175**

오답노트

① 보편주의는 사회정책을 사회구성원 모두가 당면하는
   문제에 대한 사회 전체의 대응이라고 생각한다.
② 보편주의는 사회통합과 사회효과성을 강조한다. 반
   면, 선별주의는 비용효과성을 강조한다.
③ 선별주의는 사회복지로부터 혜택을 받기 원하는 개인
   과 가족은 혜택을 받을 욕구가 있음을 증명해야 한다
   고 생각한다.
④ 보편주의적인 제도에는 사회수당, 사회보험 등이 있
   으며 사회복지의 권리성, 연대의 가치를 강조한다.

12

답·해설 **답 ①** ⇨ 기본개념 **5장** & 기출회독 키워드 **174**

ㄱ, ㄷ. 과정 분석에 해당한다.
ㄴ. 성과 분석에 해당한다.

13

답·해설 **답 ④** ⇨ 기본개념 **5장** & 기출회독 키워드 **177**

ㄱ.사용자 부담은 저소득층의 서비스 접근성을 떨어뜨린다.
ㄹ. 가족 내 이전과 가족 간 이전 같은 비공식 부문 재원도
   민간재원으로 볼 수 있다. 예를 들어 우리나라 노인들
   의 복지는 공식적인 사회복지 제도로 해결되기도 하
   지만, 상당히 많은 부분이 자식이나 형제와 같은 가족
   들의 지원을 통해 해결되고 있다.

14

답·해설 **답 ⑤** ⇨ 기본개념 **6장** & 기출회독 키워드 **179**

사회보장 지출은 수직적 재분배의 기능도 하고 있지만,
보험료를 분담하는 동일계층 간의 수평적 재분배의 기능
도 담당한다.

15

답·해설 **답 ①** ⇨ 기본개념 **6장** & 기출회독 키워드 **179**

국민연금, 국민건강보험, 노인장기요양보험은 보건복지
부장관이 관장하지만, 고용보험과 산재보험은 고용노동
부장관이 관장한다.

16

답·해설 **답 ②** ⇨ 기본개념 **6장** & 기출회독 키워드 **179**

오답노트

ㄷ. 사회보험의 대상효율성은 공공부조에 비해 낮다.
ㄹ. 사회보험은 수직적 재분배, 수평적 재분배 효과가 모
   두 있다. 하지만 공공부조에 비해 수직적 재분배 효과
   는 낮다.

17

답·해설 **답 ②** ⇨ 기본개념 **7장** & 기출회독 키워드 **181**

노령연금은 가입기간이 10년 이상인 자가 60세가 되면 받
을 수 있다.

18

답·해설 **답 ③** ⇨ 기본개념 **7장** & 기출회독 키워드 **180**

적립방식은 근로세대가 낸 보험료와 이를 적립한 기금의
투자수익으로 노후세대에게 급여를 지급하는 형식이다.
기금의 투자수익은 경기변동의 영향을 받는데 경기변동
을 예측할 수 없다는 점에서 위험성이 있다. 한편, 부과방
식은 지급할 연금급여 총액에 대한 추정을 근거로 근로세
대에게 보험료를 부과하는 방식이다. 고령화사회에서 근
로세대가 적을 경우 대응이 어렵다는 위험성이 있다.

19

답·해설 **답 ⑤** ⇨ 기본개념 **8장** & 기출회독 키워드 **183**

진료비 지불방식에 대한 설명으로 모두 옳은 내용이다.

20

답·해설 **답 ④** ⇨ 기본개념 **8장** & 기출회독 키워드 **184**

장기요양인정 유효기간은 최소 1년 이상으로서 대통령령
으로 정한다. 다만, 장기요양인정의 갱신 결과 직전 등급
과 같은 등급으로 판정된 경우에는 그 갱신된 장기요양인
정의 유효기간은 장기요양 1등급의 경우 4년, 장기요양 2
등급부터 4등급까지의 경우 3년, 장기요양 5등급 및 인지
지원등급의 경우 2년으로 한다.

21

답·해설 **답 ①** ⇨ 기본개념 **9장** & 기출회독 키워드 **185**

산업재해보상보험제도의 급여에는 '요양급여, 휴업급여,
장해급여, 간병급여, 유족급여, 상병보상연금, 장례비, 직
업재활급여'가 있다.

22

답·해설 **답 ①** ⇨ 기본개념 10장 & 기출회독 키워드 186

취업촉진 수당은 구직급여와 별도로 지급되며, 실업자들의 취업이 좀 더 빨리 재취업할 수 있도록 유인하는 추가급여의 성격을 갖는다. 따라서 구직급여를 받았어도 취업촉진 수당을 받을 수 있다.

23

답·해설 **답 ④** ⇨ 기본개념 11장 & 기출회독 키워드 188

주거급여는 국토교통부, 교육급여는 교육부가 주관한다.

24

답·해설 **답 ⑤** ⇨ 기본개념 11장 & 기출회독 키워드 188

근로능력자에 대한 선별적 급여라고 볼 수 있다. 또한 근로연계복지정책은 국가의 개입을 최소화하는 데에 초점을 둔 신자유주의 흐름과 연관된다.

25

답·해설 **답 ①** ⇨ 기본개념 11장 & 기출회독 키워드 188

1종 수급권자와 2종 수급권자는 본인부담 보상제 및 본인부담 상한제의 기준이 각각 다르다.

사회복지행정론

26	②	27	①	28	④	29	④	30	⑤
31	③	32	⑤	33	②	34	①	35	③
36	②	37	⑤	38	③	39	②	40	④
41	⑤	42	①	43	④	44	④	45	②
46	⑤	47	②	48	①	49	③	50	⑤

26

답·해설 **답 ②** ⇨ 기본개념 1장 & 기출회독 키워드 189

② 휴먼서비스 조직에서도 성과를 중요시하지만 모든 성과가 가시적이고 즉각적으로 나타나는 것은 아니기 때문에 가시적인 성과에만 초점을 두어 서비스를 제공해서는 안 된다.

휴먼서비스 조직의 특성(Hasenfeld)
· 휴먼서비스 조직의 원료는 인간이다.
· 휴먼서비스 조직의 목표는 불확실하며 애매모호하다.
· 휴먼서비스 조직이 활용하는 기술은 불확실하다.
· 휴먼서비스 조직의 핵심 활동은 직원과 클라이언트의 관계이다.
· 휴먼서비스 조직은 직원의 전문성에 대한 의존도가 크다.
· 휴먼서비스 조직의 효과성을 측정할 척도가 부족하다.

27

답·해설 **답 ①** ⇨ 기본개념 2장 & 기출회독 키워드 191
오답노트

② 사회복지전문요원의 사회복지전담공무원 전환·배치는 1992년 사회복지사업법 개정을 바탕으로 이루어졌다.
③ 2006~2007년에 걸쳐 주민생활지원서비스 전달체계를 실시하면서 동사무소를 동주민센터로 명칭을 변경하였다.
④ 희망복지지원단은 시·군·구 단위에 설치되었다.
⑤ 윤리강령은 한국사회복지사협회에서 마련한 윤리적 지침일 뿐 법률은 아니다.

28

답·해설 **답 ④** ⇨ 기본개념 3장 & 기출회독 키워드 193

④ 총체적 품질관리에서는 클라이언트를 서비스 질의 판정자라고 본다.

29

답·해설 **답 ④** ⇨ 기본개념 3장 & 기출회독 키워드 196

④ 인간관계이론은 조직을 둘러싼 환경적 변수를 고려하지 못한 폐쇄체계적 관점의 이론이다.

30

답·해설 답 ⑤ ⇨ 기본개념 3장 & 기출회독 키워드 **194**

⑤ 자원의존이론은 조직이 정치적, 경제적 등 다양한 차원에서 반드시 필요한 자원을 획득하기 위해 환경에 의존하게 됨을 설명한 이론이다. 즉 환경으로부터 필요한 자원을 얻어내기 위한 조직의 자발적 노력을 강조하기는 하지만, 조직이 환경을 변화시킨다는 관점은 아니며 이에 관한 전략을 제시한 것도 아니다.

31

답·해설 답 ③ ⇨ 기본개념 4장 & 기출회독 키워드 **198**

③ 비공식조직은 조직 내에서 마음이 맞는 사람들끼리 모임을 갖는 것으로, 원칙적으로 비공식조직에서의 활동은 성과가 아니기 때문에 연봉인상, 승진 혹은 해임 등에 직접적인 영향을 미치지 않는다.

32

답·해설 답 ⑤ ⇨ 기본개념 4장 & 기출회독 키워드 **198**

ㄱ: 의사결정 권한이 상부에 집중되는 구조는 집권적 구조이며, 중간계층에 권한이 위임되는 구조는 분권적 구조이다.
ㄴ: 조직의 규모가 커지면 수직적 분화가 조직의 효율성을 떨어뜨릴 수 있게 된다. 이로 인해 수평적 분화가 일어나게 된다.

33

답·해설 답 ② ⇨ 기본개념 5장 & 기출회독 키워드 **201**
오답노트

ㄱ. 적절성은 서비스의 양과 질이 충분히 제공되었는가와 관련된다. 서비스 희석화는 서비스의 양이나 질을 감소시켜 공급을 억제하는 전략이다.
ㄹ. 서비스 이용에 대한 심리적인 장벽을 제거하는 것은 포괄성보다는 접근성에 더 가깝다.

34

답·해설 답 ① ⇨ 기본개념 6장 & 기출회독 키워드 **204**

① 욕구는 가변적이다. 문제 및 욕구는 언제든 변화할 수 있으며 이에 따라 실제 서비스 제공 과정에서 목표도 변동될 수 있다.

35

답·해설 답 ③ ⇨ 기본개념 6장 & 기출회독 키워드 **204**

스키드모어는 기획을 위한 과정으로 '목표 설정 → 자원 고려 → 대안 모색 → 결과 예측 → 계획 결정 → 구체적 프로그램 수립 → 개방성 유지'의 7단계를 제시하였다.

36

답·해설 답 ② ⇨ 기본개념 6장 & 기출회독 키워드 **205**
오답노트

ㄱ. 의사결정나무분석은 의사결정자가 대안을 선택했을 때와 선택하지 않았을 때를 확률적으로 결정하여 진

행하는 방법이다.
ㄹ. 판단적 결정방법은 일상적인 업무상황에 대해서 개인이 알고 있는 지식과 경험에 따라 결정하는 것이다.

37

답·해설 답 ⑤ ⇨ 기본개념 7장 & 기출회독 키워드 **207**

①②는 지시적 리더십, ③④는 자율적 리더십에 해당한다.
⑤ 참여적 리더십은 부하직원들이 의사결정 과정에 참여하도록 하여 동기를 유발하고 개개인의 지식과 기술이 반영될 수 있다는 장점이 있다. 한편, 구성원들이 참여할 수 있는 범위가 넓어지기 때문에 이로 인해 리더의 권한이 어디까지인가, 책임이 누구에게 있는가라는 문제가 제기될 수 있다는 단점도 있다.

38

답·해설 답 ③ ⇨ 기본개념 7장 & 기출회독 키워드 **206**

경쟁가치 리더십 모델
· 1영역. 경계잇기기술: 외부지향, 유연성 추구. 비전제시가
· 2영역. 지휘기술: 외부지향, 통제성 중심. 목표달성가
· 3영역. 조정기술: 내부지향, 통제성 중심. 분석가
· 4영역. 인간관계기술: 내부지향, 유연성 추구. 동기부여가

39

답·해설 답 ② ⇨ 기본개념 7장 & 기출회독 키워드 **206**
오답노트

ㄱ. 관리격자모형은 행태론적 접근의 이론으로 리더가 어떻게 행동하는가에 따라 유형을 제시한 것이다.
ㄹ. 인간에 대한 관심과 일에 대한 관심이 모두 높은 팀형 리더가 가장 높은 생산성을 보인다고 보았다.

40

답·해설 답 ④ ⇨ 기본개념 8장 & 기출회독 키워드 **208**
오답노트

ㄴ. 직무분석의 결과를 바탕으로 직무기술서를 작성한다.

41

답·해설 답 ⑤ ⇨ 기본개념 8장 & 기출회독 키워드 **208**

⑤ 소진은 업무량, 시간적 압력, 역할의 모호성, 피드백의 결여, 자율성의 결여, 능력에 대한 과소평가 등 업무가 미치는 영향이 크다. 소진이 이어지면 클라이언트에 대한 냉소적 태도, 의도적인 거리두기 등으로 이어진다는 점에서 성과에도 밀접한 영향을 미친다.

42

답·해설 답 ① ⇨ 기본개념 8장 & 기출회독 키워드 **209**
오답노트

② 아담스는 자신의 투입과 보상 사이의 균형 및 타인과의 비교 등을 통해 동기가 발생한다고 보았다. 욕구를 유형화하여 제시한 것은 아니다.
③ 알더퍼(Alderfer)의 ERG이론에 관한 설명이다.
④ 동기부여에 관한 이론은 크게 내용이론과 과정이론으로 구분할 수 있는데, 제시된 내용은 내용이론에 해당

하며 형평성이론은 과정이론에 해당한다. 내용이론은 동기를 일으키는 욕구가 무엇인가에 초점을 두어 전개되었고, 과정이론은 행동이 일어나는 과정적 요인에 초점을 두어 전개되었다.

⑤ 형평성이론은 욕구가 일어나는 과정과 관련하여 전개된 것이지 욕구의 유형이나 단계를 제시한 것은 아니다.

43
답·해설 **답 ④**   ⇨ 기본개념 **9장** & 기출회독 키워드 **211**

④ 성과주의 예산제도는 직접비용과 간접비용 모두를 포함하여 계산하는 것이 원칙이다.

44
답·해설 **답 ③**   ⇨ 기본개념 **9장** & 기출회독 키워드 **212**

③ 불가피한 사유로 인하여 연도 내에 지출하지 못한 경비는 다음 연도에 이월하여 사용할 수 있다. 법인회계는 이사회의 의결, 시설회계는 시설운영위원회에의 보고를 거쳐야 하며, 법인이 설치·운영하는 시설은 시설운영위원회에의 보고 후 법인 이사회의 의결을 거쳐야 한다.

45
답·해설 **답 ②**   ⇨ 기본개념 **9장** & 기출회독 키워드 **212**

①③④⑤는 결산 첨부서류에 해당한다.

예산 첨부서류
1. 예산총칙
2. 세입·세출명세서
3. 추정대차대조표
4. 추정수지계산서
5. 임·직원 보수일람표
6. 당해 예산을 의결한 이사회 회의록 또는 해당 예산을 보고받은 시설운영위원회 회의록 사본

46
답·해설 **답 ⑤**   ⇨ 기본개념 **10장** & 기출회독 키워드 **213**

⑤ 이용자의 만족도가 성과달성 여부와 항상 일치하지는 않기 때문에 이용자 만족도 평가가 효과성 평가를 대신하지 않는다.

47
답·해설 **답 ②**   ⇨ 기본개념 **10장** & 기출회독 키워드 **215**

② '일반집단 > 위기집단 > 표적집단 > 클라이언트 집단' 순으로 범위를 좁힌다.

48
답·해설 **답 ①**   ⇨ 기본개념 **11장** & 기출회독 키워드 **218**

① 성과수준은 '적어도 이 정도는 달성해야 한다'라는 최저선에서 결정한다. 성과수준을 최대로 잡을 경우 실패에 대한 부담감이 증가할 수 있고, 과도한 압박으로 업무자들의 소진을 일으킬 수도 있으며, 기관의 자원이 부족할 수도 있기 때문이다.

49
답·해설 **답 ③**   ⇨ 기본개념 **12장** & 기출회독 키워드 **219**
오답노트

① 사회복지조직은 기부금, 후원금, 지원금 등에 의존하기 때문에 한정된 자원으로 서비스를 제공하게 된다.
② 사회복지서비스는 개별 클라이언트의 상황과 특징을 반영하여 생산되기 때문에 표준화가 불가능하다.
④ 서비스는 생산과 소비가 동시에 이루어진다.
⑤ 사회복지서비스 중에는 형태가 없는 경우가 많아 이용 전에 미리 확인할 수 없다.

50
답·해설 **답 ⑤**   ⇨ 기본개념 **13장** & 기출회독 키워드 **221**

모두 옳은 설명이다.

사회복지법제론

51	⑤	52	②	53	③	54	④	55	②
56	①	57	②	58	④	59	⑤	60	③
61	④	62	④	63	①	64	②	65	③
66	②	67	⑤	68	④	69	④	70	①
71	③	72	④	73	⑤	74	②	75	④

51

답·해설 **답 ⑤** ⇨ 기본개념 1장 & 기출회독 키워드 225

조례는 내용상 포괄성을 갖는다. 조례는 특정 분야에 한해서 제정되는 것이 아니라 자치업무의 수행에 필요한 모든 분야를 포함하고 있다. 따라서 지방자치단체는 사회복지에 관련된 업무의 수행을 위한 사회복지조례도 제정하고 있다.

52

답·해설 **답 ②** ⇨ 기본개념 1장 & 기출회독 키워드 224

법률안을 심의·의결하는 과정은 국회의 고유권한이지만, 법률안을 제출하는 것은 정부도 할 수 있다.

53

답·해설 **답 ③** ⇨ 기본개념 2장 & 기출회독 키워드 227

① 노인복지법: 1981년 제정, 최저임금법: 1986년 제정
② 사회복지사업법: 1970년 제정, 영유아보육법: 1991년 제정
③ 국민기초생활보장법: 1999년 제정, 사회복지공동모금회법: 1997년 제정된 사회복지공동모금법이 1999년 사회복지공동모금회법으로 개정
④ 가정폭력방지 및 피해자보호 등에 관한 법률: 1997년 제정, 기초연금법: 2014년 제정
⑤ 자원봉사활동기본법: 2005년 제정, 긴급복지지원법: 2005년 제정

54

답·해설 **답 ④** ⇨ 기본개념 5장 & 기출회독 키워드 228

오답노트

① 사회보장에 관한 주요 시책을 심의·조정하기 위하여 국무총리 소속으로 사회보장위원회를 둔다.
② 위원회는 위원장 1명, 부위원장 3명과 행정안전부장관, 고용노동부장관, 여성가족부장관, 국토교통부장관을 포함한 30명 이내의 위원으로 구성한다.
③ 위원장은 국무총리가 되고 부위원장은 기획재정부장관, 교육부장관 및 보건복지부장관이 된다.
⑤ 공무원인 위원의 임기는 그 재임 기간으로 한다.

55

답·해설 **답 ②** ⇨ 기본개념 5장 & 기출회독 키워드 228

오답노트

ㄱ. "공공부조"란 국가와 지방자치단체의 책임 하에 생활 유지 능력이 없거나 생활이 어려운 국민의 최저생활을 보장하고 자립을 지원하는 제도를 말한다.
ㄴ. "평생사회안전망"이란 생애주기에 걸쳐 보편적으로 충족되어야 하는 기본욕구와 특정한 사회위험에 의하여 발생하는 특수욕구를 동시에 고려하여 소득·서비스를 보장하는 맞춤형 사회보장제도를 말한다.

56

답·해설 **답 ①** ⇨ 기본개념 6장 & 기출회독 키워드 229

보장기관의 업무담당자는 지원대상자가 누락되지 아니하도록 하기 위하여 관할 지역에 거주하는 지원대상자에 대한 사회보장급여의 제공을 직권으로 신청할 수 있다. 이 경우 지원대상자의 동의를 받아야 하며, 동의를 받은 경우에는 지원대상자가 신청한 것으로 본다.

57

답·해설 **답 ②** ⇨ 기본개념 6장 & 기출회독 키워드 229

금고 이상의 형의 집행유예를 선고받고 그 유예기간 중에 있는 사람은 시·도사회보장위원회의 위원이 될 수 없다.

58

답·해설 **답 ④** ⇨ 기본개념 7장 & 기출회독 키워드 230

오답노트

① 외국인인 이사는 이사 현원의 2분의 1 미만이어야 한다.
② 법인은 목적사업의 경비에 충당하기 위하여 필요할 때에는 법인의 설립 목적 수행에 지장이 없는 범위에서 수익사업을 할 수 있다.
③ 시·도지사는 법인이 법인 설립 후 기본재산을 출연하지 아니한 때에는 설립허가를 취소하여야 한다.
⑤ 해산한 법인의 남은 재산은 정관으로 정하는 바에 따라 국가 또는 지방자치단체에 귀속된다.

59

답·해설 **답 ⑤** ⇨ 기본개념 7장 & 기출회독 키워드 230

사회복지사업법상의 기본이념이 아닌 국민기초생활보장법상 급여의 기본원칙에 해당한다.

60

답·해설 **답 ③** ⇨ 기본개념 7장 & 기출회독 키워드 230

한국사회복지사협회에 관하여 이 법에서 규정한 사항을 제외하고는 「민법」 중 사단법인에 관한 규정을 준용한다.

61

답·해설 **답 ④** ⇨ 기본개념 8장 & 기출회독 키워드 231

오답노트

① 휴업급여는 산업재해보상보험법상의 급여이다.
② 생계급여는 금전을 지급하는 것으로 한다. 다만, 금전으로 지급할 수 없거나 금전으로 지급하는 것이 적당

하지 아니하다고 인정하는 경우에는 물품을 지급할
수 있다.
③ 장제급여는 보건복지부령으로 정하는 바에 따라 실제
로 장제를 실시하는 사람에게 장제에 필요한 비용을
지급하는 것으로 한다. 다만, 그 비용을 지급할 수 없
거나 비용을 지급하는 것이 적당하지 아니하다고 인
정하는 경우에는 물품을 지급할 수 있다.
⑤ 주거급여는 수급자에게 주거 안정에 필요한 임차료,
수선유지비, 그 밖의 수급품을 지급하는 것으로 한다.

62
답·해설 답 ④ ⇨ 기본개념 8장 & 기출회독 키워드 232

기초연금 수급권자로 결정한 사람에 대하여 기초연금의
지급을 신청한 날이 속하는 달부터 기초연금 수급권을 상
실한 날이 속하는 달까지 매월 정기적으로 기초연금을 지
급한다.

63
답·해설 답 ① ⇨ 기본개념 8장 & 기출회독 키워드 234
오답노트

ㄷ. ㄹ. '금전 또는 현물 등의 직접지원'이 아닌 '민간기
관·단체와의 연계 등의 지원'에 해당한다.

금전 또는 현물 등의 직접지원
· 생계지원: 식료품비·의복비 등 생계유지에 필요한 비
용 또는 현물 지원
· 의료지원: 각종 검사 및 치료 등 의료서비스 지원
· 주거지원: 임시거소 제공 또는 이에 해당하는 비용 지원
· 사회복지시설 이용 지원: 「사회복지사업법」에 따른 사
회복지시설 입소 또는 이용 서비스 제공이나 이에 필요
한 비용 지원
· 교육지원: 초·중·고등학생의 수업료, 입학금, 학교운
영지원비 및 학용품비 등 필요한 비용 지원
· 그 밖의 지원: 연료비나 그 밖에 위기상황의 극복에 필
요한 비용 또는 현물 지원

민간기관·단체와의 연계 등의 지원
· 「대한적십자사 조직법」에 따른 대한적십자사, 「사회복
지공동모금회법」에 따른 사회복지공동모금회 등의 사
회복지기관·단체와의 연계 지원
· 상담·정보제공, 그 밖의 지원

64
답·해설 답 ② ⇨ 기본개념 8장 & 기출회독 키워드 233
오답노트

ㄱ. 「의료법」에 따라 개설된 부속의료기관은 의료급여기
관에서 제외되는 기관이다.

의료급여기관
· 「의료법」에 따라 개설된 의료기관
· 「지역보건법」에 따라 설치된 보건소·보건의료원 및
보건지소
· 「농어촌 등 보건의료를 위한 특별조치법」에 따라 설치

된 보건진료소
· 「약사법」에 따라 개설등록된 약국 및 한국희귀·필수
의약품센터

65
답·해설 답 ③ ⇨ 기본개념 9장 & 기출회독 키워드 235

사업장가입자는 국적을 상실하거나 국외로 이주한 날의
다음 날에 자격을 상실한다.

66
답·해설 답 ② ⇨ 기본개념 9장 & 기출회독 키워드 236
오답노트

① 보건복지부장관은 이 법에 따른 건강보험의 건전한 운
영을 위하여 건강보험정책심의위원회의 심의를 거쳐
5년마다 국민건강보험종합계획을 수립하여야 한다.
③ 건강보험정책에 관한 사항을 심의·의결하기 위하여
보건복지부장관 소속으로 건강보험정책심의위원회
를 둔다.
④ 가입자는 국적을 잃은 날의 다음 날에 그 자격을 잃는다.
⑤ 직장가입자가 교직원으로서 사립학교에 근무하는 교
원이면 보험료액은 그 직장가입자가 100분의 50을, 사
용자가 100분의 30을, 국가가 100분의 20을 각각 부담
한다.

67
답·해설 답 ⑤ ⇨ 기본개념 9장 & 기출회독 키워드 237

취업촉진 수당의 종류에는 조기재취업 수당, 직업능력개
발 수당, 광역 구직활동비, 이주비가 있다.

68
답·해설 답 ② ⇨ 기본개념 9장 & 기출회독 키워드 238

요양급여의 신청을 한 사람은 공단이 이 법에 따른 요양
급여에 관한 결정을 하기 전에는 「국민건강보험법」에 따
른 요양급여 또는 「의료급여법」에 따른 의료급여를 받을
수 있다.

69
답·해설 답 ④ ⇨ 기본개념 9장 & 기출회독 키워드 239
오답노트

① 장기요양인정을 신청하는 자는 장기요양인정신청서
에 의사 또는 한의사가 발급하는 소견서를 첨부하여
공단에 제출하여야 한다.
② 대통령령에 따르면 장기요양인정 유효기간은 2년으
로 한다.
③ 공단은 장기요양사업에 사용되는 비용에 충당하기 위
하여 장기요양보험료를 징수한다.
⑤ 수급자는 장기요양인정서와 개인별장기요양이용계
획서가 도달한 날부터 장기요양급여를 받을 수 있다.

70
답·해설 답 ① ⇨ 기본개념 10장 & 기출회독 키워드 240

국가 또는 지방자치단체는 65세 이상의 자에 대하여 대통

령령이 정하는 바에 의하여 국가 또는 지방자치단체의 수송시설 및 고궁·능원·박물관·공원 등의 공공시설을 무료로 또는 그 이용요금을 할인하여 이용하게 할 수 있다.

71

답·해설 답 ③　　⇨ 기본개념 10장 & 기출회독 키워드 241

국가기관과 지방자치단체의 장, 공공기관과 공공단체의 장은 아동학대의 예방과 방지를 위하여 필요한 교육을 연 1회 이상 실시하고, 그 결과를 보건복지부장관에게 제출하여야 한다.

72

답·해설 답 ④　　⇨ 기본개념 10장 & 기출회독 키워드 242

장애인 등록 후 장애인등록증을 받은 사람이 사망한 경우에는 장애인 등록을 취소하여야 한다.

73

답·해설 답 ⑤　　⇨ 기본개념 10장 & 기출회독 키워드 243

한부모가족지원법상 "모" 또는 "부"
· 배우자와 사별 또는 이혼하거나 배우자로부터 유기된 자로서 아동인 자녀를 양육하는 자
· 정신이나 신체의 장애로 장기간 노동능력을 상실한 배우자를 가진 자로서 아동인 자녀를 양육하는 자
· 교정시설·치료감호시설에 입소한 배우자 또는 병역복무 중인 배우자를 가진 사람으로서 아동인 자녀를 양육하는 자
· 사실혼 관계에 있는 자는 제외한 미혼자로서 아동인 자녀를 양육하는 자
· 위의 규정된 자에 준하는 자로서 여성가족부령으로 정하는 자(배우자의 생사가 분명하지 아니한 자로서 아동인 자녀를 양육하는 자, 배우자 또는 배우자 가족과의 불화등으로 인하여 가출한 자로서 아동인 자녀를 양육하는 자)

74

답·해설 답 ②　　⇨ 기본개념 10장 & 기출회독 키워드 248

가정폭력피해자 보호시설
· 단기보호시설: 피해자등을 6개월의 범위에서 보호하는 시설
· 장기보호시설: 피해자등에 대하여 2년의 범위에서 자립을 위한 주거편의 등을 제공하는 시설
· 외국인보호시설: 외국인 피해자등을 2년의 범위에서 보호하는 시설
· 장애인보호시설: 「장애인복지법」의 적용을 받는 장애인인 피해자등을 2년의 범위에서 보호하는 시설

75

답·해설 답 ④　　⇨ 기본개념 10장 & 기출회독 키워드 246

다문화가족의 삶의 질 향상과 사회통합에 관한 중요 사항을 심의·조정하기 위하여 국무총리 소속으로 다문화가족정책위원회를 둔다.

강의로 완성하는
FINAL
모의고사

3회

1교시 사회복지기초

인간행동과 사회환경

1	②	2	④	3	①	4	⑤	5	③
6	①	7	④	8	⑤	9	③	10	③
11	②	12	②	13	③	14	⑤	15	④
16	②	17	③	18	④	19	②	20	①
21	⑤	22	②	23	③	24	⑤	25	③

1
답·해설 답 ② ⇨ 기본개념 1장 & 기출회독 키워드 001

① 점성원리, ③ 기초성, ④ 누적성, ⑤ 불가역성
② 신체발달 및 심리발달이 가장 용이하게 이루어지는 최적의 시기, 결정적 시기가 존재한다(적기성).

2
답·해설 답 ④ ⇨ 기본개념 1장 & 기출회독 키워드 003
오답노트

ㄱ. 발달이 양적 변화와 질적 변화를 모두 포함하는 개념이라면, 성장은 신체적·생리적 발달의 양적 증가와 확대를 말한다.

3
답·해설 답 ① ⇨ 기본개념 2장 & 기출회독 키워드 004

① 일차적 사고과정을 따르는 것은 원초아(id)이다.

4
답·해설 답 ⑤ ⇨ 기본개념 2장 & 기출회독 키워드 004

⑤ 공격적 욕구가 강한 사람이 운동에 매진하여 종합격투기 선수가 된 것은 승화에 해당한다. 보상은 외모나 성격 등의 결함을 가리기 위해 자신이 갖고 있는 강점을 지나치게 강조하는 것이다.

5
답·해설 답 ③ ⇨ 기본개념 2장 & 기출회독 키워드 005
오답노트

① 영아기(출생~18개월)에는 신뢰 대 불신이라는 심리사회적 위기를 경험한다.
② 걸음마기(18개월~3세)에 성취해야 할 덕목은 의지(will)이다.
④ 또래집단과의 관계가 강조되는 시기는 청소년기이다.
⑤ 노년기(65세 이후)에는 자아통합 대 절망이라는 심리사회적 위기를 겪으며 이를 극복함으로써 지혜를 성취한다.

6
답·해설 답 ① ⇨ 기본개념 2장 & 기출회독 키워드 007

① 음영(그림자)은 동물적 본성을 포함하여 스스로 의식하기 싫은 자신의 부정적 측면을 말한다. 하지만 창의력, 통찰력 등의 원천이 되기도 하기 때문에 너무 억압하면 안 된다고 설명하고 있다.

7
답·해설 답 ④ ⇨ 기본개념 3장 & 기출회독 키워드 008

④ 인지적 평형상태의 획득은 단지 시간이 흘러 성인이 되면 이루어지는 것이 아니다. 어려서부터 동화와 조절이라는 인지적 적응과정을 통해 인지적 불균형 상태에서 균형상태(평형상태)를 만들어가며 성장해나가는 것이다. 동화는 양적 변화과정으로 기존의 도식으로 받아들이는 과정이고, 조절은 질적 변화과정으로 기존 도식자체를 변경하는 과정이다.

8
답·해설 답 ⑤ ⇨ 기본개념 3장 & 기출회독 키워드 009
오답노트

① 소거는 더 이상 강화를 받지 못해서 행동이나 반응이 사라지거나 약화되는 것을 말한다.
② 처벌은 특정 행동의 빈도를 감소시키는 것으로, 부정적 자극을 제시하는 정적 처벌과 긍정적 자극을 철회하는 부적 처벌이 있다.
③ 일반화는 특정 상황에서만 보이던 반응이 그와 비슷한 다른 상황에서도 나타나는 것을 말한다.
④ 반응행동에 대한 설명은 맞지만 반응행동은 고전적 조건화의 원리이며, 스키너는 강화와 처벌이라는 자극의 조작에 관심을 두어 조작행동(조작적 조건화) 원리를 제시하였다.

9
답·해설 답 ③ ⇨ 기본개념 3장 & 기출회독 키워드 010

③ 관찰학습은 행동을 모방하는 것과 모방하지 않는 것

을 모두 포함하는 개념이다. 즉 관찰한 모델의 행동을 모방할 수도 있지만 어떤 상황에서는 모방하지 않는 것이 더 낫겠다는 판단을 할 수 있음을 포함한다.

10
답·해설 답 ③ ⇨ 기본개념 4장 & 기출회독 키워드 013

③ 매슬로우의 이론에 해당한다.

11
답·해설 답 ② ⇨ 기본개념 4장 & 기출회독 키워드 012
오답노트

ㄱ. 위계서열이 낮은 욕구일수록 욕구의 강도가 높다. 가장 하위 욕구인 생리적 욕구가 가장 강력한 욕구이다.
ㄷ. 성장과 관련된 욕구는 자기실현의 욕구이다.

12
답·해설 답 ② ⇨ 기본개념 2장 & 기출회독 키워드 006

② 인간은 무의식적 본능에 지배된다는 것은 프로이트의 인간관에 해당한다. 아들러는 인간을 합리적이고 창조적인 존재로 보았다.

13
답·해설 답 ③ ⇨ 기본개념 5장 & 기출회독 키워드 014

③ 문제에 제시된 상황은 동일한 상황에서 다른 결과가 나타날 수 있음을 설명하는 다중종결성(다중결과성)의 예이다.

오답노트

① 항상성: 일정 수준의 개방체계에서 환경과 상호작용하면서 체계의 일관성을 유지하고자 하는 경향을 말한다.
② 안정상태: 개방체계에서 일어나는 현상 중 하나로 항상성보다 역동적으로 체계를 변화시키면서 환경에 적응하려는 경향이다.
④ 엔트로피: 체계의 구성요소 간에 상호작용이 감소함에 따라 유용한 에너지가 줄어드는 상태를 말한다.
⑤ 홀론: 체계는 상위체계인 동시에 하위체계이기도 하다.

14
답·해설 답 ⑤ ⇨ 기본개념 5장 & 기출회독 키워드 015

⑤ 생태체계이론에서는 환경과 상호작용하는 과정에서 유전적·생물학적 요인이 다양한 방식으로 표현된다고 본다.

15
답·해설 답 ④ ⇨ 기본개념 5장 & 기출회독 키워드 015
오답노트

ㄹ. 생태체계이론에서는 인간은 타인과 관계를 맺고자 하는 능력을 타고난다고 보는 한편, 이러한 능력은 환경과 상호작용하면서 지속적으로 발달하고 변화한다고 본다. 이로 인해 관계를 맺는 능력 역시 초기 양육과정에서 시작되지만 일생에 걸쳐 변화할 수 있다고 본다.

16
답·해설 답 ② ⇨ 기본개념 6장 & 기출회독 키워드 016
오답노트

① 개방형 가족체계는 외부와의 경계가 분명하면서도 침투력이 있다.
③ 폐쇄형 가족체계는 가족에 대한 지나친 통제가 나타나며 임의형 가족체계는 외부와의 경계에서 방어선이 무너진 특성이 나타나기 때문에 가족의 역기능이 발생하기 쉽다.
④ 개방형 가족체계는 지역사회의 자원을 적절히 활용한다.
⑤ 가족 내 권위자가 가족규칙을 결정하는 것은 폐쇄형 가족체계의 특징이다.

17
답·해설 답 ③ ⇨ 기본개념 7장 & 기출회독 키워드 018

베리(Berry)의 문화적응모형
· 통합: 주류사회와의 관계 유지, 고유의 문화적 정체성 유지
· 동화: 주류사회와의 관계 유지, 고유의 문화적 정체성 거부
· 분리: 주류사회와의 관계 거부, 고유의 문화적 정체성 유지
· 주변화: 주류사회와의 관계 및 고유의 문화적 정체성 모두 거부

18
답·해설 답 ④ ⇨ 기본개념 8장 & 기출회독 키워드 019
오답노트

① 유전성 질환을 가진 모든 태아가 유산되는 것은 아니다.
② 다운증후군은 대부분 지능 저하를 동반한다.
③ 클라인펠터증후군은 XXY, XXXY 등 성염색체 이상으로 인해 외모는 남성이지만 2차 성징에서 여성적 특징이 나타난다.
⑤ 터너증후군은 성염색체가 X염색체 하나로, 외견상 여성으로 보이지만 2차 성징이 거의 없다. 페닐케톤요증은 아미노산을 분해시키는 효소가 결핍된 열성 유전자에 기인한다.

19
답·해설 답 ② ⇨ 기본개념 8장 & 기출회독 키워드 020

② 모로반사는 생존반사가 아닌 원시반사에 해당한다.

20
답·해설 답 ① ⇨ 기본개념 8장 & 기출회독 키워드 021
오답노트

ㄴ. 에릭슨의 이론은 인지행동이론이 아닌 심리사회이론으로 에릭슨의 발달단계는 심리사회적 발달단계라고 한다.
ㄹ. 콜버그의 도덕성 발달단계는 10세 이전에는 전인습적 도덕성, 10세 이후 인습적 도덕성이 발달하고 후인습적 수준의 도덕성은 소수의 성인들에게서만 관찰할

수 있다고 보았다.

21

답·해설 답 ⑤   ⇨ 기본개념 9장 & 기출회독 키워드 022
오답노트

① 비가역적 사고는 유아기의 특징이다. 아동기에는 비가역적 사고가 가역적 사고로 발달한다.
② 자신에게 익숙한 습관적 태도와 방법을 고수하는 경직성의 증가는 노년기의 특징이다.
③ 대상영속성이 형성되어 발달하기 시작하는 시기는 영아기이다.
④ 감각운동은 빨기, 쥐기 등의 간단한 반사활동을 말하는 것으로 영아기(피아제의 감각운동기)에 해당한다.

22

답·해설 답 ②   ⇨ 기본개념 10장 & 기출회독 키워드 023

② 청소년들이 외모를 꾸미는 데에 치중하는 것은 이성친구에 대한 관심보다 자기중심성에 의한 것이 더 크다. 청소년기는 아직 또래집단, 동성친구와의 관계를 더 중요시하며 이성교제도 오락성이나 과시형으로 이루어지는 경우가 많으며, 청소년 후기를 지나면서 이성교제를 통해 진지한 친밀감 형성, 장래에 대한 고민 등을 나누는 것으로 알려져 있다.

23

답·해설 답 ③   ⇨ 기본개념 11장 & 기출회독 키워드 024

③ 아니마와 아니무스의 화해는 융이 제시한 중년기 개성화 과정의 특징 중 하나이다. 중년기 남성은 아니마라는 여성적 특성을, 여성은 아니무스라는 남성적 특성을 표출함으로써 균형을 이뤄나갈 수 있다고 보았다.

24

답·해설 답 ⑤   ⇨ 기본개념 13장 & 기출회독 키워드 026

⑤ 에릭슨(Erikson)의 이론에 따르면 노년기는 자아통합 대 절망의 심리사회적 위기를 겪는 시기이다. 위기에 따른 긍정적 자아특질은 지혜이며 부정적 자아특질은 경멸이다.

25

답·해설 답 ③   ⇨ 기본개념 12장 & 기출회독 키워드 025
오답노트

ㄷ. 자아정체감 확립은 청소년기의 발달과업이다.

사회복지조사론

26	①	27	⑤	28	③	29	④	30	④
31	②	32	③	33	⑤	34	⑤	35	④
36	①	37	②	38	②	39	③	40	③
41	②	42	④	43	①	44	①	45	⑤
46	③	47	②	48	②	49	④	50	①

26

답·해설 답 ①   ⇨ 기본개념 1장 & 기출회독 키워드 029
오답노트

② 실증주의는 경험적 관찰을 통해 이론을 재검증한다.
③ 해석주의는 사회적 행위의 주관적 의미에 대한 이해를 강조한다.
④ 후기실증주의는 과학을 절대적인 것이 아닌 확률적인 관점에서 보며, 연구방법에 있어서 양적 연구방법과 함께 역사적, 비교학적, 철학적, 현상학적 담론을 통한 해석을 강조한다.
⑤ 실증주의는 관찰자의 존재나 인식과는 무관하게 객관적 실재가 독립적으로 존재한다고 본다.

27

답·해설 답 ⑤   ⇨ 기본개념 1장 & 기출회독 키워드 029
오답노트

① 포퍼(K. Popper)는 추측과 반박을 통해 오류를 제거함으로써 가장 효과적으로 과학의 목적을 이룰 수 있다고 주장하였다.
② 논리실증주의는 경험적으로 검증될 수 있는 명제만이 유의미하다고 주장하며, 형이상학적인 명제를 배제한다.
③ 쿤(T. Kuhn)은 패러다임의 우열을 비교할 수 있는 객관적 기준은 존재하지 않는다고 보았다.
④ 쿤(T. Kuhn)은 과학의 변화와 발전은 지식의 혁명적인 과정을 통해 성취된다고 보았다.

28

답·해설 답 ③   ⇨ 기본개념 2장 & 기출회독 키워드 034
오답노트

ㄴ. 개인주의적 오류는 개인을 분석단위로 한 조사결과에 기초해 집단을 단위로 하는 결론을 내리는 오류를 말한다. 즉, 개인을 분석단위로 한 조사결과에 기초해 집단에 대해서도 똑같을 것이라고 가정할 때 발생하는 오류이다.
ㄷ. 생태학적 오류는 집단을 분석단위로 한 조사결과에 기초해 개인에 대한 결론을 내리는 오류이다. 즉, 집단을 대상으로 한 조사결과에 근거해서 개인에 대해서

도 똑같을 것이라고 가정할 때 발생하는 오류이다.

29

답·해설 답 ④ ⇨ 기본개념 2장 & 기출회독 키워드 032

ㄱ. 베이비붐 세대를 시간변화에 따라 연구하는 것은 동년배조사이다. 동년배조사는 시간의 변화에 따른 특정 동류집단(동년배집단)의 변화를 조사하는 것이다.

ㄴ. 동일인을 반복적으로 조사하는 과정에서 초기 조사가 후기 조사의 반응에 영향을 미칠 수 있는 것은 패널조사이다. 종단조사 중 패널조사만이 동일인을 반복적으로 조사한다.

ㄷ. 2000년대 10대와 2010년대 10대의 직업선호도를 비교조사하는 것은 경향조사이다. 경향조사는 시간의 흐름에 따라 나타나는 일반적인 대상집단의 변화를 조사하는 것이다.

30

답·해설 답 ④ ⇨ 기본개념 3장 & 기출회독 키워드 036
오답노트

ㄹ. 영가설이 참인데도 이를 부정(기각)하는 결정을 하는 오류를 제1종 오류라고 하고, 영가설이 거짓인데도 이를 긍정(채택)하는 결정을 하는 오류를 제2종 오류라고 한다.

31

답·해설 답 ② ⇨ 기본개념 3장 & 기출회독 키워드 037
오답노트

① 종속변수는 다른 변수에 영향을 미칠 수 없는 변수로서 인과관계에서 결과를 나타낸다.

③ 조절변수는 독립변수와 종속변수 간의 관계의 강도나 방향에 영향을 미친다.

④ 외생변수는 독립변수와 종속변수의 허위적인 가식적 관계를 만든다.

⑤ 독립변수와 종속변수에 영향을 미치는 제3의 변수는 통제하여 통제변수로 만들어야 한다.

32

답·해설 답 ③ ⇨ 기본개념 4장 & 기출회독 키워드 038

• 통계적 회귀: 매우 건강한 노인들을 실험대상으로 선택하였기 때문에 사전검사에서는 건강상태가 지나치게 좋게 나타났을 가능성이 크며, 사후검사에서는 건강서비스와 무관하게 건강상태가 이전보다 악화될 수 있다.

• 성숙효과: 1년이 넘는 긴 시간 동안 진행되었기 때문에 성숙효과가 나타날 수 있다. 발달상의 변화가 빠르게 진행되는 아동이나 노화가 급속히 진행되는 노인의 경우 성숙효과를 염두에 둘 필요가 있다.

• 선택과의 상호작용: 실험집단은 남성 노인들, 통제집단은 여성 노인들로 구분하였는데, 이러한 집단 간 차이가 성숙효과랑 상호작용하여 건강상태의 차이를 가져왔을 수 있다.

33

답·해설 답 ⑤ ⇨ 기본개념 4장 & 기출회독 키워드 039

사회과학에서 인과관계가 성립되기 위해서는 '공변성, 시간적 우선성, 개방체계 전제, 확률적 결론, 외생변수 통제, 원인의 조작화, 비대칭적 관계' 등의 요건들을 충족해야 한다.

ㄱ. 시간적 우선성: 원인이 결과보다 시간적으로 우선해야 한다.

ㄴ. 원인의 조작화: 원인의 조작화가 가능해야 한다.

ㄷ. 비대칭적 관계: A변수가 변하면 B변수도 변하지만 역은 성립하지 않는다.

ㄹ. 공변성: 원인으로 추정되는 변수와 결과로 추정되는 변수가 동시에 존재하며, 상호연관성을 가지고 변화해야 한다.

34

답·해설 답 ⑤ ⇨ 기본개념 5장 & 기출회독 키워드 040

솔로몬 4집단 설계는 사전검사로 인한 검사효과를 통제하기 위해 통제집단 사전사후검사 설계에 사전검사를 실시하지 않는 실험집단과 통제집단을 추가한 설계로, 실험처치를 가하는 실험집단이 2개, 가하지 않는 통제집단이 2개이다. 내적 타당도 저해요인을 잘 통제할 수 있는 장점이 있다.

35

답·해설 답 ④ ⇨ 기본개념 5장 & 기출회독 키워드 040

ㄹ. 전실험설계는 무작위 할당으로 연구대상자를 나누지 않고, 비교집단이 선정되지 않거나 선정되더라도 동질성이 없으며, 독립변수의 조작에 의한 변화 관찰이 한두 번 정도로 제한된 설계이므로 내적 타당도와 외적 타당도 저해요인을 거의 통제하지 못한다.

36

답·해설 답 ① ⇨ 기본개념 6장 & 기출회독 키워드 042

비반응성 연구란 연구대상자가 연구대상임을 의식하여 반응성으로 인해 야기되는 오류를 피하기 위한 연구방법이다. 간접관찰, 2차 자료분석이나 내용분석과 같은 방법이 비반응성 연구에 해당한다. 단일사례설계는 이에 해당하지 않는다.

37

답·해설 답 ⑤ ⇨ 기본개념 7장 & 기출회독 키워드 044

ㄱ. 종교는 명목척도에 해당하며, 백분율, 최빈값 등을 사용할 수 있다.

ㄴ. 교육수준은 서열척도에 해당하며, 백분율, 최빈값, 중앙값(중위수) 등을 사용할 수 있다.

ㄷ. 지역은 명목척도에 해당하며, 백분율, 최빈값 등을 사용할 수 있다.

ㄹ. 국민연금 가입률은 비율척도에 해당하며, 백분율, 최빈값, 중앙값(중위수), 산술평균, 기하평균 등 모든 분석방법을 사용할 수 있다.

ㅁ. 정치성향은 서열척도에 해당하며, 백분율, 최빈값, 중앙값(중위수) 등을 사용할 수 있다.

38
답·해설 답 ② ⇨ 기본개념 7장 & 기출회독 키워드 046
오답노트

① 타당도는 체계적 오류, 신뢰도는 비체계적 오류와 관련된 개념이다.
③ 측정도구로 인한 오류는 비체계적 오류에 해당한다.
④ 인구통계학적 특성으로 인해 일정 방향으로 오류가 나는 것은 체계적 오류이다.
⑤ 측정하려는 개념이 태도인지 행동인지 모호할 때 체계적 오류가 발생한다.

39
답·해설 답 ③ ⇨ 기본개념 7장 & 기출회독 키워드 045

ㄷ. 검사-재검사법은 한 번의 측정이 이뤄진 후에 동일한 상황에서 동일한 측정도구, 동일한 대상을 다시 한 번 측정하여 두 측정값이 어느 정도 일관되는지를 비교하는 방법이다. 동일 대상에 대해 두 번 측정한 값 사이의 상관계수가 높을수록 신뢰도가 높다고 판단한다.

40
답·해설 답 ③ ⇨ 기본개념 7장 & 기출회독 키워드 045

동시타당도는 측정도구의 측정값을 외적인 기준과 동시적인 시점에서 비교하여 타당도를 평가하는 방법이다.

41
답·해설 답 ② ⇨ 기본개념 8장 & 기출회독 키워드 047
오답노트

ㄱ. 양 극단에 서로 상반되는 형용사를 배치하여 다차원적인 개념을 측정하는 것은 의미분화 척도이다.
ㄷ. 다수의 문항들을 보다 적은 요인(차원)으로 분류하는 기법은 요인분석이다.
ㄹ. 문항평가자들을 통해 사전평가를 시행하고 그 결과를 분석하여 각 문항에 대한 중앙값을 척도치로 부여하는 것은 써스톤 척도이다.

42
답·해설 답 ④ ⇨ 기본개념 9장 & 기출회독 키워드 048

사례는 눈덩이표집에 대해 설명하고 있다. 눈덩이표집은 접근을 시도하기 어려운 모집단의 경우에 적합하다. ④는 층화표집, 할당표집에 적용되는 논리이다.

43
답·해설 답 ① ⇨ 기본개념 9장 & 기출회독 키워드 049
오답노트

ㄷ. 신뢰수준을 높게 잡으면 표집오차는 커진다.
ㄹ. 표집오차는 모집단의 크기에 따라 좌우되는 것이 아니라 표본의 크기에 좌우된다. 표집오차는 표본의 크기에 반비례한다.

44
답·해설 답 ① ⇨ 기본개념 9장 & 기출회독 키워드 048

표본설계는 연구대상이 되는 모집단을 확정하고 적당한 표집틀을 선정한 후, 표집의 방법을 선택하여 이에 맞는 표본의 크기를 결정하고 실제로 표본을 추출하는 과정을 거친다.

45
답·해설 답 ⑤ ⇨ 기본개념 10장 & 기출회독 키워드 050

모두 옳은 내용이다.

46
답·해설 답 ③ ⇨ 기본개념 10장 & 기출회독 키워드 050

질문에서 편견을 내포하는 용어나 서술은 피해야 하며 가치중립적인 표현을 사용해야 한다.

47
답·해설 답 ② ⇨ 기본개념 11장 & 기출회독 키워드 052

내용분석법은 자료를 다시 검토하여 실수를 상대적으로 쉽게 보완할 수 있다. 즉, 내용분석법은 자료의 수정이나 반복이 가능하다.

48
답·해설 답 ② ⇨ 기본개념 12장 & 기출회독 키워드 054

ㄱ. 전문가 패널을 대상으로 견해를 파악하는 것은 델파이기법이다. 초점집단기법은 조사대상 집단 중에서 중요한 정보를 얻을 수 있는 소수의 사람을 추출하여 심층적으로 면접하는 방법이다.
ㄷ. 사회지표조사는 지역사회에 대한 기존 통계를 이용하여 욕구를 파악하는 방법이며, 기존 자료를 활용하기 때문에 비용이나 시간이 적게 소요되는 장점이 있다.

49
답·해설 답 ④ ⇨ 기본개념 13장 & 기출회독 키워드 057
오답노트

ㄷ. 양적 연구의 결과에서 질적 연구가 시작될 수도 있고, 질적 연구의 결과에서 양적 연구가 시작될 수도 있다. 연구자에 따라 어떤 연구방법에 더 비중을 두는 가에는 차이가 있을 수 있다.

50
답·해설 답 ① ⇨ 기본개념 13장 & 기출회독 키워드 057

연구조사자가 비관여적이므로 관찰자효과를 일으킬 가능성이 낮은 유형은 완전 관찰자(complete observer)이다. 완전 참여자(complete participant) 유형은 대상자와 자연스럽게 생활하고 상호작용하며, 대상자는 완전 참여자의 신분과 목적을 모른다.

2교시 사회복지실천

사회복지실천론

1	②	2	⑤	3	④	4	③	5	①
6	③	7	⑤	8	③	9	②	10	④
11	④	12	②	13	①	14	⑤	15	①
16	①	17	④	18	⑤	19	④	20	①
21	③	22	④	23	②	24	①	25	③

1
답·해설 답 ② ⇨ 기본개념 2장 & 기출회독 키워드 062

② 윤리강령은 사회복지사업법에서 위임된 것도 아니며 법률도 아니다.

한국사회복지사 윤리강령의 목적
1. 윤리강령은 사회복지 전문직의 사명과 사회복지실천의 기반이 되는 핵심가치를 제시한다.
2. 윤리강령은 사회복지 전문직의 핵심가치를 실현하기 위한 윤리적 원칙을 제시하고, 사회복지실천의 지침으로 사용될 윤리기준을 제시한다.
3. 윤리강령은 사회복지 실천현장에서 발생하는 윤리적 갈등 상황에서 의사결정에 필요한 사항을 확인하고 판단하는 데 필요한 윤리기준을 제시한다.
4. 윤리강령은 사회복지사가 전문가로서 품위와 자질을 유지하고, 자기관리를 통해 클라이언트를 보호할 수 있도록 안내한다.
5. 윤리강령은 사회복지의 전문성을 확보하고 외부 통제로부터 전문직을 보호할 수 있는 기준을 제공한다.
6. 윤리강령은 시민에게 전문가로서 사회복지사의 역할과 태도를 알리는 수단으로 작용한다.

2
답·해설 답 ⑤ ⇨ 기본개념 2장 & 기출회독 키워드 062
오답노트

① 사회복지사는 사회복지 전문직의 이익과 권익을 증진시키기 위해 동료와 협력해야 한다.
② 사회복지사의 클라이언트에 대한 윤리기준 중 동료의 클라이언트와의 관계에 해당한다.

③ 사회복지사의 기관에 대한 윤리기준에 해당한다.
④ 사회복지사는 전문직 내 다른 구성원이 행한 비윤리적 행위에 대해, 제반 법률규정이나 윤리기준에 따라 조치를 취해야 한다.

3
답·해설 답 ④ ⇨ 기본개념 1장 & 기출회독 키워드 061

④ 전통사회에서 계승되어온 상부상조 정신은 공공부조, 사회보험 등의 제도적 사회복지에도 담겨 있다.

4
답·해설 답 ③ ⇨ 기본개념 2장 & 기출회독 키워드 064

③ 평등과 불평등의 원칙은 '같은 사람은 같게, 다른 사람은 다르게'를 의미한다. 클라이언트마다 가지고 있는 자원과 능력이 다르다면 그에 맞추어 다른 서비스를 제공해야 한다.

5
답·해설 답 ① ⇨ 기본개념 3장 & 기출회독 키워드 066

ㄴ. 1915년, ㄷ. 1917년, ㄹ. 1929년, ㄱ. 1957년

6
답·해설 답 ③ ⇨ 기본개념 3장 & 기출회독 키워드 067

③ 태화여자관 건립은 1921년이다. 1989년에는 저소득층 영구임대아파트 건립 시 사회복지관 건립 의무화 규정이 마련되었다.

7
답·해설 답 ⑤ ⇨ 기본개념 4장 & 기출회독 키워드 068
오답노트

① 재가노인복지시설은 1차 현장이자 이용시설이다.
② 노인요양시설은 생활시설이지만 요양에 중점을 두면서 복지서비스도 제공되는 2차 현장이다.
③ 종합사회복지관은 1차 현장이자 이용시설이다.
④ 가정위탁지원센터는 보호대상아동과 아동이 지낼 수 있는 위탁가정을 연결하는 역할을 수행할 뿐 직접 거주 서비스를 제공하는 것은 아니기 때문에 이용시설이다.

8
답·해설 답 ③ ⇨ 기본개념 5장 & 기출회독 키워드 074
오답노트

ㄷ. 생태체계관점에서는 클라이언트가 환경에 적응하지

못한 것을 병리적 문제로 보지 않는다. 단지 개인의 욕구 및 대처방식이 환경과 일치하지 못한 것에서 어려움이 발생한다고 본다.

9
답·해설 답 ② ⇨ 기본개념 5장 & 기출회독 키워드 072
오답노트
① 사례에서 표적체계는 정세아 양이다.
③ 전문체계는 사례에서 나타나지 않는다.
④ 의뢰체계는 지역아동센터이다.
⑤ 변화매개체계는 윤정호 사회복지사이다.

10
답·해설 답 ④ ⇨ 기본개념 5장 & 기출회독 키워드 070
④ 통합적 접근은 클라이언트의 문제를 광범위하고 포괄적으로 살펴본다.

11
답·해설 답 ④ ⇨ 기본개념 5장 & 기출회독 키워드 070
PIE(Person In Environment) 분류체계
· 요소 1. 사회적 기능 수행상 문제: 사회복지사는 클라이언트의 사회적 역할문제를 확인하고 묘사한다.
· 요소 2. 환경상의 문제: 사회복지사는 요소 1에 영향을 주고 있는 환경상의 문제를 묘사한다.
· 요소 3. 정신건강 문제: 현재의 정신적, 성격적 혹은 발달상의 장애 혹은 상태를 표시한다.
· 요소 4. 신체건강 문제: 문제를 지속시킬 수 있는 현재의 신체장애 혹은 상태를 표시한다.

12
답·해설 답 ② ⇨ 기본개념 6장 & 기출회독 키워드 079
② 사례관리자의 조정자로서의 역할은 사례개입에 참여하는 다양한 원조자들 사이의 의견을 조율하는 것이다.

13
답·해설 답 ① ⇨ 기본개념 6장 & 기출회독 키워드 077
① 시설보호에서 지역사회보호로 전환되면서 재가복지의 활성화와 함께 강조되었다.

14
답·해설 답 ⑤ ⇨ 기본개념 6장 & 기출회독 키워드 077
오답노트
① 발굴 → 사정 → 계획 → 점검 → 재사정의 순으로 진행된다.
② 클라이언트의 문제에 맞춰 사례관리 여부를 정하는 것은 접수 및 발굴 과정이다.
③ 다차원적 접근으로서 미시적 차원, 거시적 차원의 접근이 모두 이루어진다.
④ 클라이언트의 욕구에 대응할 수 있을 만큼 장기적으로 이루어진다.

15
답·해설 답 ① ⇨ 기본개념 7장 & 기출회독 키워드 080
통제된 정서적 관여는 클라이언트의 감정에 대한 '민감성', 그 감정에 대한 '이해', 의도적이고 적절한 '반응'으로 이루어진다.

16
답·해설 답 ② ⇨ 기본개념 7장 & 기출회독 키워드 081
② 사회복지사는 자신과 다른 클라이언트의 특성과 가치관 등에 대해 유연하게 받아들이고 클라이언트의 내면 세계를 감지할 수 있어야 한다는 것은 '민감성'과 관련된다.

17
답·해설 답 ⑤ ⇨ 기본개념 7장 & 기출회독 키워드 083
⑤ 양가감정은 어떤 클라이언트라도 느낄 수 있는 자연스러운 현상이다. 비자발적 클라이언트에게서만 나타나는 것은 아니다.

18
답·해설 답 ③ ⇨ 기본개념 8장 & 기출회독 키워드 084
오답노트
① 환언: 클라이언트의 이야기를 사회복지사의 언어로 바꾸어 말하면서 잘 이해하고 있는지를 확인하기 위해 사용한다.
② 지지: 클라이언트의 능력에 대한 신뢰를 표현하여 심리적 긴장감을 낮추기 위해 사용한다.
④ 요약: 면접을 시작하거나 마칠 때, 혹은 새로운 주제로 전환하려 할 때 사용한다.
⑤ 질문: 주로 정보를 얻고자 할 때 사용한다.

19
답·해설 답 ④ ⇨ 기본개념 9장 & 기출회독 키워드 086
④ 의뢰가 진행된 이후에 클라이언트에 대한 서비스의 책임은 의뢰된 기관에 있기 때문에 모니터링을 해야 하는 것은 아니다.

20
답·해설 답 ① ⇨ 기본개념 8장 & 기출회독 키워드 085
오답노트
② 심리검사 결과를 바탕으로 향후 개입의 방향을 정하기 위해 진행된 면접은 사정면접에 해당한다.
③ 불안감을 완화하고 자신감을 향상시켜줄 목적으로 진행되는 치료면접에 해당한다.
④ 대인관계 기술훈련을 진행한 것은 치료면접에 해당한다.
⑤ 위탁을 진행할 것인지를 결정하기 위한 면접이라는 점에서 사정면접에 해당한다.

21
답·해설 답 ③ ⇨ 기본개념 10장 & 기출회독 키워드 088

③ 사회적 관계망 도구를 통해 클라이언트의 사회적 지지체계를 살펴본다. 클라이언트의 문제나 혹은 변화노력과 관련해 특정 지지체계가 어떤 역할을 하는지를 파악할 수 있는 도구이다. 집단 내에 형성된 삼각관계를 살펴보는 도구는 소시오그램이다.

22
답·해설 **답 ④** ⇨ 기본개념 10장 & 기출회독 키워드 089

④ 클라이언트가 제시한 문제를 다른 관점의 문제로 분석하고 판단하는 과정은 사정단계 중 문제형성에 해당한다.

23
답·해설 **답 ②** ⇨ 기본개념 11장 & 기출회독 키워드 091

사정 이후 계획수립에 돌입하게 되는데, 계획수립의 과정은 표적문제 선정 → 목적 및 목표 설정 → 계약의 과정으로 진행된다. ②번의 표적문제 선정에 따라 ④ 목표를 설정하고, ① 계약을 진행한다.
③은 종결단계, ⑤는 개입단계에 해당한다.

24
답·해설 **답 ①** ⇨ 기본개념 12장 & 기출회독 키워드 092
오답노트

ㄴ. 옹호를 통해 클라이언트가 심리적 지지를 느낄 수는 있지만 이것이 옹호의 주된 목적은 아니며 옹호는 간접적 개입기법이다.
ㄹ. 격려는 정서적 안정을 돕는 방법이다.

25
답·해설 **답 ③** ⇨ 기본개념 13장 & 기출회독 키워드 094
오답노트

ㄱ. 종결단계에서 클라이언트가 사회복지사에 대한 의존도가 높다면 그 감정을 다루고 의존도를 낮출 수 있도록 해야 한다. 사회복지사가 클라이언트에게 의존하게 되는 경우에는 중도에 개입을 종료하며 다른 사회복지사에게 의뢰하는 것이 옳다.
ㄴ. 형성평가는 개입과정 중에 모니터링의 차원에서 수정·보완을 목적으로 실시한다.

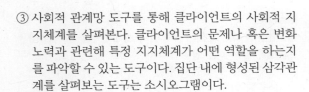

26	③	27	①	28	④	29	⑤	30	③
31	②	32	①	33	④	34	③	35	②
36	③	37	①	38	②	39	②	40	④
41	⑤	42	④	43	③	44	①	45	⑤
46	④	47	③	48	①	49	②	50	③

26
답·해설 **답 ③** ⇨ 기본개념 1장 & 기출회독 키워드 096

③ 클라이언트의 침묵, 양가감정, 저항 등을 다룸에 있어서는 사회복지사의 전문적 경험과 감각 등이 요구되므로 예술적 기반과 관련된다.

27
답·해설 **답 ①** ⇨ 기본개념 2장 & 기출회독 키워드 097

① 정신역동모델은 성장의지를 갖고 자기분석에 적극적으로 임할 수 있는 클라이언트에게 더 적합하다.

28
답·해설 **답 ④** ⇨ 기본개념 3장 & 기출회독 키워드 099
오답노트

ㄱ. 언어적·비언어적 표현을 통해 클라이언트에게 수용, 공감적 이해를 나타내는 것은 지지하기에 해당한다.

29
답·해설 **답 ⑤** ⇨ 기본개념 4장 & 기출회독 키워드 101

⑤ 인지행동모델은 교육적 접근으로 클라이언트에게 인지행동모델의 기본적인 특징을 이해시킴으로써 클라이언트가 좀 더 적극적으로 참여하고 효과성을 높일 수 있다고 보았다. 따라서 위기상황에 놓인 클라이언트에게 즉각적으로 개입할 수 있는 모델은 아니다.

30
답·해설 **답 ③** ⇨ 기본개념 4장 & 기출회독 키워드 102

③ 제시된 예시는 전체적인 의미를 생각하지 않고 좋지 않았던 일부분에 집중한 것으로 선택적 요약에 해당한다.

31
답·해설 **답 ②** ⇨ 기본개념 4장 & 기출회독 키워드 102
오답노트

① 경험적 학습은 인지적 불일치 원리를 적용한다.
③ 체계적 탈감법은 고전적 조건화에 근거한다.
④ 자유연상은 정신역동모델의 개입기법이다.

⑤ 소거는 더 이상 강화되지 않는 행동은 약화된다는 것이다.

32
답·해설 **답 ①** ⇨ 기본개념 5장 & 기출회독 키워드 104

① 과제중심모델은 클라이언트의 자기결정권을 강조하는 한편, 개입에 있어 사회복지사의 책임성을 강조하여 사회복지사에게도 원조 노력에 관한 과제가 부여된다.

33
답·해설 **답 ④** ⇨ 기본개념 6장 & 기출회독 키워드 107
오답노트

①③ 상황적 위기
②⑤ 실존적 위기

34
답·해설 **답 ③** ⇨ 기본개념 6장 & 기출회독 키워드 107

③ 위기개입모델의 주된 목표는 위기로 인한 증상 완화, 위기 이전 수준으로의 기능 회복에 있다. 추가적으로 현재 문제와 관련된 과거의 경험을 살펴본다.

35
답·해설 **답 ②** ⇨ 기본개념 7장 & 기출회독 키워드 108

② 기존의 가족규칙을 따르는 경향이 더 크다.

36
답·해설 **답 ③** ⇨ 기본개념 8장 & 기출회독 키워드 109

③ 가계도는 3세대 이상의 가족관계를 그림으로 그리면서 가족 간에 나타나는 특징을 살펴보는 도구로, 환경체계와의 상호작용을 파악하지는 않는다.

37
답·해설 **답 ①** ⇨ 기본개념 8장 & 기출회독 키워드 110
오답노트

② 하위체계의 경계가 모호한 경우 구성원 간 밀착이 높게 나타나기 때문에 구성원이 독립적으로 활동하기 어렵다.
③ 하위체계의 경계가 명확한 것은 구성원 간 경계가 투과적인 것으로 소속감을 가질 수 있으면서도 독립적이다.
④ 하위체계의 경계가 경직된 경우 구성원들 간 의사소통이 원활하지 않다.
⑤ 하위체계의 경계가 혼돈된 경우 구성원들 사이의 사생활 침해 정도가 높다.

38
답·해설 **답 ②** ⇨ 기본개념 9장 & 기출회독 키워드 112

② 의사소통 유형을 살펴보는 것은 경험적 가족치료이다.

39
답·해설 **답 ②** ⇨ 기본개념 9장 & 기출회독 키워드 113

오답노트
ㄱ. 경험적 가족치료는 가족의 구조에 관심을 두기보다는 가족의 특유한 행동양식과 정서표현 등에 초점을 두어 성장할 수 있는 경험을 만들어주고자 한다.
ㄹ. 문제의 외현화는 문제가 클라이언트 내부가 아닌 외부에 있는 것으로 보는 관점으로 이야기치료모델의 기법이다.

40
답·해설 **답 ④** ⇨ 기본개념 9장 & 기출회독 키워드 114
오답노트

① 원인을 찾는 것보다 행동의 변화에 초점을 둔다.
② 가족문제를 지속시키는 정적 환류고리를 변화시키고자 한다.
③ 가족이 항상성 유지만 고집할 경우 병리적 증상이 나타날 수 있다고 본다.
⑤ 증상처방이나 고된 체험기법을 지시적으로 활용한다.

41
답·해설 **답 ⑤** ⇨ 기본개념 9장 & 기출회독 키워드 115

⑤ 극복질문(=대처질문)은 앞으로의 극복방법을 묻는 것이 아니라 그동안 그렇게 힘든 상황에서도 잘 견뎌온 클라이언트의 강점을 찾고자 하는 질문이다.

42
답·해설 **답 ④** ⇨ 기본개념 9장 & 기출회독 키워드 115
오답노트

① 문제를 없애는 것보다는 지금보다 조금 더 나아지는 것에 초점을 둔다.
② 원하는 결과를 성취하는 것보다 현재 단계에서 필요한 것을 중심으로 한다.
③ 쉽게 성취할 수 있는 작은 것을 목표로 한다.
⑤ 클라이언트가 중요하게 여기는 것을 목표로 한다.

43
답·해설 **답 ③** ⇨ 기본개념 9장 & 기출회독 키워드 111
오답노트

① 문제를 유지시키는 연쇄고리를 끊기 위해 역설적 지시를 사용하는 것은 전략적 가족치료이다.
② 가족의 구조 및 경계, 상호작용 등에서 가족문제의 원인을 찾는 것은 구조적 가족치료이다.
④ 이야기 가족치료는 문제의 외현화를 통해 클라이언트와 문제를 분리시켜 새로운 관점에서 접근할 수 있도록 돕는다.
⑤ 해결중심 가족치료는 문제를 해결함에 있어 문제를 밝히는 것이 꼭 필요한 것은 아니라고 본다. 문제가 무엇인가보다 가족이 원하는 해결이 무엇인가에 초점을 둔다.

44
답·해설 **답 ①** ⇨ 기본개념 10장 & 기출회독 키워드 117

① 성장집단은 질병의 치료보다는 사회정서적 건강 증진

을 중심으로 구성된다.

45
답·해설 **답 ⑤** ⇨ 기본개념 10장 & 기출회독 키워드 -

⑤ 성원 간 상호원조 체계를 구축하여 문제를 해결해나 가는 모델은 상호작용모델에 해당한다.

46
답·해설 **답 ④** ⇨ 기본개념 10장 & 기출회독 키워드 119

④ 자신의 문제가 해결될 수 있다는 것은 보편성이 아닌 희망증진에 해당한다.

47
답·해설 **답 ③** ⇨ 기본개념 11장 & 기출회독 키워드 121
오답노트

ㄹ. 동질성이 높은 집단은 공감대 형성이나 결속력 강화 등에는 용이하지만, 다양한 의견을 교환하기에는 이 질성이 높은 집단이 더 유리하다.

48
답·해설 **답 ①** ⇨ 기본개념 11장 & 기출회독 키워드 123

① 직면기술은 잘못 사용하면 클라이언트를 위축시킬 수 있기 때문에 초기단계에서는 사용하지 않는 것이 바 람직하다.

49
답·해설 **답 ②** ⇨ 기본개념 12장 & 기출회독 키워드 126
오답노트

ㄱ. 사회복지사가 면담과정에서 클라이언트에 대해 얻은 관찰 내용은 주관적 정보(S)가 아닌 객관적 정보(O) 에 해당한다.

ㄹ. 클라이언트의 자신의 상황에 대한 인식이나 감정 등 은 주관적 정보(S)에 해당한다.

50
답·해설 **답 ③** ⇨ 기본개념 13장 & 기출회독 키워드 128

사례는 '생활패턴 조사(A) → 집단상담(B)'의 과정으로 진 행된 AB설계이다.

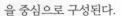

지역사회복지론

51	⑤	52	④	53	②	54	③	55	④
56	②	57	③	58	②	59	⑤	60	①
61	④	62	②	63	②	64	①	65	②
66	②	67	③	68	②	69	③	70	①
71	⑤	72	③	73	①	74	④	75	⑤

51
답·해설 **답 ⑤** ⇨ 기본개념 1장 & 기출회독 키워드 129

지역사회 유형화(던햄)
· 인구 크기: 대도시, 중소도시
· 경제적 기반: 어촌, 산촌
· 정부 행정구역: 특별시, 광역시, 시·군·구
· 인구구성의 사회적 특수성: 외국인 밀집 지역 등

52
답·해설 **답 ④** ⇨ 기본개념 1장 & 기출회독 키워드 129

⑤ 맥키버(MacIver)는 "지역사회란 모든 형태의 공동생 활지역으로서 부락 혹은 읍, 시·도, 국가 혹은 더 넓 은 지역까지도 포함한다"고 보았다.

53
답·해설 **답 ②** ⇨ 기본개념 2장 & 기출회독 키워드 130

② 지역사회복지의 실천대상은 지역사회 내 일부 계층, 일 부 집단에 한정되는 것이 아니라 지역주민 전체이다.

54
답·해설 **답 ③** ⇨ 기본개념 2장 & 기출회독 키워드 133
오답노트

① 사회사업의 전통적인 분류는 개별사회사업, 집단사회 사업, 지역사회조직이다. 지역사회보호는 해당하지 않는다.

② 재가보호에 해당하는 설명이다. 지역사회보호는 가정 및 가정과 유사한 환경을 모두 포함한다.

④ 사회복지사 등 관리자가 함께 생활하는 것을 전제로 하지는 않는다.

⑤ 지역사회보호는 시설보호의 폐쇄성에 반대하면서 제 기된 것으로, 탈시설화, 시설의 사회화 등과 관련된다.

55
답·해설 **답 ④** ⇨ 기본개념 3장 & 기출회독 키워드 134

ㄹ. 1989년 주택건설촉진법 등에 의해 저소득층 영구임대 아파트 건립 시 일정 규모의 사회복지관 건립을 의무 화하였다.

ㄴ. 1992년 재가복지봉사센터 설립이 이루어졌다. 이후 2010년 종합사회복지관의 사업으로 흡수되었다.
ㄱ. 기존의 별정직 사회복지전문요원이 일반직 사회복지전담공무원으로 전환·배치된 것은 2000년부터이다.
ㄷ. 2004년 9개 시·군·구에 사회복지사무소 시범사업을 실시하였으며 2006년 종료되었다.

56
답·해설 **답 ②** ⇨ 기본개념 3장 & 기출회독 키워드 134

② 품앗이는 관행이었을 뿐 국가제도로 이루어진 것은 아니다.

57
답·해설 **답 ③** ⇨ 기본개념 3장 & 기출회독 키워드 135
오답노트

① 하버트 보고서(1971년): 가족 및 지역사회를 통한 비공식 서비스의 중요성을 강조하였다.
② 그리피스 보고서(1988년): 신보수주의 경향을 따라 작성되었다. 지역사회보호에 있어 지방정부가 일차적 책임을 가지되 서비스의 구매·조정자로서 역할을 하며, 사례관리 방식의 도입을 강조하였다.
④ 베버리지 보고서(1942년): 궁핍, 질병, 무지, 불결, 나태 등에 대한 국가 차원의 사회보험 제도를 제시하였다.
⑤ 바클레이 보고서(1982년): 비공식 돌봄망에 의해 제공되는 서비스의 중요성을 인식하여 비공식 서비스와 공식 서비스 간의 파트너십 개발을 강조하였다.

58
답·해설 **답 ②** ⇨ 기본개념 4장 & 기출회독 키워드 138

ㄴ. 다양한 이익집단의 참여로 민주적인 정책결정이 이루어질 수 있다는 것은 다원주의에 해당한다.
ㄹ. 사회학습이론은 주민들의 학습을 통한 역량강화는 지역사회의 발전으로 연결된다는 이론이다. 사회행동 모델을 기반으로 한 것은 아니다.

59
답·해설 **답 ⑤** ⇨ 기본개념 4장 & 기출회독 키워드 138

⑤ 연합은 힘을 가진 A에 대하여 종속적 위치에 있는 B, C, D가 함께 힘을 모아 대항하는 전략이다. 자원의 불균형으로 발생한 종속관계를 완전히 뒤엎는 전략이라기보다는 B, C, D 등이 연대함으로써 교환할 수 있는 자원을 키워 A와의 관계를 수평적으로 조정하려는 전략이다.

60
답·해설 **답 ①** ⇨ 기본개념 5장 & 기출회독 키워드 140

① 저소득집단의 소득 향상에 초점을 둔 지역사회개발은 지역사회의 사회·경제모델에 해당한다.

61
답·해설 **답 ④** ⇨ 기본개념 5장 & 기출회독 키워드 141

· 테일러와 로버츠의 5가지 모델: 프로그램 개발 및 조정, 계획, 지역사회연계, 지역사회개발, 정치적 역량강화
· 포플의 8가지 모델: 지역사회보호, 지역사회조직, 지역사회개발, 사회·지역계획, 지역사회교육, 지역사회행동, 여권주의적 지역사회사업, 인종차별철폐 지역사회사업

62
답·해설 **답 ③** ⇨ 기본개념 6장 & 기출회독 키워드 142

③ 인적, 물적 자원 영역을 검토하는 것은 자원 사정이다.

63
답·해설 **답 ②** ⇨ 기본개념 7장 & 기출회독 키워드 146
오답노트

ㄱ. 지역사회개발모델에서 주민들의 조직화를 격려하는 일은 조력가로서의 역할에 해당한다.
ㄴ. 행동가로서의 역할은 사회행동모델에서 강조되는 역할이다.

64
답·해설 **답 ①** ⇨ 기본개념 8장 & 기출회독 키워드 147

① 지역사회에 존재하는 갈등을 의도적으로 이용하기도 한다.

65
답·해설 **답 ②** ⇨ 기본개념 9장 & 기출회독 키워드 150

옹호를 위한 전술로 설득, 표적을 난처하게 하기, 정치적 압력, 탄원서 서명, 청원, 청문·고충처리·이의신청 등이 있다. ① 정치적 압력은 유권자가 가진 정치적 힘을 이용해 시·도의원에게 지역의 현안을 논의하는 것이다. ③ 이의신청은 법령에 따라 국가기관의 행위의 부당성에 대해 취소나 변경 등을 신청하는 것이다. ⑤ 청원은 다수인의 서명지를 통해 특정 기관에 일정한 조치를 취할 것을 요청하는 것으로 청원법을 따른다.

66
답·해설 **답 ②** ⇨ 기본개념 8장 & 기출회독 키워드 148

② 사회자본은 한 번 형성된 후에도 소멸될 수 있다.

67
답·해설 **답 ⑤** ⇨ 기본개념 10장 & 기출회독 키워드 152

시·군·구 지역사회보장계획에 포함되어야 할 사항
· 지역사회보장 수요의 측정, 목표 및 추진전략
· 지역사회보장지표의 설정 및 목표
· 지역사회보장의 분야별 추진전략, 중점 추진사업 및 연계협력 방안
· 지역사회보장 전달체계의 조직과 운영
· 사회보장급여의 사각지대 발굴 및 지원 방안
· 지역사회보장에 필요한 재원의 규모와 조달 방안
· 지역사회보장에 관련한 통계 수집 및 관리 방안

68
답·해설 **답 ④** ⇨ 기본개념 10장 & 기출회독 키워드 152

⑤ 주민의 권한이 가장 높은 단계는 주민통제 단계이다. 주민들이 스스로 입안하고, 결정에서 집행 그리고 평가단계까지 주민이 통제할 수 있다.

오답노트

① 시 · 군 · 구 지역사회보장계획은 시행연도의 전년도 9월 30일까지, 연차별 시행계획은 시행연도의 전년도 11월 30일까지 시 · 도지사에게 제출해야 한다.

② 시 · 군 · 구 및 시 · 도 지역사회보장계획은 4년마다 수립하고 매년 연차별 시행계획을 수립해야 한다.

③ 시 · 도 지역사회보장계획은 시 · 도 사회보장위원회의 심의와 해당 시 · 도 의회의 보고를 거친다.

⑤ 지역사회보장계획은 사회보장에 관한 기본계획과의 연계를 통해 사회보장의 정책 및 실천의 연속성이 확보되도록 하고 있다.

69
답·해설 답 ③ ⇨ 기본개념 10장 & 기출회독 키워드 154

③ 사회복지협의회는 민간 사회복지조직을 대표하는 기구로 민간사회복지 증진을 위한 사업을 수행하기 때문에 지역사회보장계획에 대한 평가와는 무관하다. 지역사회보장계획에 대한 평가와 관련하여서는, 보건복지부장관은 시 · 도 지역사회보장계획의 시행결과를, 시 · 도지사는 시 · 군 · 구 지역사회보장계획의 시행결과를 각각 보건복지부령으로 정하는 바에 따라 평가할 수 있다.

70
답·해설 답 ① ⇨ 기본개념 10장 & 기출회독 키워드 153

① 읍 · 면 · 동 지역사회보장협의체는 읍 · 면 · 동의 사회보장 관련 업무를 수행하기 위해 조직된다.

71
답·해설 답 ⑤ ⇨ 기본개념 11장 & 기출회독 키워드 155

⑤ 지방분권화는 지역의 실정에 맞는 정책의 수립 및 실행을 위해 중앙정부의 권한을 지방정부로 이양한 것으로 지역성에 따른 복지정책이 가능하다.

72
답·해설 답 ③ ⇨ 기본개념 12장 & 기출회독 키워드 157
오답노트

ㄷ. 사례발굴 및 사례개입은 사례관리 기능에 속하는 사업분야이다. 지역사회보호 사업은 서비스 제공 기능에 속하는 사업분야이다.

73
답·해설 답 ① ⇨ 기본개념 12장 & 기출회독 키워드 158

① 고용노동부 장관의 인증을 받아야 한다.

74
답·해설 답 ④ ⇨ 기본개념 12장 & 기출회독 키워드 159

④ 사회복지공동모금회는 민간기관이다.

75
답·해설 답 ⑤ ⇨ 기본개념 13장 & 기출회독 키워드 161

3교시 사회복지정책과 제도

사회복지정책론

1	⑤	2	①	3	④	4	③	5	②
6	①	7	⑤	8	②	9	①	10	③
11	①	12	①	13	⑤	14	③	15	④
16	②	17	①	18	①	19	①	20	③
21	④	22	③	23	②	24	①	25	⑤

1
답·해설 답 ⑤　⇨ 기본개념 1장 & 기출회독 키워드 163
오답노트

① 재분배를 위한 국가의 개입은 소극적 자유를 침해하는 결과를 낳기도 한다.
② 신자유주의자들이 강조한 개념은 소극적 자유이다.
③ 공공부조는 대상효율성은 높지만 운영효율성은 낮다고 볼 수 있다.
④ 한정된 자원을 고려할 경우 비례적 평등의 가치를 더 많이 반영하는 방향으로 제도화된다면 사회적 적절성의 가치가 훼손될 수 있다. 이러한 측면에서 사회적 적절성과 비례적 평등의 가치는 상충할 수도 있다.

2
답·해설 답 ①　⇨ 기본개념 1장 & 기출회독 키워드 163
오답노트

ㄹ. 롤스는 상상의 시나리오에 참여하는 사람 모두가 각자의 지능수준이나 기술, 능력, 계급적 지위, 사회적 지위, 성별, 인종, 연령 등에 대해 아무것도 알지 못하는 무지의 베일에 가려져 있으며, 이러한 상태를 원초적 상황이라고 표현했다. 이러한 원초적 상황은 사회 구성원이 장래 사회에서 자신의 위치를 가늠할 수 없고 자신의 능력이나 지능, 성격 등을 알 수 없는 철저한 무지의 베일에 싸인 가상적 사회상황을 의미한다. 무지의 베일에 싸인 원초적 상황은 모든 개인이 평등하다는 것, 모두 자유로운 존재라는 것을 나타내준다고 보았다.

3
답·해설 답 ④　⇨ 기본개념 2장 & 기출회독 키워드 166

ㄷ. 왕립 빈민법 위원회의 소수파 보고서는 현행 구빈제도의 완전한 폐지를 통한 운영방식을 주장하였다.
ㄹ. 노령연금법은 1908년에 도입되었다.

4
답·해설 답 ③　⇨ 기본개념 2장 & 기출회독 키워드 168

사회보장 제도의 민영화 경향은 복지국가 위기론이 부각되면서 국가의 재정적 문제를 해결하기 위한 대안으로 제시된 것이다.

5
답·해설 답 ②　⇨ 기본개념 3장 & 기출회독 키워드 170
오답노트

① 미국, 캐나다, 호주 등은 자유주의적 복지국가에 해당한다.
③ 조합주의적(보수주의적) 복지국가는 높은 사회보장세로 인한 높은 노동비용 때문에 민간부문의 일자리 창출이 어렵다.
④ 탈상품화가 높을수록 복지선진국이라고 할 수 있다.
⑤ 사회민주주의적 복지국가는 최소한의 생활수준 보장을 넘어 평등을 추구한다.

6
답·해설 답 ①　⇨ 기본개념 3장 & 기출회독 키워드 171

중도노선은 국가 차원의 복지정책을 통해 자본주의의 사회적 폐해를 완화할 필요가 있고, 또한 그것이 가능하다는 생각에 기초하고 있다. 실용적 성격을 지닌 중도노선은 신우파와 유사하게 자유, 개인주의, 그리고 경쟁적 사기업을 신봉한다.

7
답·해설 답 ⑤　⇨ 기본개념 3장 & 기출회독 키워드 171

시민권의 권리와 의무의 균형을 강조한다. 즉, 경제적 기회의 제공과 복지제공이 국가의 의무라면 유급노동을 통한 자활은 시민의 의무라고 본다.

8
답·해설 답 ②　⇨ 기본개념 4장 & 기출회독 키워드 172
사회복지정책 형성과정
1. 문제형성: 고통을 주는 상황이나 조건을 해결해야 할

문제로 인식함

2. 정책의제(아젠다)형성: 문제가 공공이나 정책결정자들의 관심을 끌어 정책형성에 대한 논의가 가능한 상태가 됨
3. 대안마련: 정책문제를 파악하고 목표를 설정하며, 이를 달성할 수 있는 정책수단으로서의 정책대안을 개발하고, 대안을 비교하고 분석함
4. 정책결정: 대안의 선택 또는 우선순위의 확정
5. 집행: 결정된 정책의 구체화
6. 평가: 정책활동의 가치를 따져보기 위하여 정보를 수집, 분석, 해석함

9

답·해설 **답 ①** ⇨ 기본개념 5장 & 기출회독 키워드 174

정책프로그램이 실행된 결과나 영향을 평가하는 것은 성과 분석에 해당한다.

10

답·해설 **답 ③** ⇨ 기본개념 5장 & 기출회독 키워드 177

ㄴ. 사회보험료는 모든 근로소득에 동률로 부과하고 있고, 자산소득(이자, 임대료, 주식배당금 등)에는 추가로 보험료가 부과되지 않기 때문에 자산소득이 많은 고소득층이 저소득층에 비해 부담이 상대적으로 적다.
ㄷ. 사회보험료에는 보험료 부과의 기준이 되는 소득의 상한액이 있어서 고소득층이 유리하다.

11

답·해설 **답 ①** ⇨ 기본개념 5장 & 기출회독 키워드 178
오답노트

ㄹ. 역사적으로 보면 사회복지 발전 초기에는 민간 부문이 가장 중요한 역할을 해왔다.

12

답·해설 **답 ⑤** ⇨ 기본개념 5장 & 기출회독 키워드 178

모두 옳은 내용이다. 민영화는 국가가 공적인 목표로 운영하는 제도를 자본시장에 개방하여 민간영역에서 운영하도록 그 역할을 맡기는 것이다. 사회복지서비스 전달체계의 전형적인 민영화는 공공부문이 여전히 재원조달의 주요책임을 맡는 가운데 서비스 전달의 책임이 민간으로 이양된 경우라고 할 수 있다.

13

답·해설 **답 ⑤** ⇨ 기본개념 5장 & 기출회독 키워드 178

중앙정부와 지방정부 간의 재정 이전방식은 크게 3가지로 구분할 수 있다. 범주적 보조금은 재원의 사용목적이 상세히 규정되어 있고 제약조건이 부여되는 특징이 있다. 지방정부의 재량권이 가장 약한 특징이 있다. 포괄 보조금은 지원대상이 되는 활동의 범주가 넓으며, 특정 사업이나 정책 영역에 사용되기보다는 일반적인 영역을 대상으로 지급되는데, 예를 들어 예방접종사업과 같이 구체적인 영역보다는 공중보건의 증진과 같은 일반적이고 광범위한 영역을 대상으로 한다. 지방자치단체에 많은 재량권

을 인정하고 있는 보조금에 해당한다. 일반 교부세는 국가가 예산의 일부를 지방정부에게 일정한 비율로 배분하는 것으로 지방정부의 재량권이 가장 큰 특징이 있다. 지방정부의 재량권을 기준으로 작은 것에서 큰 순서로 나열하면 범주적 보조금 < 포괄 보조금 < 일반 교부세 순으로 나열할 수 있다.

14

답·해설 **답 ③** ⇨ 기본개념 6장 & 기출회독 키워드 179

ㄷ. 국민연금은 장기적 재분배에 해당한다. 장기적 재분배는 생애에 걸쳐, 세대에 걸쳐 이루어지는 소득재분배를 말한다.

15

답·해설 **답 ④** ⇨ 기본개념 5장 & 기출회독 키워드 179

사회보장기본법상 사회보장이란 "출산, 양육, 실업, 노령, 장애, 질병, 빈곤 및 사망 등의 사회적 위험으로부터 모든 국민을 보호하고 국민 삶의 질을 향상시키는 데 필요한 소득 · 서비스를 보장하는 사회보험, 공공부조, 사회서비스"를 말한다. ①은 사회보험, ②와 ③은 공공부조, ⑤는 사회서비스에 해당한다.

16

답·해설 **답 ②** ⇨ 기본개념 6장 & 기출회독 키워드 179
오답노트

ㄴ. 사회보험은 기여 · 비자산조사 형태, 공공부조는 비기여 · 자산조사 형태이다.

17

답·해설 **답 ①** ⇨ 기본개념 7장 & 기출회독 키워드 182
오답노트

② 보건복지부장관은 선정기준액을 정하는 경우 65세 이상인 사람 중 기초연금 수급자가 100분의 70 수준이 되도록 한다.
③ 직역연금 수급권자 및 그 배우자는 기초연금 수급대상에서 제외한다.
④ 부부가 모두 기초연금을 받는 경우 각각의 기초연금액에서 20%를 감액하여 지급한다.
⑤ 65세 이상인 사람으로서 소득인정액이 선정기준액(보건복지부장관이 정하여 고시하는 금액) 이하인 사람에게 지급한다.

18

답·해설 **답 ⑤** ⇨ 기본개념 7장 & 기출회독 키워드 180

확정급여식 연금과 확정기여식 연금

· 확정급여식 연금: 급여는 임금 또는 소득의 일정 비율 또는 일정 금액으로 사전에 급여산정공식에 의해 확정되어 있지만 원칙적으로 보험료(기여금)는 확정되어 있지 않다.
· 확정기여식 연금: 보험료(기여금)만이 사전에 확정되어 있을 뿐 급여액은 확정되어 있지 않다. 급여액은 적립한 기여금과 기여금의 투자수익에 의해서만 결정되

기 때문에 사전에 급여액이 얼마나 될지 알 수 없다.

19

답·해설 **답 ①** ⇨ 기본개념 8장 & 기출회독 키워드 183

오답노트

② 가입자 및 사용자로부터 징수한 보험료와 국고보조금 및 건강증진기금 등 정부지원금을 재원으로 한다.
③ 요양급여, 건강검진은 현물급여이지만, 요양비, 장애인 보조기기 급여비는 현금급여이다.
④ 의료급여 수급권자와 유공자 등 의료보호 대상자는 건강보험의 제외대상이다.
⑤ 우리나라는 행위별 수가제를 기본으로 포괄수가제의 적용을 확대해나가고 있다.

20

답·해설 **답 ③** ⇨ 기본개념 8장 & 기출회독 키워드 184

국민건강보험공단은 통합 징수한 장기요양보험료와 건강보험료를 각각의 독립회계로 관리하여야 한다.

21

답·해설 **답 ④** ⇨ 기본개념 9장 & 기출회독 키워드 185

산재보험의 가입대상은 근로자를 사용하는 모든 사업이며, 적용단위는 사업 또는 사업장이다.

22

답·해설 **답 ③** ⇨ 기본개념 10장 & 기출회독 키워드 186

실업급여 사업에 해당하는 보험료는 사업주와 근로자가 각각 50%씩 부담, 고용안정 · 직업능력개발 사업에 해당하는 보험료는 사업주가 전액 부담한다.

23

답·해설 **답 ②** ⇨ 기본개념 11장 & 기출회독 키워드 188

긴급복지지원제도는 위기상황에 처한 사람에게 일시적으로 신속하게 지원하는 것을 원칙으로 한다. 즉, 장기지원 원칙이 아닌 단기지원 원칙을 따른다.

24

답·해설 **답 ①** ⇨ 기본개념 11장 & 기출회독 키워드 188

주거급여에 관한 사항은 주거급여법에서, 의료급여에 필요한 사항은 의료급여법에서 따로 정한다.

25

답·해설 **답 ⑤** ⇨ 기본개념 11장 & 기출회독 키워드 187

오답노트

① 10분위 분배율은 비율이 높을수록 소득 격차가 작은 것이며, 비율이 낮을수록 소득 격차가 큰 것이다. 따라서 그 비율이 높을수록 소득분배가 평등하다.
② 반물량 방식은 식료품비의 비중에 의해 빈곤선을 측정하는 방식이다.
③ 10분위 분배율은 소득이 낮은 하위 40% 가구의 소득 합을 소득이 가장 높은 상위 20% 가구의 소득 합으로 나눈 것이다.

④ 지니계수는 0과 1 사이의 값을 가지며 그 값이 1에 가까울수록 불평등도가 높다.

사회복지행정론

26	③	27	⑤	28	②	29	①	30	③
31	②	32	⑤	33	②	34	①	35	③
36	④	37	⑤	38	⑤	39	④	40	①
41	③	42	①	43	④	44	②	45	①
46	③	47	⑤	48	④	49	③	50	②

26
답·해설 답 ③ ⇨ 기본개념 1장 & 기출회독 키워드 189

③ 서비스를 표준화하는 것보다 클라이언트의 상황에 맞추어 개별화해야 한다.

27
답·해설 답 ⑤ ⇨ 기본개념 2장 & 기출회독 키워드 191

⑤ 지역사회복지계획은 1990년대 시작된 지방분권화의 흐름에 따라 사회복지 부문에서도 지역 중심의 사회복지를 실시하기 위해 도입되었다. 2003년 사회복지사업법 개정에 따라 2005년 지역사회복지협의체가 출범하였고 2007년부터 1기 계획이 시작되었다. 이후 2014년 제정, 2015년 시행된 사회보장급여의 이용·제공 및 수급권자 발굴에 관한 법률로 이관되면서 지역사회보장계획으로 개편하였다.

28
답·해설 답 ② ⇨ 기본개념 2장 & 기출회독 키워드 192

② 신보수주의는 국가 역할의 축소 및 공공 서비스의 민영화로 나타났으며, 사회복지 부문에서도 선별적 복지를 강조한다.

29
답·해설 답 ① ⇨ 기본개념 3장 & 기출회독 키워드 193

① 가시성(유형성)은 서비스가 제공되는 시설이나 이용되는 장비 등의 위생, 서비스 제공자의 용모단정 등을 의미한다.

30
답·해설 답 ③ ⇨ 기본개념 3장 & 기출회독 키워드 195

③ 관료제이론은 공적인 지위에 기반을 둔 위계적인 권위구조, 즉 계층제를 따른다.

31
답·해설 답 ② ⇨ 기본개념 3장 & 기출회독 키워드 193
오답노트

ㄱ. 상황이론: 상황에 따라 적합한 조직구조는 달라지며, 조직환경과 조직구조의 적합성이 조직의 성패를 좌우한다고 보았다. 상황을 유형화하지 않았으며, 어떤 상황에 어떤 조직이 적합한지에 대해 제시하지 못했다는 비판을 받았다.

ㄷ. 벤치마킹: 성공사례를 찾아내고, 성공사례인 외부의 조직과 비교, 평가함으로써 조직이 자기혁신을 추구하는 것이다.

32
답·해설 답 ⑤ ⇨ 기본개념 4장 & 기출회독 키워드 198

⑤ 조직의 규모가 축소되었다는 것은 조직의 사업 및 인력 등이 감소되었음을 의미하기 때문에 분화되었던 업무단위들을 통폐합하게 된다. 반대로 조직의 규모가 확대되면 수직적이든 수평적이든 분화가 이루어지게 된다.

33
답·해설 답 ② ⇨ 기본개념 5장 & 기출회독 키워드 201

② 인테이크의 단일화는 접수창구를 하나로 통일하는 것으로, 서비스의 통합성을 증진하기 위한 방법이다.

34
답·해설 답 ① ⇨ 기본개념 5장 & 기출회독 키워드 202
오답노트

ㄴ. 협동대리 모형은 공공이 재원을 조달하고 민간이 급여 제공의 책임을 맡는 방식으로, 민간은 정부의 대리인으로서 기능한다는 점에서 민간의 재량권이 확보되기 어렵다. 협동대리 모형과 유사하게 공공이 재원을 조달하고 민간이 급여를 제공하는 협동동반 모형은 둘의 관계가 쌍방적으로 설정되어 민간이 상당한 재량권을 확보할 수 있다.

ㄹ. 유사한 서비스가 많다는 것은 클라이언트의 선택권이 확보됨을 의미한다는 점에서 유사한 서비스가 다양한 전달체계를 통해 제공되는 것은 바람직하다.

35
답·해설 답 ③ ⇨ 기본개념 6장 & 기출회독 키워드 205

③ 직관적 의사결정은 의사결정자가 감정에 의존하여 가장 옳다고 느끼는 것 혹은 가장 좋다고 생각되는 것을 결정하는 것으로 채용 및 해고 등의 상황에 적용되는 경우가 많다. 일상적 업무에 대해 정해진 절차를 따르거나 관습적으로 이루어지는 결정은 판단적 결정이라고 한다.

36
답·해설 답 ④ ⇨ 기본개념 6장 & 기출회독 키워드 204

④ 내·외부 환경을 분석하는 도구는 SWOT 분석이다.

37
답·해설 답 ⑤ ⇨ 기본개념 6장 & 기출회독 키워드 203

프로그램평가검토 기법(PERT)에서는 각 활동의 소요기간 및 활동 간 연결성을 고려하여 임계경로를 산정한다.

시작에서 종료까지 여러 개의 경로가 나타날 수 있으며, 그 중 가장 긴 소요기간이 예상되는 것을 임계경로로 선정한다. 임계경로에 나타난 기간은 프로그램의 모든 활동이 이루어지기 위해서 반드시 확보되어야 하는 최소한의 기간이 된다.

38

답·해설 답 ② ➡️ 기본개념 7장 & 기출회독 키워드 206

② 리더와 구성원의 관계가 개인적·사회적 가치의 교환으로 이루어진다고 본 것은 거래적 리더십에 해당한다. 거래적 리더십은 이러한 전제를 바탕으로 구성원들에게 적절한 보상을 함으로써 동기부여가 이루어진다고 보았다.

39

답·해설 답 ④ ➡️ 기본개념 7장 & 기출회독 키워드 206

오답노트

① 행동적 특성에 초점을 둔 이론은 행동이론이다.
② 피들러(Fiedler)는 상황적합이론을 제시한 학자이다. 과업지향적 리더는 매우 호의적이거나 매우 비호의적인 상황에서 더 높은 성과를 올리는 경향이 있으며, 관계지향적 리더는 호의성이 중간 정도일 때 가장 높은 성과를 올릴 수 있다는 결론을 도출했다.
③ 하우스(House)의 경로-목표이론에서는 업무가 구조화되어 있고 구성원들의 성취욕구가 높은 상황에서는 참여적 리더십이 적합하다고 보았다. 지지적 리더십은 업무가 구조화되어 있지만 업무의 강도와 난이도가 높아 직원들이 스트레스를 받거나 자신감이 부족한 상황에 적합한 유형이다.
⑤ 서번트 리더십은 인간존중을 바탕으로 구성원들이 잠재력을 발휘할 수 있도록 이끄는 리더십으로 경청하는 자세, 공감대 형성 등을 강조했다.

40

답·해설 답 ① ➡️ 기본개념 8장 & 기출회독 키워드 208

① 현장훈련(OJT): 직무현장에서 업무를 수행하며 선임자의 지도를 통해 이루어지는 훈련이다.

41

답·해설 답 ③ ➡️ 기본개념 8장 & 기출회독 키워드 209

오답노트

ㄱ. 알더퍼는 ERG이론을 통해 존재욕구, 관계욕구, 성장욕구를 제시하였다. 성취동기이론은 맥클리랜드(McClelland)가 제시한 것으로 성취욕구, 권력욕구, 친화욕구 등이 있다.
ㄴ. 브룸의 기대이론은 동기를 일으키는 욕구에 따라 동기를 살펴본 내용이론이 아닌 행동을 일으키는 요인이 무엇인가를 살펴본 과정이론에 해당한다. 따라서 욕구를 유형화하여 제시하지는 않았으며, 인간은 결과에 대한 기대와 실제 결과에 대해 느끼는 매력에 따라 행동한다고 보았다.

42

답·해설 답 ① ➡️ 기본개념 9장 & 기출회독 키워드 211

① 프로그램기획 예산은 어떤 사업의 어떤 목적을 위해 얼마의 비용이 필요한지를 나타낸다. 단기적인 목표달성을 위한 방식은 아니며, 장기적인 관점에서 기관이 어떤 목적을 위해 사업을 추진하는지를 설정하고 그에 따라 단기적인 목표를 연결하여 예산을 수립한다.

43

답·해설 답 ③ ➡️ 기본개념 9장 & 기출회독 키워드 212

회계연도 개시전까지 법인 및 시설의 예산이 성립되지 아니한 때에는 법인의 대표이사 및 시설의 장은 시장·군수·구청장에게 그 사유를 보고하고 예산이 성립될 때까지 준예산으로 집행할 수 있다. 준예산으로 집행할 수 있는 사항은 임·직원 보수, 법인 및 시설운영에 직접 사용되는 필수적인 경비, 법령상 지급의무가 있는 경비 등이다.

오답노트

ㄹ. 보통 보조금의 사용잔액은 그 일부 또는 전부를 반환하도록 정하고 있다.

44

답·해설 답 ② ➡️ 기본개념 9장 & 기출회독 키워드 212

② 법인의 대표이사는 매 회계연도 개시 1개월 전까지 그 법인과 해당 법인이 설치·운영하는 시설의 예산편성지침을 정하여야 한다.

45

답·해설 답 ① ➡️ 기본개념 10장 & 기출회독 키워드 213

① 공평성은 자원 배분의 형평성을 목적으로 한다.

46

답·해설 답 ③ ➡️ 기본개념 10장 & 기출회독 키워드 214

오답노트

ㄷ. 참여자의 직장 스트레스 점수 감소는 프로그램에 따른 효과로 성과에 해당한다. 성과는 프로그램 종결 후 클라이언트에게서 나타나는 변화(주로 질적 변화)를 의미한다. 산출은 프로그램을 통해 제시된 실적(주로 양적 변화)를 의미한다. 제시된 프로그램은 직장인을 대상으로 긴장완화와 불안완화를 위한 이완훈련이므로 프로그램 진행 회수나 출석률 등이 산출에 해당한다.

47

답·해설 답 ⑤ ➡️ 기본개념 11장 & 기출회독 키워드 216

⑤ 평가결과는 시설의 감독·지원 등에 반영될 수 있으며, 시설 거주자의 경우 다른 시설로 보내는 등의 조치가 이루어질 수 있다. 평가는 시설 및 서비스의 질을 일정 수준 이상으로 확보하기 위한 것이기 때문에 적정 수준이 되지 않는 시설은 개선할 수 있도록 한다.

48

답·해설 답 ④ ➡️ 기본개념 12장 & 기출회독 키워드 219

④ 상품(Product), 가격(Price), 유통(Place), 촉진(Pro-motion)에 관한 전략을 세운다.

49
답·해설 **답 ③** ⇨ 기본개념 **13장** & 기출회독 키워드 **221**

③ 조직의 융통성을 위해서는 수직적 분화보다 수평적 분화가 적절하다.

50
답·해설 **답 ②** ⇨ 기본개념 **13장** & 기출회독 키워드 **221**

② 하센펠트(Hasenfeld)는 협동 전략, 경쟁 전략, 권위주의 전략, 방해 전략 등을 제시하였으며, 협동 전략에는 계약, 연합, 흡수 등이 있다.

사회복지법제론

51	④	52	①	53	③	54	④	55	③
56	⑤	57	②	58	②	59	①	60	①
61	④	62	③	63	①	64	⑤	65	③
66	⑤	67	②	68	③	69	④	70	①
71	③	72	⑤	73	①	74	②	75	③

51
답·해설 **답 ④** ⇨ 기본개념 **1장** & 기출회독 키워드 **224**

신법 우선의 원칙은 형식적 효력이 동등한 법형식 사이에 법령내용이 상호 모순·저촉하는 경우에는 시간적으로 나중에 제정된 것이 먼저 제정된 것보다 우선하는 효력을 가진다는 것이다.

52
답·해설 **답 ①** ⇨ 기본개념 **1장** & 기출회독 키워드 **226**

헌법 제34조
• 모든 국민은 인간다운 생활을 할 권리를 가진다.
• 국가는 (ㄱ) 사회보장·(ㄴ) 사회복지의 증진에 노력할 의무를 진다.
• 국가는 (ㄷ) 여자의 복지와 권익의 향상을 위하여 노력하여야 한다.
• 국가는 노인과 (ㄹ) 청소년의 복지향상을 위한 정책을 실시할 의무를 진다.
• 신체장애자 및 질병·노령 기타의 사유로 생활능력이 없는 국민은 법률이 정하는 바에 의하여 국가의 보호를 받는다.
• 국가는 재해를 예방하고 그 위험으로부터 국민을 보호하기 위하여 노력하여야 한다.

53
답·해설 **답 ③** ⇨ 기본개념 **2장** & 기출회독 키워드 **227**

ㄱ. 아동수당법: 2018년 제정
ㄴ. 고용보험법: 1993년 제정
ㄷ. 산업재해보상보험법: 1963년 제정
ㄹ. 사회보장기본법: 1995년 제정

54
답·해설 **답 ④** ⇨ 기본개념 **3장** & 기출회독 키워드 **–**

헌법 제27조 "모든 국민은 헌법과 법률이 정한 법관에 의하여 법률에 의한 재판을 받을 권리를 가진다."는 규정은 사회적 기본권으로 보기는 어렵다. 사회적 기본권은 국민이 국가기관에 대하여 인간다운 생활과 최저한의 생활보장을 적극적으로 요구할 수 있는 권리를 의미한다. 우리나라 헌법에서는 사회적 기본권에 대하여 인간다운 생활을 할 권리, 교육을 받을 권리, 근로에 대한 권리, 근로 3권, 환경권 등을 규정하고 있다.

55

답·해설 **답 ③** ⇨ 기본개념 5장 & 기출회독 키워드 228

국가는 사회보장제도의 안정적인 운영을 위하여 중장기 사회보장 재정추계를 격년으로 실시하고 이를 공표하여야 한다.

56

답·해설 **답 ⑤** ⇨ 기본개념 5장 & 기출회독 키워드 228

사회보장 기본계획에 포함되어야 하는 사항
· 국내외 사회보장환경의 변화와 전망
· 사회보장의 기본목표 및 중장기 추진방향
· 주요 추진과제 및 추진방법
· 필요한 재원의 규모와 조달방안
· 사회보장 관련 기금 운용방안
· 사회보장 전달체계
· 그 밖에 사회보장정책의 추진에 필요한 사항

57

답·해설 **답 ②** ⇨ 기본개념 6장 & 기출회독 키워드 229
오답노트

① 보장기관의 장은 지원대상자에 대한 발굴조사를 분기마다 정기적으로 실시하여야 한다.
③ 보장기관의 장은 사회보장정보시스템을 통한 사회보장정보를 이 법에서 정한 목적 외의 용도로 이용하여서는 아니 된다.
④ 보장기관의 장 및 한국사회보장정보원의 장은 사회보장정보를 5년이 지나면 파기하여야 한다.
⑤ 보장기관의 장은 수급자에 대한 사회보장급여의 전부 또는 일부가 필요 없게 된 때에는 사회보장급여의 전부 또는 일부를 중지하거나 그 종류·지급방법 등을 변경하여야 한다.

58

답·해설 **답 ②** ⇨ 기본개념 7장 & 기출회독 키워드 230
오답노트

① 시설의 운영자는 화재로 인한 손해배상책임을 이행하기 위하여 손해보험회사의 책임보험에 가입하거나 한국사회복지공제회의 책임공제에 가입하여야 한다.
③ 「노인복지법」에 따른 노인의료복지시설 중 노인요양시설은 수용인원 300명을 초과할 수 있다.
④ 시설의 장은 시설의 운영에 관한 사항을 심의하기 위하여 시설에 운영위원회를 두어야 한다.
⑤ 시설의 운영자는 그 운영을 일정 기간 중단하거나 다시 시작하거나 시설을 폐지하려는 경우에는 보건복지부령으로 정하는 바에 따라 시장·군수·구청장에게 신고하여야 한다.

59

답·해설 **답 ①** ⇨ 기본개념 7장 & 기출회독 키워드 230
오답노트

② 보건복지부장관은 사회복지사 자격이 취소된 사람에게는 그 취소된 날부터 2년 이내에 자격증을 재교부하지 못한다.
③ 보건복지부장관은 사회복지사가 자격증을 대여·양도 또는 위조·변조한 경우에는 그 자격을 취소하여야 한다.
④ 사회복지법인 또는 사회복지시설에 종사하는 사회복지사는 연간 8시간 이상의 보수교육을 받아야 한다.
⑤ 정신건강사회복지사·의료사회복지사·학교사회복지사의 자격은 1급 사회복지사의 자격이 있는 사람 중에서 보건복지부령으로 정하는 수련기관에서 수련을 받은 사람에게 부여한다.

60

답·해설 **답 ①** ⇨ 기본개념 7장 & 기출회독 키워드 230

사회복지사 의무채용 제외시설
· 「노인복지법」에 따른 노인여가복지시설(노인복지관은 제외)
· 「장애인복지법」에 따른 장애인 지역사회재활시설 중 수화통역센터, 점자도서관, 점자도서 및 녹음서 출판시설
· 「영유아보육법」에 따른 어린이집
· 「성매매방지 및 피해자보호 등에 관한 법률」에 따른 성매매피해자등을 위한 지원시설 및 성매매피해상담소
· 「정신건강증진 및 정신질환자 복지서비스 지원에 관한 법률」에 따른 정신요양시설 및 정신재활시설
· 「성폭력방지 및 피해자보호 등에 관한 법률」에 따른 성폭력피해상담소

61

답·해설 **답 ④** ⇨ 기본개념 8장 & 기출회독 키워드 231

'부양의무자가 있어도 부양을 받을 수 없는 경우'가 아니라 '부양의무자가 있어도 부양능력이 없는 경우'에 해당한다.

부양의무자가 있어도 부양을 받을 수 없는 경우
· 부양의무자가 「병역법」에 따라 징집되거나 소집된 경우
· 부양의무자가 「해외이주법」에 의한 해외이주자에 해당하는 경우
· 부양의무자가 「형의 집행 및 수용자의 처우에 관한 법률」 및 「치료감호법」 등에 따른 교도소, 구치소, 치료감호시설 등에 수용 중인 경우
· 부양의무자에 대하여 실종선고 절차가 진행 중인 경우
· 부양의무자가 보장시설에서 급여를 받고 있는 경우
· 부양의무자의 가출 또는 행방불명으로 경찰서 등 행정관청에 신고된 후 1개월이 지났거나 가출 또는 행방불명 사실을 특별자치시장·특별자치도지사·시장·군수·구청장이 확인한 경우
· 부양의무자가 부양을 기피하거나 거부하는 경우
· 그 밖에 부양을 받을 수 없는 것으로 보건복지부장관이

정하는 경우

부양의무자가 있어도 부양능력이 없는 경우

· 기준 중위소득 수준을 고려하여 대통령령으로 정하는 소득·재산 기준 미만인 경우
· 직계존속 또는 「장애인연금법」에 따른 중증장애인인 직계비속을 자신의 주거에서 부양하는 경우로서 보건복지부장관이 정하여 고시하는 경우
· 그 밖에 질병, 교육, 가구 특성 등으로 부양능력이 없다고 보건복지부장관이 정하는 경우

62

답·해설 **답 ③**　⇨ 기본개념 8장 & 기출회독 키워드 232

오답노트

ㄴ, ㅁ. 기초연금 수급권의 상실 사유에 해당한다.

기초연금 지급의 정지

특별자치시장·특별자치도지사·시장·군수·구청장은 기초연금 수급자가 다음의 어느 하나의 경우에 해당하면 그 사유가 발생한 날이 속하는 달의 다음 달부터 그 사유가 소멸한 날이 속하는 달까지는 기초연금의 지급을 정지한다.

· 기초연금 수급자가 금고 이상의 형을 선고받고 교정시설 또는 치료감호시설에 수용되어 있는 경우
· 기초연금 수급자가 행방불명되거나 실종되는 등 대통령령으로 정하는 바에 따라 사망한 것으로 추정되는 경우
· 기초연금 수급자의 국외 체류기간이 60일 이상 지속되는 경우(이 경우 국외 체류 60일이 되는 날을 지급 정지의 사유가 발생한 날로 봄)
· 그 밖에 위의 세 가지 경우에 준하는 경우로서 대통령령으로 정하는 경우(기초연금 수급자가 거주불명자로 등록된 경우)

기초연금 수급권의 상실

기초연금 수급권자는 다음의 어느 하나에 해당하게 된 때에 기초연금 수급권을 상실한다.

· 사망한 때
· 국적을 상실하거나 국외로 이주한 때
· 기초연금 수급권자에 해당하지 아니하게 된 때

63

답·해설 **답 ①**　⇨ 기본개념 8장 & 기출회독 키워드 -

수급권자는 18세 이상의 중증장애인으로서 소득인정액이 그 중증장애인의 소득·재산·생활수준과 물가상승률 등을 고려하여 선정기준액 이하인 사람으로 한다.

64

답·해설 **답 ⑤**　⇨ 기본개념 8장 & 기출회독 키워드 233

오답노트

① 「재해구호법」에 따른 이재민으로서 보건복지부장관이 의료급여가 필요하다고 인정한 사람은 1종 수급권자이다.
② 주거가 일정하지 아니한 수급권자에 대한 의료급여

업무는 그가 실제 거주하는 지역을 관할하는 시장·군수·구청장이 한다.
③ 「지역보건법」에 따라 설치된 보건소는 제1차 의료급여기관이다.
④ 의료급여기관은 의료급여가 끝난 날부터 5년간 보건복지부령으로 정하는 바에 따라 급여비용의 청구에 관한 서류를 보존하여야 한다.

65

답·해설 **답 ③**　⇨ 기본개념 9장 & 기출회독 키워드 235

분할연금은 분할연금을 받을 수 있는 요건을 모두 갖추게 된 때부터 5년 이내에 청구하여야 한다.

66

답·해설 **답 ⑤**　⇨ 기본개념 9장 & 기출회독 키워드 236

국민건강보험종합계획에 포함되어야 할 사항

· 건강보험정책의 기본목표 및 추진방향
· 건강보험 보장성 강화의 추진계획 및 추진방법
· 건강보험의 중장기 재정 전망 및 운영
· 보험료 부과체계에 관한 사항
· 요양급여비용에 관한 사항
· 건강증진 사업에 관한 사항
· 취약계층 지원에 관한 사항
· 건강보험에 관한 통계 및 정보의 관리에 관한 사항
· 그 밖에 건강보험의 개선을 위하여 필요한 사항으로 대통령령으로 정하는 사항

67

답·해설 **답 ②**　⇨ 기본개념 9장 & 기출회독 키워드 237

자영업자인 피보험자는 실업급여의 종류(구직급여, 취업촉진 수당)에서 연장급여와 조기재취업 수당은 제외한다.

68

답·해설 **답 ②**　⇨ 기본개념 9장 & 기출회독 키워드 238

업무상 질병의 인정 여부를 심의하기 위하여 근로복지공단 소속 기관에 업무상질병판정위원회를 둔다.

69

답·해설 **답 ④**　⇨ 기본개념 9장 & 기출회독 키워드 239

오답노트

① 등급판정위원회는 신청인이 신청서를 제출한 날부터 30일 이내에 장기요양등급판정을 완료하여야 한다.
② 장기요양인정의 갱신 신청은 유효기간이 만료되기 전 30일까지 이를 완료하여야 한다.
③ 수급자를 하루 중 일정한 시간 동안 장기요양기관에 보호하여 신체활동 지원 및 심신기능의 유지·향상을 위한 교육·훈련 등을 제공하는 장기요양급여는 주·야간보호이다. 단기보호는 수급자를 보건복지부령으로 정하는 범위 안에서 일정 기간 동안 장기요양기관에 보호하여 신체활동 지원 및 심신기능의 유지·향상을 위한 교육·훈련 등을 제공하는 장기요양급여이다.

⑤ "노인등"이란 65세 이상의 노인 또는 65세 미만의 자로서 치매·뇌혈관성질환 등 대통령령으로 정하는 노인성 질병을 가진 자를 말한다.

70
답·해설 **답 ①** ⇨ 기본개념 **10장** & 기출회독 키워드 **240**

사법경찰관리는 노인 사망 및 상해사건, 가정폭력 사건 등에 관한 직무를 행하는 경우 노인학대가 있었다고 의심할만한 사유가 있는 때에는 노인보호전문기관에 그 사실을 통보하여야 한다.

71
답·해설 **답 ③** ⇨ 기본개념 **10장** & 기출회독 키워드 **241**
오답노트

① 아동위원은 명예직으로 하되, 아동위원에 대하여는 수당을 지급할 수 있다.
② 아동의 건강한 성장을 도모하고, 범국민적으로 아동학대의 예방과 방지에 관한 관심을 높이기 위하여 매년 11월 19일을 아동학대예방의 날로 지정한다.
④ 지방자치단체는 학대받은 아동의 치료, 아동학대의 재발 방지 등 사례관리 및 아동학대예방을 담당하는 아동보호전문기관을 시·도 및 시·군·구에 1개소 이상 두어야 한다.
⑤ 국가 또는 지방자치단체 외의 자는 관할 시장·군수·구청장에게 신고하고 아동복지시설을 설치할 수 있다.

72
답·해설 **답 ⑤** ⇨ 기본개념 **10장** & 기출회독 키워드 **242**

모두 장애인복지법에서 명시하고 있는 사항이다.

73
답·해설 **답 ①** ⇨ 기본개념 **10장** & 기출회독 키워드 **243**
오답노트

② 한부모가족에 대한 국민의 이해와 관심을 제고하기 위하여 매년 5월 10일을 한부모가족의 날로 한다.
③ 여성가족부장관은 한부모가족 지원을 위한 정책수립에 활용하기 위하여 3년마다 한부모가족에 대한 실태조사를 실시하고 그 결과를 공표하여야 한다.
④ 특별자치시장·특별자치도지사·시장·군수·구청장은 매년 1회 이상 관할구역 지원대상자의 가족상황, 생활실태 등을 조사하여야 한다.
⑤ 지원대상자 또는 그 친족이나 그 밖의 이해관계인은 복지 급여를 관할 특별자치시장·특별자치도지사·시장·군수·구청장에게 신청할 수 있다.

74
답·해설 **답 ②** ⇨ 기본개념 **10장** & 기출회독 키워드 **249**

국가 또는 지방자치단체는 보호시설에 입소한 피해자등의 보호를 위하여 필요한 경우 보호비용을 보호시설의 장 또는 피해자에게 지원할 수 있다. 다만, 보호시설에 입소한 피해자등이 「국민기초생활보장법」 등 다른 법령에 따라 보호를 받고 있는 경우에는 그 범위에서 이 법에 따른 지원을 하지 아니한다.

75
답·해설 **답 ③** ⇨ 기본개념 **11장** & 기출회독 키워드 **250**

국가가 인간다운 생활을 보장하기 위한 헌법적인 의무를 다하였는지 여부가 사법적 심사의 대상이 된 경우에는, 국가가 생계보호에 관한 입법을 전혀 하지 아니하였다든가 그 내용이 현저히 불합리하여 헌법상 용인될 수 있는 재량의 범위를 명백히 일탈한 경우에 한하여 헌법에 위반된다고 할 수 있다.
국민의 인간다운 생활을 할 권리를 보장하기 위하여 국가가 시행하는 사회보장의 방법에는, 국민 스스로의 기여를 기초로 생활의 여러 가지 위험에 대비하도록 하는 사회보험과 국가가 순수한 사회정책적 목적에서 지급하는 사회부조의 방법 등이 있다.
그렇다면, 국가가 국민의 인간다운 생활을 보장하기 위한 헌법적 의무를 다하였는지 여부는 국민연금제도와 같은 사회보험에 의한 소득보장제도만으로 판단하여서는 아니 되고, 사회부조의 방식에 의하여 행하여지는 각종 급여나 각종 부담의 감면 등을 총괄한 수준을 가지고 판단하여야 할 것이다.
국민기초생활보장법, 노인복지법 등 법령에 의하여 저소득 노인에 대한 각종 급여 및 부담의 면제, 시설제공 등으로 인한 노인들의 생활여건을 비추어 볼 때 국가가 실현해야 할 객관적 내용의 최소한도의 보장에도 이르지 못하였다고 보기는 어렵다(2000헌마390).

사회복지사1급 2025년 23회 대비 FINAL 모의고사 답안카드

성 명			
교시(차수) 기재란	( )교시 ① ② ③		
문제지 형별 기재란	A형 ●		

수험번호

감독위원 확인 (인)

차르는 선

사회복지사1급 2025년 23회 대비 FINAL 모의고사 답안카드

성 명

교시(차수) 기재란	
(　　)교시	① ② ③

문제지 형별 기재란	
A형	●

수 험 번 호							
⓪	⓪	⓪	⓪	⓪	⓪	⓪	⓪
①	①	①	①	①	①	①	①
②	②	②	②	②	②	②	②
③	③	③	③	③	③	③	③
④	④	④	④	④	④	④	④
⑤	⑤	⑤	⑤	⑤	⑤	⑤	⑤
⑥	⑥	⑥	⑥	⑥	⑥	⑥	⑥
⑦	⑦	⑦	⑦	⑦	⑦	⑦	⑦
⑧	⑧	⑧	⑧	⑧	⑧	⑧	⑧
⑨	⑨	⑨	⑨	⑨	⑨	⑨	⑨

감독위원 확인
㉑

1	① ② ③ ④ ⑤	21	① ② ③ ④ ⑤	41	① ② ③ ④ ⑤	61	① ② ③ ④ ⑤	81	① ② ③ ④ ⑤	101	① ② ③ ④ ⑤	121	① ② ③ ④ ⑤
2	① ② ③ ④ ⑤	22	① ② ③ ④ ⑤	42	① ② ③ ④ ⑤	62	① ② ③ ④ ⑤	82	① ② ③ ④ ⑤	102	① ② ③ ④ ⑤	122	① ② ③ ④ ⑤
3	① ② ③ ④ ⑤	23	① ② ③ ④ ⑤	43	① ② ③ ④ ⑤	63	① ② ③ ④ ⑤	83	① ② ③ ④ ⑤	103	① ② ③ ④ ⑤	123	① ② ③ ④ ⑤
4	① ② ③ ④ ⑤	24	① ② ③ ④ ⑤	44	① ② ③ ④ ⑤	64	① ② ③ ④ ⑤	84	① ② ③ ④ ⑤	104	① ② ③ ④ ⑤	124	① ② ③ ④ ⑤
5	① ② ③ ④ ⑤	25	① ② ③ ④ ⑤	45	① ② ③ ④ ⑤	65	① ② ③ ④ ⑤	85	① ② ③ ④ ⑤	105	① ② ③ ④ ⑤	125	① ② ③ ④ ⑤
6	① ② ③ ④ ⑤	26	① ② ③ ④ ⑤	46	① ② ③ ④ ⑤	66	① ② ③ ④ ⑤	86	① ② ③ ④ ⑤	106	① ② ③ ④ ⑤		
7	① ② ③ ④ ⑤	27	① ② ③ ④ ⑤	47	① ② ③ ④ ⑤	67	① ② ③ ④ ⑤	87	① ② ③ ④ ⑤	107	① ② ③ ④ ⑤		
8	① ② ③ ④ ⑤	28	① ② ③ ④ ⑤	48	① ② ③ ④ ⑤	68	① ② ③ ④ ⑤	88	① ② ③ ④ ⑤	108	① ② ③ ④ ⑤		
9	① ② ③ ④ ⑤	29	① ② ③ ④ ⑤	49	① ② ③ ④ ⑤	69	① ② ③ ④ ⑤	89	① ② ③ ④ ⑤	109	① ② ③ ④ ⑤		
10	① ② ③ ④ ⑤	30	① ② ③ ④ ⑤	50	① ② ③ ④ ⑤	70	① ② ③ ④ ⑤	90	① ② ③ ④ ⑤	110	① ② ③ ④ ⑤		
11	① ② ③ ④ ⑤	31	① ② ③ ④ ⑤	51	① ② ③ ④ ⑤	71	① ② ③ ④ ⑤	91	① ② ③ ④ ⑤	111	① ② ③ ④ ⑤		
12	① ② ③ ④ ⑤	32	① ② ③ ④ ⑤	52	① ② ③ ④ ⑤	72	① ② ③ ④ ⑤	92	① ② ③ ④ ⑤	112	① ② ③ ④ ⑤		
13	① ② ③ ④ ⑤	33	① ② ③ ④ ⑤	53	① ② ③ ④ ⑤	73	① ② ③ ④ ⑤	93	① ② ③ ④ ⑤	113	① ② ③ ④ ⑤		
14	① ② ③ ④ ⑤	34	① ② ③ ④ ⑤	54	① ② ③ ④ ⑤	74	① ② ③ ④ ⑤	94	① ② ③ ④ ⑤	114	① ② ③ ④ ⑤		
15	① ② ③ ④ ⑤	35	① ② ③ ④ ⑤	55	① ② ③ ④ ⑤	75	① ② ③ ④ ⑤	95	① ② ③ ④ ⑤	115	① ② ③ ④ ⑤		
16	① ② ③ ④ ⑤	36	① ② ③ ④ ⑤	56	① ② ③ ④ ⑤	76	① ② ③ ④ ⑤	96	① ② ③ ④ ⑤	116	① ② ③ ④ ⑤		
17	① ② ③ ④ ⑤	37	① ② ③ ④ ⑤	57	① ② ③ ④ ⑤	77	① ② ③ ④ ⑤	97	① ② ③ ④ ⑤	117	① ② ③ ④ ⑤		
18	① ② ③ ④ ⑤	38	① ② ③ ④ ⑤	58	① ② ③ ④ ⑤	78	① ② ③ ④ ⑤	98	① ② ③ ④ ⑤	118	① ② ③ ④ ⑤		
19	① ② ③ ④ ⑤	39	① ② ③ ④ ⑤	59	① ② ③ ④ ⑤	79	① ② ③ ④ ⑤	99	① ② ③ ④ ⑤	119	① ② ③ ④ ⑤		
20	① ② ③ ④ ⑤	40	① ② ③ ④ ⑤	60	① ② ③ ④ ⑤	80	① ② ③ ④ ⑤	100	① ② ③ ④ ⑤	120	① ② ③ ④ ⑤		

사회복지사1급 2025년 23회 대비 FINAL 모의고사 답안카드

문번	답란	문번	답란	문번	답란	문번	답란	문번	답란	문번	답란
1	① ② ③ ④ ⑤	21	① ② ③ ④ ⑤	41	① ② ③ ④ ⑤	61	① ② ③ ④ ⑤	81	① ② ③ ④ ⑤	101	① ② ③ ④ ⑤
2	① ② ③ ④ ⑤	22	① ② ③ ④ ⑤	42	① ② ③ ④ ⑤	62	① ② ③ ④ ⑤	82	① ② ③ ④ ⑤	102	① ② ③ ④ ⑤
3	① ② ③ ④ ⑤	23	① ② ③ ④ ⑤	43	① ② ③ ④ ⑤	63	① ② ③ ④ ⑤	83	① ② ③ ④ ⑤	103	① ② ③ ④ ⑤
4	① ② ③ ④ ⑤	24	① ② ③ ④ ⑤	44	① ② ③ ④ ⑤	64	① ② ③ ④ ⑤	84	① ② ③ ④ ⑤	104	① ② ③ ④ ⑤
5	① ② ③ ④ ⑤	25	① ② ③ ④ ⑤	45	① ② ③ ④ ⑤	65	① ② ③ ④ ⑤	85	① ② ③ ④ ⑤	105	① ② ③ ④ ⑤
6	① ② ③ ④ ⑤	26	① ② ③ ④ ⑤	46	① ② ③ ④ ⑤	66	① ② ③ ④ ⑤	86	① ② ③ ④ ⑤	106	① ② ③ ④ ⑤
7	① ② ③ ④ ⑤	27	① ② ③ ④ ⑤	47	① ② ③ ④ ⑤	67	① ② ③ ④ ⑤	87	① ② ③ ④ ⑤	107	① ② ③ ④ ⑤
8	① ② ③ ④ ⑤	28	① ② ③ ④ ⑤	48	① ② ③ ④ ⑤	68	① ② ③ ④ ⑤	88	① ② ③ ④ ⑤	108	① ② ③ ④ ⑤
9	① ② ③ ④ ⑤	29	① ② ③ ④ ⑤	49	① ② ③ ④ ⑤	69	① ② ③ ④ ⑤	89	① ② ③ ④ ⑤	109	① ② ③ ④ ⑤
10	① ② ③ ④ ⑤	30	① ② ③ ④ ⑤	50	① ② ③ ④ ⑤	70	① ② ③ ④ ⑤	90	① ② ③ ④ ⑤	110	① ② ③ ④ ⑤
11	① ② ③ ④ ⑤	31	① ② ③ ④ ⑤	51	① ② ③ ④ ⑤	71	① ② ③ ④ ⑤	91	① ② ③ ④ ⑤	111	① ② ③ ④ ⑤
12	① ② ③ ④ ⑤	32	① ② ③ ④ ⑤	52	① ② ③ ④ ⑤	72	① ② ③ ④ ⑤	92	① ② ③ ④ ⑤	112	① ② ③ ④ ⑤
13	① ② ③ ④ ⑤	33	① ② ③ ④ ⑤	53	① ② ③ ④ ⑤	73	① ② ③ ④ ⑤	93	① ② ③ ④ ⑤	113	① ② ③ ④ ⑤
14	① ② ③ ④ ⑤	34	① ② ③ ④ ⑤	54	① ② ③ ④ ⑤	74	① ② ③ ④ ⑤	94	① ② ③ ④ ⑤	114	① ② ③ ④ ⑤
15	① ② ③ ④ ⑤	35	① ② ③ ④ ⑤	55	① ② ③ ④ ⑤	75	① ② ③ ④ ⑤	95	① ② ③ ④ ⑤	115	① ② ③ ④ ⑤
16	① ② ③ ④ ⑤	36	① ② ③ ④ ⑤	56	① ② ③ ④ ⑤	76	① ② ③ ④ ⑤	96	① ② ③ ④ ⑤	116	① ② ③ ④ ⑤
17	① ② ③ ④ ⑤	37	① ② ③ ④ ⑤	57	① ② ③ ④ ⑤	77	① ② ③ ④ ⑤	97	① ② ③ ④ ⑤	117	① ② ③ ④ ⑤
18	① ② ③ ④ ⑤	38	① ② ③ ④ ⑤	58	① ② ③ ④ ⑤	78	① ② ③ ④ ⑤	98	① ② ③ ④ ⑤	118	① ② ③ ④ ⑤
19	① ② ③ ④ ⑤	39	① ② ③ ④ ⑤	59	① ② ③ ④ ⑤	79	① ② ③ ④ ⑤	99	① ② ③ ④ ⑤	119	① ② ③ ④ ⑤
20	① ② ③ ④ ⑤	40	① ② ③ ④ ⑤	60	① ② ③ ④ ⑤	80	① ② ③ ④ ⑤	100	① ② ③ ④ ⑤	120	① ② ③ ④ ⑤
121	① ② ③ ④ ⑤										
122	① ② ③ ④ ⑤										
123	① ② ③ ④ ⑤										
124	① ② ③ ④ ⑤										
125	① ② ③ ④ ⑤										

성명

교시(차수) 기재란
( )교시 ① ② ③

문제지 형별 기재란
A형 ●

수험번호
⓪ ① ② ③ ④ ⑤ ⑥ ⑦ ⑧ ⑨
⓪ ① ② ③ ④ ⑤ ⑥ ⑦ ⑧ ⑨
⓪ ① ② ③ ④ ⑤ ⑥ ⑦ ⑧ ⑨
⓪ ① ② ③ ④ ⑤ ⑥ ⑦ ⑧ ⑨
⓪ ① ② ③ ④ ⑤ ⑥ ⑦ ⑧ ⑨
⓪ ① ② ③ ④ ⑤ ⑥ ⑦ ⑧ ⑨
⓪ ① ② ③ ④ ⑤ ⑥ ⑦ ⑧ ⑨

감독위원 확인
(인)

✂ 자르는 선

사회복지사1급 2025년 23회 대비 FINAL 모의고사 답안카드

1	① ② ③ ④ ⑤	21	① ② ③ ④ ⑤	41	① ② ③ ④ ⑤	61	① ② ③ ④ ⑤	81	① ② ③ ④ ⑤	101	① ② ③ ④ ⑤	121	① ② ③ ④ ⑤
2	① ② ③ ④ ⑤	22	① ② ③ ④ ⑤	42	① ② ③ ④ ⑤	62	① ② ③ ④ ⑤	82	① ② ③ ④ ⑤	102	① ② ③ ④ ⑤	122	① ② ③ ④ ⑤
3	① ② ③ ④ ⑤	23	① ② ③ ④ ⑤	43	① ② ③ ④ ⑤	63	① ② ③ ④ ⑤	83	① ② ③ ④ ⑤	103	① ② ③ ④ ⑤	123	① ② ③ ④ ⑤
4	① ② ③ ④ ⑤	24	① ② ③ ④ ⑤	44	① ② ③ ④ ⑤	64	① ② ③ ④ ⑤	84	① ② ③ ④ ⑤	104	① ② ③ ④ ⑤	124	① ② ③ ④ ⑤
5	① ② ③ ④ ⑤	25	① ② ③ ④ ⑤	45	① ② ③ ④ ⑤	65	① ② ③ ④ ⑤	85	① ② ③ ④ ⑤	105	① ② ③ ④ ⑤	125	① ② ③ ④ ⑤
6	① ② ③ ④ ⑤	26	① ② ③ ④ ⑤	46	① ② ③ ④ ⑤	66	① ② ③ ④ ⑤	86	① ② ③ ④ ⑤	106	① ② ③ ④ ⑤		
7	① ② ③ ④ ⑤	27	① ② ③ ④ ⑤	47	① ② ③ ④ ⑤	67	① ② ③ ④ ⑤	87	① ② ③ ④ ⑤	107	① ② ③ ④ ⑤		
8	① ② ③ ④ ⑤	28	① ② ③ ④ ⑤	48	① ② ③ ④ ⑤	68	① ② ③ ④ ⑤	88	① ② ③ ④ ⑤	108	① ② ③ ④ ⑤		
9	① ② ③ ④ ⑤	29	① ② ③ ④ ⑤	49	① ② ③ ④ ⑤	69	① ② ③ ④ ⑤	89	① ② ③ ④ ⑤	109	① ② ③ ④ ⑤		
10	① ② ③ ④ ⑤	30	① ② ③ ④ ⑤	50	① ② ③ ④ ⑤	70	① ② ③ ④ ⑤	90	① ② ③ ④ ⑤	110	① ② ③ ④ ⑤		
11	① ② ③ ④ ⑤	31	① ② ③ ④ ⑤	51	① ② ③ ④ ⑤	71	① ② ③ ④ ⑤	91	① ② ③ ④ ⑤	111	① ② ③ ④ ⑤		
12	① ② ③ ④ ⑤	32	① ② ③ ④ ⑤	52	① ② ③ ④ ⑤	72	① ② ③ ④ ⑤	92	① ② ③ ④ ⑤	112	① ② ③ ④ ⑤		
13	① ② ③ ④ ⑤	33	① ② ③ ④ ⑤	53	① ② ③ ④ ⑤	73	① ② ③ ④ ⑤	93	① ② ③ ④ ⑤	113	① ② ③ ④ ⑤		
14	① ② ③ ④ ⑤	34	① ② ③ ④ ⑤	54	① ② ③ ④ ⑤	74	① ② ③ ④ ⑤	94	① ② ③ ④ ⑤	114	① ② ③ ④ ⑤		
15	① ② ③ ④ ⑤	35	① ② ③ ④ ⑤	55	① ② ③ ④ ⑤	75	① ② ③ ④ ⑤	95	① ② ③ ④ ⑤	115	① ② ③ ④ ⑤		
16	① ② ③ ④ ⑤	36	① ② ③ ④ ⑤	56	① ② ③ ④ ⑤	76	① ② ③ ④ ⑤	96	① ② ③ ④ ⑤	116	① ② ③ ④ ⑤		
17	① ② ③ ④ ⑤	37	① ② ③ ④ ⑤	57	① ② ③ ④ ⑤	77	① ② ③ ④ ⑤	97	① ② ③ ④ ⑤	117	① ② ③ ④ ⑤		
18	① ② ③ ④ ⑤	38	① ② ③ ④ ⑤	58	① ② ③ ④ ⑤	78	① ② ③ ④ ⑤	98	① ② ③ ④ ⑤	118	① ② ③ ④ ⑤		
19	① ② ③ ④ ⑤	39	① ② ③ ④ ⑤	59	① ② ③ ④ ⑤	79	① ② ③ ④ ⑤	99	① ② ③ ④ ⑤	119	① ② ③ ④ ⑤		
20	① ② ③ ④ ⑤	40	① ② ③ ④ ⑤	60	① ② ③ ④ ⑤	80	① ② ③ ④ ⑤	100	① ② ③ ④ ⑤	120	① ② ③ ④ ⑤		

성명

교시(차수) 기재란
( )교시 ① ② ③

문제지 형별 기재란
A형 ●

수험번호
① ② ③ ④ ⑤ ⑥ ⑦ ⑧ ⑨
⓪ ① ② ③ ④ ⑤ ⑥ ⑦ ⑧ ⑨
⓪ ① ② ③ ④ ⑤ ⑥ ⑦ ⑧ ⑨
⓪ ① ② ③ ④ ⑤ ⑥ ⑦ ⑧ ⑨
⓪ ① ② ③ ④ ⑤ ⑥ ⑦ ⑧ ⑨
⓪ ① ② ③ ④ ⑤ ⑥ ⑦ ⑧ ⑨
⓪ ① ② ③ ④ ⑤ ⑥ ⑦ ⑧ ⑨

감독위원 확인
(인)

자르는 선

사회복지사1급 2025년 23회 대비 FINAL 모의고사 답안카드

자르는 선

성명

교시(차수) 기재란
( )교시 ① ② ③

문제지 형별 기재란
A형 ●

수험번호

감독위원 확인
(인)

사회복지사1급 2025년 23회 대비 FINAL 모의고사 답안카드

번호	답					번호	답					번호	답					번호	답				
1	①	②	③	④	⑤	21	①	②	③	④	⑤	41	①	②	③	④	⑤	61	①	②	③	④	⑤
2	①	②	③	④	⑤	22	①	②	③	④	⑤	42	①	②	③	④	⑤	62	①	②	③	④	⑤
3	①	②	③	④	⑤	23	①	②	③	④	⑤	43	①	②	③	④	⑤	63	①	②	③	④	⑤
4	①	②	③	④	⑤	24	①	②	③	④	⑤	44	①	②	③	④	⑤	64	①	②	③	④	⑤
5	①	②	③	④	⑤	25	①	②	③	④	⑤	45	①	②	③	④	⑤	65	①	②	③	④	⑤
6	①	②	③	④	⑤	26	①	②	③	④	⑤	46	①	②	③	④	⑤	66	①	②	③	④	⑤
7	①	②	③	④	⑤	27	①	②	③	④	⑤	47	①	②	③	④	⑤	67	①	②	③	④	⑤
8	①	②	③	④	⑤	28	①	②	③	④	⑤	48	①	②	③	④	⑤	68	①	②	③	④	⑤
9	①	②	③	④	⑤	29	①	②	③	④	⑤	49	①	②	③	④	⑤	69	①	②	③	④	⑤
10	①	②	③	④	⑤	30	①	②	③	④	⑤	50	①	②	③	④	⑤	70	①	②	③	④	⑤
11	①	②	③	④	⑤	31	①	②	③	④	⑤	51	①	②	③	④	⑤	71	①	②	③	④	⑤
12	①	②	③	④	⑤	32	①	②	③	④	⑤	52	①	②	③	④	⑤	72	①	②	③	④	⑤
13	①	②	③	④	⑤	33	①	②	③	④	⑤	53	①	②	③	④	⑤	73	①	②	③	④	⑤
14	①	②	③	④	⑤	34	①	②	③	④	⑤	54	①	②	③	④	⑤	74	①	②	③	④	⑤
15	①	②	③	④	⑤	35	①	②	③	④	⑤	55	①	②	③	④	⑤	75	①	②	③	④	⑤
16	①	②	③	④	⑤	36	①	②	③	④	⑤	56	①	②	③	④	⑤	76	①	②	③	④	⑤
17	①	②	③	④	⑤	37	①	②	③	④	⑤	57	①	②	③	④	⑤	77	①	②	③	④	⑤
18	①	②	③	④	⑤	38	①	②	③	④	⑤	58	①	②	③	④	⑤	78	①	②	③	④	⑤
19	①	②	③	④	⑤	39	①	②	③	④	⑤	59	①	②	③	④	⑤	79	①	②	③	④	⑤
20	①	②	③	④	⑤	40	①	②	③	④	⑤	60	①	②	③	④	⑤	80	①	②	③	④	⑤

번호	답					번호	답					번호	답				
81	①	②	③	④	⑤	101	①	②	③	④	⑤	121	①	②	③	④	⑤
82	①	②	③	④	⑤	102	①	②	③	④	⑤	122	①	②	③	④	⑤
83	①	②	③	④	⑤	103	①	②	③	④	⑤	123	①	②	③	④	⑤
84	①	②	③	④	⑤	104	①	②	③	④	⑤	124	①	②	③	④	⑤
85	①	②	③	④	⑤	105	①	②	③	④	⑤	125	①	②	③	④	⑤
86	①	②	③	④	⑤	106	①	②	③	④	⑤						
87	①	②	③	④	⑤	107	①	②	③	④	⑤						
88	①	②	③	④	⑤	108	①	②	③	④	⑤						
89	①	②	③	④	⑤	109	①	②	③	④	⑤						
90	①	②	③	④	⑤	110	①	②	③	④	⑤						
91	①	②	③	④	⑤	111	①	②	③	④	⑤						
92	①	②	③	④	⑤	112	①	②	③	④	⑤						
93	①	②	③	④	⑤	113	①	②	③	④	⑤						
94	①	②	③	④	⑤	114	①	②	③	④	⑤						
95	①	②	③	④	⑤	115	①	②	③	④	⑤						
96	①	②	③	④	⑤	116	①	②	③	④	⑤						
97	①	②	③	④	⑤	117	①	②	③	④	⑤						
98	①	②	③	④	⑤	118	①	②	③	④	⑤						
99	①	②	③	④	⑤	119	①	②	③	④	⑤						
100	①	②	③	④	⑤	120	①	②	③	④	⑤						

성명

교시(차수) 기재란

( )교시 ① ② ③

문제지 형별 기재란

A형 ●

수험번호

⓪	①	②	③	④	⑤	⑥	⑦	⑧	⑨
⓪	①	②	③	④	⑤	⑥	⑦	⑧	⑨
⓪	①	②	③	④	⑤	⑥	⑦	⑧	⑨
⓪	①	②	③	④	⑤	⑥	⑦	⑧	⑨
⓪	①	②	③	④	⑤	⑥	⑦	⑧	⑨
⓪	①	②	③	④	⑤	⑥	⑦	⑧	⑨
⓪	①	②	③	④	⑤	⑥	⑦	⑧	⑨

감독위원 확인

(인)

자르는 선

사회복지사1급 2025년 23회 대비 FINAL 모의고사 답안카드

사회복지사1급 2025년 23회 대비 FINAL 모의고사 답안카드

성명

교시(차수) 기재란

( )교시 ①②③

문제지 형별 기재란

A형 ●

수험번호

감독위원 확인

(인)

문번	①	②	③	④	⑤	문번	①	②	③	④	⑤	문번	①	②	③	④	⑤	문번	①	②	③	④	⑤	문번	①	②	③	④	⑤	문번	①	②	③	④	⑤
1	①	②	③	④	⑤	21	①	②	③	④	⑤	41	①	②	③	④	⑤	61	①	②	③	④	⑤	81	①	②	③	④	⑤	101	①	②	③	④	⑤
2	①	②	③	④	⑤	22	①	②	③	④	⑤	42	①	②	③	④	⑤	62	①	②	③	④	⑤	82	①	②	③	④	⑤	102	①	②	③	④	⑤
3	①	②	③	④	⑤	23	①	②	③	④	⑤	43	①	②	③	④	⑤	63	①	②	③	④	⑤	83	①	②	③	④	⑤	103	①	②	③	④	⑤
4	①	②	③	④	⑤	24	①	②	③	④	⑤	44	①	②	③	④	⑤	64	①	②	③	④	⑤	84	①	②	③	④	⑤	104	①	②	③	④	⑤
5	①	②	③	④	⑤	25	①	②	③	④	⑤	45	①	②	③	④	⑤	65	①	②	③	④	⑤	85	①	②	③	④	⑤	105	①	②	③	④	⑤
6	①	②	③	④	⑤	26	①	②	③	④	⑤	46	①	②	③	④	⑤	66	①	②	③	④	⑤	86	①	②	③	④	⑤	106	①	②	③	④	⑤
7	①	②	③	④	⑤	27	①	②	③	④	⑤	47	①	②	③	④	⑤	67	①	②	③	④	⑤	87	①	②	③	④	⑤	107	①	②	③	④	⑤
8	①	②	③	④	⑤	28	①	②	③	④	⑤	48	①	②	③	④	⑤	68	①	②	③	④	⑤	88	①	②	③	④	⑤	108	①	②	③	④	⑤
9	①	②	③	④	⑤	29	①	②	③	④	⑤	49	①	②	③	④	⑤	69	①	②	③	④	⑤	89	①	②	③	④	⑤	109	①	②	③	④	⑤
10	①	②	③	④	⑤	30	①	②	③	④	⑤	50	①	②	③	④	⑤	70	①	②	③	④	⑤	90	①	②	③	④	⑤	110	①	②	③	④	⑤
11	①	②	③	④	⑤	31	①	②	③	④	⑤	51	①	②	③	④	⑤	71	①	②	③	④	⑤	91	①	②	③	④	⑤	111	①	②	③	④	⑤
12	①	②	③	④	⑤	32	①	②	③	④	⑤	52	①	②	③	④	⑤	72	①	②	③	④	⑤	92	①	②	③	④	⑤	112	①	②	③	④	⑤
13	①	②	③	④	⑤	33	①	②	③	④	⑤	53	①	②	③	④	⑤	73	①	②	③	④	⑤	93	①	②	③	④	⑤	113	①	②	③	④	⑤
14	①	②	③	④	⑤	34	①	②	③	④	⑤	54	①	②	③	④	⑤	74	①	②	③	④	⑤	94	①	②	③	④	⑤	114	①	②	③	④	⑤
15	①	②	③	④	⑤	35	①	②	③	④	⑤	55	①	②	③	④	⑤	75	①	②	③	④	⑤	95	①	②	③	④	⑤	115	①	②	③	④	⑤
16	①	②	③	④	⑤	36	①	②	③	④	⑤	56	①	②	③	④	⑤	76	①	②	③	④	⑤	96	①	②	③	④	⑤	116	①	②	③	④	⑤
17	①	②	③	④	⑤	37	①	②	③	④	⑤	57	①	②	③	④	⑤	77	①	②	③	④	⑤	97	①	②	③	④	⑤	117	①	②	③	④	⑤
18	①	②	③	④	⑤	38	①	②	③	④	⑤	58	①	②	③	④	⑤	78	①	②	③	④	⑤	98	①	②	③	④	⑤	118	①	②	③	④	⑤
19	①	②	③	④	⑤	39	①	②	③	④	⑤	59	①	②	③	④	⑤	79	①	②	③	④	⑤	99	①	②	③	④	⑤	119	①	②	③	④	⑤
20	①	②	③	④	⑤	40	①	②	③	④	⑤	60	①	②	③	④	⑤	80	①	②	③	④	⑤	100	①	②	③	④	⑤	120	①	②	③	④	⑤
																														121	①	②	③	④	⑤
																														122	①	②	③	④	⑤
																														123	①	②	③	④	⑤
																														124	①	②	③	④	⑤
																														125	①	②	③	④	⑤

사회복지사1급 2025년 23회 대비 FINAL 모의고사 답안카드

성 명

교시(차수) 기재란
( )교시
A형 ① ② ③

문제지 형별 기재란
A형 ●

수험번호

① ② ③ ④ ⑤ ⑥ ⑦ ⑧ ⑨ ⓪

감독위원 확인
(인)

번호	1	2	3	4	5
1	①	②	③	④	⑤
2	①	②	③	④	⑤
3	①	②	③	④	⑤
4	①	②	③	④	⑤
5	①	②	③	④	⑤
6	①	②	③	④	⑤
7	①	②	③	④	⑤
8	①	②	③	④	⑤
9	①	②	③	④	⑤
10	①	②	③	④	⑤
11	①	②	③	④	⑤
12	①	②	③	④	⑤
13	①	②	③	④	⑤
14	①	②	③	④	⑤
15	①	②	③	④	⑤
16	①	②	③	④	⑤
17	①	②	③	④	⑤
18	①	②	③	④	⑤
19	①	②	③	④	⑤
20	①	②	③	④	⑤

번호	1	2	3	4	5
21	①	②	③	④	⑤
22	①	②	③	④	⑤
23	①	②	③	④	⑤
24	①	②	③	④	⑤
25	①	②	③	④	⑤
26	①	②	③	④	⑤
27	①	②	③	④	⑤
28	①	②	③	④	⑤
29	①	②	③	④	⑤
30	①	②	③	④	⑤
31	①	②	③	④	⑤
32	①	②	③	④	⑤
33	①	②	③	④	⑤
34	①	②	③	④	⑤
35	①	②	③	④	⑤
36	①	②	③	④	⑤
37	①	②	③	④	⑤
38	①	②	③	④	⑤
39	①	②	③	④	⑤
40	①	②	③	④	⑤

번호	1	2	3	4	5
41	①	②	③	④	⑤
42	①	②	③	④	⑤
43	①	②	③	④	⑤
44	①	②	③	④	⑤
45	①	②	③	④	⑤
46	①	②	③	④	⑤
47	①	②	③	④	⑤
48	①	②	③	④	⑤
49	①	②	③	④	⑤
50	①	②	③	④	⑤
51	①	②	③	④	⑤
52	①	②	③	④	⑤
53	①	②	③	④	⑤
54	①	②	③	④	⑤
55	①	②	③	④	⑤
56	①	②	③	④	⑤
57	①	②	③	④	⑤
58	①	②	③	④	⑤
59	①	②	③	④	⑤
60	①	②	③	④	⑤

번호	1	2	3	4	5
61	①	②	③	④	⑤
62	①	②	③	④	⑤
63	①	②	③	④	⑤
64	①	②	③	④	⑤
65	①	②	③	④	⑤
66	①	②	③	④	⑤
67	①	②	③	④	⑤
68	①	②	③	④	⑤
69	①	②	③	④	⑤
70	①	②	③	④	⑤
71	①	②	③	④	⑤
72	①	②	③	④	⑤
73	①	②	③	④	⑤
74	①	②	③	④	⑤
75	①	②	③	④	⑤
76	①	②	③	④	⑤
77	①	②	③	④	⑤
78	①	②	③	④	⑤
79	①	②	③	④	⑤
80	①	②	③	④	⑤

번호	1	2	3	4	5
81	①	②	③	④	⑤
82	①	②	③	④	⑤
83	①	②	③	④	⑤
84	①	②	③	④	⑤
85	①	②	③	④	⑤
86	①	②	③	④	⑤
87	①	②	③	④	⑤
88	①	②	③	④	⑤
89	①	②	③	④	⑤
90	①	②	③	④	⑤
91	①	②	③	④	⑤
92	①	②	③	④	⑤
93	①	②	③	④	⑤
94	①	②	③	④	⑤
95	①	②	③	④	⑤
96	①	②	③	④	⑤
97	①	②	③	④	⑤
98	①	②	③	④	⑤
99	①	②	③	④	⑤
100	①	②	③	④	⑤

번호	1	2	3	4	5
101	①	②	③	④	⑤
102	①	②	③	④	⑤
103	①	②	③	④	⑤
104	①	②	③	④	⑤
105	①	②	③	④	⑤
106	①	②	③	④	⑤
107	①	②	③	④	⑤
108	①	②	③	④	⑤
109	①	②	③	④	⑤
110	①	②	③	④	⑤
111	①	②	③	④	⑤
112	①	②	③	④	⑤
113	①	②	③	④	⑤
114	①	②	③	④	⑤
115	①	②	③	④	⑤
116	①	②	③	④	⑤
117	①	②	③	④	⑤
118	①	②	③	④	⑤
119	①	②	③	④	⑤
120	①	②	③	④	⑤

번호	1	2	3	4	5
121	①	②	③	④	⑤
122	①	②	③	④	⑤
123	①	②	③	④	⑤
124	①	②	③	④	⑤
125	①	②	③	④	⑤

사회복지사1급 2025년 23회 대비 FINAL 모의고사 답안카드

성 명

교시(차수) 기재란
( )교시

문제지 형별 기재란
A형 ●
① ② ③

수험번호
⓪ ① ② ③ ④ ⑤ ⑥ ⑦ ⑧ ⑨

감독위원 확인
(인)

1	① ② ③ ④ ⑤	21	① ② ③ ④ ⑤	41	① ② ③ ④ ⑤	61	① ② ③ ④ ⑤	81	① ② ③ ④ ⑤	101	① ② ③ ④ ⑤	121	① ② ③ ④ ⑤
2	① ② ③ ④ ⑤	22	① ② ③ ④ ⑤	42	① ② ③ ④ ⑤	62	① ② ③ ④ ⑤	82	① ② ③ ④ ⑤	102	① ② ③ ④ ⑤	122	① ② ③ ④ ⑤
3	① ② ③ ④ ⑤	23	① ② ③ ④ ⑤	43	① ② ③ ④ ⑤	63	① ② ③ ④ ⑤	83	① ② ③ ④ ⑤	103	① ② ③ ④ ⑤	123	① ② ③ ④ ⑤
4	① ② ③ ④ ⑤	24	① ② ③ ④ ⑤	44	① ② ③ ④ ⑤	64	① ② ③ ④ ⑤	84	① ② ③ ④ ⑤	104	① ② ③ ④ ⑤	124	① ② ③ ④ ⑤
5	① ② ③ ④ ⑤	25	① ② ③ ④ ⑤	45	① ② ③ ④ ⑤	65	① ② ③ ④ ⑤	85	① ② ③ ④ ⑤	105	① ② ③ ④ ⑤	125	① ② ③ ④ ⑤
6	① ② ③ ④ ⑤	26	① ② ③ ④ ⑤	46	① ② ③ ④ ⑤	66	① ② ③ ④ ⑤	86	① ② ③ ④ ⑤	106	① ② ③ ④ ⑤		
7	① ② ③ ④ ⑤	27	① ② ③ ④ ⑤	47	① ② ③ ④ ⑤	67	① ② ③ ④ ⑤	87	① ② ③ ④ ⑤	107	① ② ③ ④ ⑤		
8	① ② ③ ④ ⑤	28	① ② ③ ④ ⑤	48	① ② ③ ④ ⑤	68	① ② ③ ④ ⑤	88	① ② ③ ④ ⑤	108	① ② ③ ④ ⑤		
9	① ② ③ ④ ⑤	29	① ② ③ ④ ⑤	49	① ② ③ ④ ⑤	69	① ② ③ ④ ⑤	89	① ② ③ ④ ⑤	109	① ② ③ ④ ⑤		
10	① ② ③ ④ ⑤	30	① ② ③ ④ ⑤	50	① ② ③ ④ ⑤	70	① ② ③ ④ ⑤	90	① ② ③ ④ ⑤	110	① ② ③ ④ ⑤		
11	① ② ③ ④ ⑤	31	① ② ③ ④ ⑤	51	① ② ③ ④ ⑤	71	① ② ③ ④ ⑤	91	① ② ③ ④ ⑤	111	① ② ③ ④ ⑤		
12	① ② ③ ④ ⑤	32	① ② ③ ④ ⑤	52	① ② ③ ④ ⑤	72	① ② ③ ④ ⑤	92	① ② ③ ④ ⑤	112	① ② ③ ④ ⑤		
13	① ② ③ ④ ⑤	33	① ② ③ ④ ⑤	53	① ② ③ ④ ⑤	73	① ② ③ ④ ⑤	93	① ② ③ ④ ⑤	113	① ② ③ ④ ⑤		
14	① ② ③ ④ ⑤	34	① ② ③ ④ ⑤	54	① ② ③ ④ ⑤	74	① ② ③ ④ ⑤	94	① ② ③ ④ ⑤	114	① ② ③ ④ ⑤		
15	① ② ③ ④ ⑤	35	① ② ③ ④ ⑤	55	① ② ③ ④ ⑤	75	① ② ③ ④ ⑤	95	① ② ③ ④ ⑤	115	① ② ③ ④ ⑤		
16	① ② ③ ④ ⑤	36	① ② ③ ④ ⑤	56	① ② ③ ④ ⑤	76	① ② ③ ④ ⑤	96	① ② ③ ④ ⑤	116	① ② ③ ④ ⑤		
17	① ② ③ ④ ⑤	37	① ② ③ ④ ⑤	57	① ② ③ ④ ⑤	77	① ② ③ ④ ⑤	97	① ② ③ ④ ⑤	117	① ② ③ ④ ⑤		
18	① ② ③ ④ ⑤	38	① ② ③ ④ ⑤	58	① ② ③ ④ ⑤	78	① ② ③ ④ ⑤	98	① ② ③ ④ ⑤	118	① ② ③ ④ ⑤		
19	① ② ③ ④ ⑤	39	① ② ③ ④ ⑤	59	① ② ③ ④ ⑤	79	① ② ③ ④ ⑤	99	① ② ③ ④ ⑤	119	① ② ③ ④ ⑤		
20	① ② ③ ④ ⑤	40	① ② ③ ④ ⑤	60	① ② ③ ④ ⑤	80	① ② ③ ④ ⑤	100	① ② ③ ④ ⑤	120	① ② ③ ④ ⑤		